GRADED

RUSSIAN

READERS

BOOKS ONE TO FIVE

▶▶▶▶▶▶▶▶▶▶▶▶▶▶▶◆◀◀◀◀◀◀◀◀◀◀◀◀◀◀◀◀

General Editors **OTTO F. BOND**
and **GEORGE V. BOBRINSKOY**
The University of Chicago

D. C. HEATH AND COMPANY · BOSTON

UNDER THE EDITORSHIP OF
OTTO F. BOND
GEORGE V. BOBRINSKOY

LIBRARY OF CONGRESS CATALOG CARD NO. 61-9142

Copyright © 1961

BY D. C. HEATH AND COMPANY

Printed in the United States of America

PRINTED FEBRUARY 1968

PUBLISHER'S PREFACE

The principle of vocabulary building through graded readings is accepted as fundamental in all language work. It was first developed and applied to modern foreign languages by a group at the University of Chicago in the early thirties. Its success is indicated not only by the popularity of the original series, but by the countless similar readers developed by various publishers since that time.

The original series of graded readers produced by the University of Chicago Press was taken over by D. C. Heath and Company and expanded considerably, first as the Heath-Chicago series and later independently. The increasing popularity of the German, French, and Spanish series encouraged the publishers to develop alternate series in each language at both the elementary and intermediate level; in the case of German, even a third series of elementary readers has been published. The Italian series is expanding to the intermediate level now; and the Russian series will do likewise.

These graded readers were constructed so carefully that their value is timeless. Each series begins with words of the highest frequency and adds systematically from page to page. Grammatical constructions begin with the simplest ones and increase in difficulty with each succeeding booklet. Yet the language is always clear, current, and unstrained. The student learns without realizing that his text is becoming increasingly difficult. Every student needs to know the most common words and constructions regardless of the teaching approach.

These graded readers are aimed at strengthening that basic structure of language learning and consequently they remain perennial favorites.

We are reissuing all the combined volumes in a form which will enhance their value in the classroom. The five booklets in each volume are now paged consecutively, instead of separately as they were in the previous edition. Where the prefaces to the individual booklets became redundant, an adjustment has been made. We have taken this occasion to correct broken type, misprints, and a few minor items of information. Textually no changes could be made because vocabulary and constructions are so carefully interwoven that changes at any one point would involve changes throughout.

V. C.

CONTENTS

TAMAN'

By

M. I. LERMONTOV

Adapted and Edited by

F. MARSHAK-SOBOTKA
University of Illinois

BOOK ONE

«ЧТО ЭТО ОНИ НЕСУТ?»

FOREWORD

Taman' is taken from the diary of Pechorin which
is a part of the great novel *Hero of Our Time* by
Michael Iurievich Lermontov (1814–1841). A cen-
tury has passed since this novel was written, but its
portrayal of human problems, its expressive language,
and the subtlety of its irony have kept it alive and
of interest to our day.

We have tried to make *Taman'* accessible to stu-
dents of the Russian language at the very beginning
of their studies through the restriction of verb usage
to the present, the avoidance of the perfective, the
limitation and simplification of the vocabulary, and
the repetition of new words.

It is assumed that the reader is acquainted with the
initial vocabulary of 115 words listed on pages 42–44.
These are the variable and structural words that form
a very large part of running discourse in Russian.
The remaining vocabulary is composed of 210 *new,
basic* words, constituting the main learning burden;
27 derivatives, of which three-fourths are formed by
the addition of a particle; 16 special storytelling
words, not basic; and 15 loan or known words.
The idiom content is limited to 23 expressions.

To facilitate vocabulary learning, we have anno-

3

tated and explained at the bottom of the page each new word or expression upon its first occurrence, placing all non-basic words in brackets. The end vocabulary contains all words and expressions used in the book, including difficult verb forms. Furthermore, the exercises provide a systematic review of the vocabulary content, including the declension of pronouns.

Although there is no royal road to learning a language, the acquisition of a basic vocabulary is a main highway.

THE EDITORS

ТАМАНЬ

I. ГОРОДО́К [1] НА БЕРЕГУ́ [2] МО́РЯ [3]

Тама́нь — ма́ленький городо́к на бе́регу́ мо́ря. Я ду́маю [4] — э́то са́мый ма́ленький и са́мый бе́дный [5] из всех городо́в [6] Росси́и. И са́мый неприя́тный. [7]

Гря́зно, [8] бе́дно в Тама́ни: гря́зные [5] у́лицы, [9] ста́рые [10] забо́ры [11] вдоль у́лиц, дома́ [12] — ма́ленькие, бе́дные.

Во всём го́роде то́лько оди́н ка́менный [13] дом, у са́мого въе́зда [14] в го́род. В нём по́чта [15] и вое́нное [16] нача́льство. [17] [10]

Все други́е дома́ в Тама́ни — не дома́, а ма́ленькие избу́шки. [18]

---

[1] городо́к, small town.   [2] бе́рег, shore.   [3] мо́ре, sea.   [4] ду́мать, to think.   [5] бе́дный, poor.   [6] го́род, town.   [7] неприя́тный, unpleasant.   [8] гря́зно (гря́зный), muddy.   [9] у́лица, street.   [10] ста́рый, old.   [11] забо́р, fence.   [12] дом, house.   [13] ка́менный, stone, *adj.*   [14] въезд, entrance.   [15] по́чта, post office.   [16] вое́нный, military.   [17] нача́льство, authority.   [18] избу́шка, little hut.

Одна́жды,[1] по́здно[2] но́чью[3] подъез-
жа́ю[4] на тро́йке к Тама́ни. Я о́чень
уста́л[5] и го́лоден.[6] Я уже́ мно́го, мно́го
дне́й в доро́ге.[7] Меня́ посыла́ет[8] моё
5 вое́нное нача́льство на Кавка́з.

Моя́ уста́лая тро́йка въезжа́ет[9] в го́род
и остана́вливается[10] у ка́менного до́ма.

Я начина́ю[11] стуча́ть.[12] Стучу́ о́чень
до́лго.[13] Наконе́ц,[14] слы́шу[15] го́лос[16]:

10 « Кто идёт? »

« Я офице́р. Меня́ посыла́ет вое́нное
нача́льство на Кавка́з. Я за́втра[17] е́ду[18]
да́льше.[19] Мне нужна́[20] кварти́ра на́-
ночь. »[21]

15 Из до́ма выхо́дит[22] каза́к, у́нтер-офи-
це́р. Сно́ва[23]:

[1] однажды, once. [2] поздно, late. [3] ночь,
night; ночью, at night. [4] подъезжать, to drive
up (to). [5] устал, tired. [6] голоден, hungry.
[7] дорога, road. [8] посылать, to send. [9] въезжать (cf. подъезжать), to drive into. [10] останавливаться, to stop. [11] начинать, to start,
begin. [12] стучать, to knock. [13] долго, a long while.
[14] наконец, at last. [15] слышать, to hear. [16] голос, voice. [17] завтра, tomorrow. [18] ехать, to
drive. [19] дальше, farther. [20] нужен, necessary.
[21] на-ночь, for a night. [22] выходить, to come out.
[23] снова, again.

6

« Кто вы? Что ну́жно? »

« Я офице́р. Е́ду на Кавка́з. Я мно́го
дне́й в доро́ге и о́чень уста́л. Мне
нужна́ кварти́ра на́-ночь. Хочу́ за́втра
е́хать да́льше. »   5

Каза́к ведёт [1] меня́ по го́роду. Мы остана́вливаемся у ка́ждой [2] избу́шки, у ка́ждого са́мого бе́дного до́мика. Стучи́м.
Про́сим. [3] Но кварти́р в го́роде нет.

Я начина́ю серди́ться. [4] Я сержу́сь на   10
казака́, на его́ городо́к, на все э́ти бе́дные
ста́рые избу́шки.

« Веди́ меня́ куда́-нибу́дь, [5] веди́ к самому́ чо́рту! [6] Мне кварти́ра нужна́, я
три но́чи не сплю. » [7]   15

Каза́к начина́ет ду́мать. Наконе́ц, говори́т:

« Кварти́ра в го́роде есть. Но не хочу́
вас туда́ вести́. Там нехорошо́ . . . там
нечи́сто. [8] . . . »   20

« Чи́сто [9] и́ли нечи́сто, веди́ меня́
туда́. »

---

[1] вести, to lead.   [2] каждый, each, every.
[3] просить, to ask for.   [4] сердиться (на), to be
angry (with).   [5] куда-нибудь, somewhere.   [6] чорт,
devil.   [7] спать, to sleep.   [8] нечисто, uncanny;
also unclean.   [9] чисто, clean.

7

Снова долго ходим[1] вдоль заборов, по грязным улицам, мимо[2] тёмных[3] домиков.

Подходим,[4] наконец, к маленькой избушке на берегу моря.

При свете[5] луны[6] я вижу, что избушка стоит[7] на краю[8] высокого,[9] крутого[10] берега, над самым морем.

Я слышу шум[11] волн[12] внизу.[13] На море, далеко[14] от берега, вижу два корабля.[15]

Слава Богу,[16] думаю, корабли есть. Могу завтра ехать дальше.

Начинаю стучать. Стучу долго, долго. Молчание.[17] Зову[18] хозяина.[19] Ничего не слышу. Стучу. . . .

Наконец, из дома выходит мальчик,[20] лет[21] четырнадцати.[22]

---

[1] ходить (cf. выходить, подходить), to go. [2] мимо, past, by. [3] тёмный, dark. [4] подходить, to approach. [5] свет, light. [6] луна, moon. [7] стоять, to stand. [8] край, edge. [9] высокий, high. [10] крутой, steep. [11] шум, noise, roar (*of waves*). [12] волна, wave. [13] внизу, beneath, below. [14] далеко, far. [15] корабль, ship. [16] Слава Богу! Thank Heaven! [17] молчание, silence. [18] звать, to call. [19] хозяин, *m.* (*f.* хозяйка, *pl.* хозяева), master, owner. [20] мальчик, boy. [21] лет (*gen. pl. of* лето, summer), years old. [22] четырнадцать, fourteen.

« Где хозя́ин? »

« Здесь нет хозя́ина. »

« Как нет хозя́ина? »

« В э́том до́ме нет хозя́ина. »

« А хозя́йка? »   **5**

« Хозя́йка в го́роде. »

« Откро́й [1] мне дверь. » [2]

Молча́ние.

Я сно́ва начина́ю серди́ться. Толка́ю [3]
дверь ного́й. [4] Дверь открыва́ется сама́. 10

Вхожу́ [5] в дом. Темно́. Зажига́ю [6]
спи́чку. [7] Подношу́ [8] её к са́мому лицу́ [9]
ма́льчика. При све́те спи́чки ви́жу на
лице́ ма́льчика два бе́лых [10] гла́за. . . . [11]
Ма́льчик — слепо́й. . . . [12]   **15**

Как э́то неприя́тно! Я так не люблю́ [13]
кале́к. . . . [14]

Ду́маю: Плохо́й знак. . . . [15]

Я до́лго смотрю́ [16] на лицо́ ма́льчика.

---

[1] открыва́ть (*perf.* откры́ть), to open.   [2] дверь,
door.   [3] толка́ть, to push.   [4] нога́, foot.   [5] вхо-
ди́ть (*cf.* ходи́ть), to enter.   [6] зажига́ть, to light.
[7] спи́чка, match.   [8] подноси́ть, to hold up to.
[9] лицо́, face.   [10] бе́лый, white.   [11] глаз, eye.
[12] слепо́й, blind.   [13] люби́ть, to love, like.   [14] ка-
ле́ка, cripple.   [15] знак, sign.   [16] смотре́ть, to
look.

Хочу́ узна́ть [1] что́-нибудь [2] о нём, об
э́том до́ме, об его́ хозя́евах.

Но что мо́жно [3] узна́ть по лицу́, у ко-
то́рого нет глаз?

5 Мне — всё неприя́тнее. . . . [4]
Говорю́:
« Хозя́йка — твоя́ мать? » [5]
« У меня́ нет ма́тери. »
« Кто ты? »

10 « Я бе́дный кале́ка. »
« У хозя́йки есть де́ти? »
« Есть дочь. . . . [6] Но она́ далеко́ . . .
за мо́рем. »

Ничего́ ни о нём, ни о хозя́евах до́ма не
15 узна́ю.

Вхожу́ в ко́мнату. [7] Бе́дно всё в э́той
ко́мнате: две скаме́йки, [8] стол, [9] больша́я
печь [10] — э́то всё.

И ни одно́й ико́ны [11] на стене́. [12]

---

[1] узнать (*perf. of* знать), to know, find out.
[2] что-нибудь (*cf.* куда-нибудь), something.   [3] можно, *adv.* (*cf.* могу), one can, it is possible.
[4] мне — всё неприятнее, I feel more and more un-
comfortable.   [5] мать, mother.   [6] дочь, daughter.
[7] комната, room.   [8] скамейка, bench.   [9] стол,
table.   [10] печь, stove.   [11] [икона], icon, sacred
image.   [12] стена, wall.

Сно́ва ду́маю: Плохо́й знак! Непри-
я́тно!

Я зажига́ю све́чку.[1] Раскла́дываю[2]
мои́ ве́щи,[3] кладу́[4] пистоле́ты на стол.
Сам ложу́сь[5] на скаме́йку. Стара́юсь[6] 5
усну́ть.[7]

Но усну́ть не могу́. Всё ви́жу[8] пе́ред
собо́й ма́льчика с бе́лыми глаза́ми.

II. КТО ЭТИ ЛЮ́ДИ?

Я до́лго лежу́[9] на скаме́йке. Луна́ све́-
тит[10] в окно́.[11] Она́ освеща́ет[12] сте́ну 10
про́тив меня́.

Я стара́юсь усну́ть, но усну́ть не могу́.
Я смотрю́ то[13] на све́тлую[14] стену́ пе́редо
мной, то на окно́. Всё чего́-то жду.[15]

И ду́маю о слова́х[16] казака́: « Квар- 15

[1] свечка, small candle (свеча, candle). [2] раскладывать, to unpack. [3] вещи, luggage; *also*
things. [4] класть, to put. [5] ложиться, to lie
down. [6] стараться, to try. [7] уснуть (*perf. of* засыпать), to fall asleep. [8] всё вижу, I keep on see-
ing. [9] лежать, to lie (down). [10] светить, to shine.
[11] окно, window. [12] освещать, to light up. [13] то
... то, now ... now. [14] светлый, light, lighted
up. [15] ждать, to wait (for); всё чего-то
жду, I keep on waiting for something. [16] слово,
word.

тира-то есть, но не хочу́ вас туда́ вести́. В до́ме том нехорошо́. Там . . . нечи́сто. . . . »

Вдруг [1] кто́-то [2] бы́стро [3] пробега́ет [4]
5 ми́мо окна́. Я вска́киваю [5] со скаме́йки, подбега́ю [6] к окну́. Никого́ нет.

Я уже́ [7] не ложу́сь, стою́ у окна́. Че́рез не́сколько [8] мину́т кто́-то сно́ва бы́стро пробега́ет ми́мо и сбега́ет [9] по круто́му
10 бе́регу к мо́рю.

Кто э́то? Что э́то зна́чит? [10]

Я беру́ оди́н из мои́х пистоле́тов и ти́хо-ти́хо [11] выхожу́ из до́ма.

Недалеко́ [12] от до́ма ви́жу слепо́го ма́ль-
15 чика. Он несёт [13] како́й-то большо́й у́зел. [14] Я стою́ у забо́ра, стою́ о́чень ти́хо. Он не зна́ет, что я его́ ви́жу, и прохо́дит [15] ми́мо меня́.

---

[1] вдруг, suddenly. [2] кто-то, somebody. [3] бы́стро, swiftly. [4] пробегать, to run past (by). [5] вскакивать, to jump up. [6] подбегать, to run up (to). [7] уже, already; уже не, no more, no longer. [8] через несколько, in a few. [9] сбегать (*cf.* пробегать, подбегать), to run down. [10] значить, to mean. [11] тихо, noiselessly. [12] недалеко (*cf.* далеко), not far, near. [13] нести, to carry. [14] узел, bundle, pack. [15] проходить (*cf.* ходить), to go past.

12

Он хо́дит не бы́стро, но о́чень уве́-
ренно.[1] Он хорошо́ зна́ет доро́гу.

Вот он подхо́дит к са́мому кра́ю и на-
чина́ет спуска́ться [2] к бе́регу мо́ря.

Я — за ним.

Тепе́рь уже́ не так светло́. На не́бе
тяжёлые [3] ту́чи.[4] Над мо́рем подни-
ма́ется [5] тума́н.[6] Луны́ не ви́жу. Не
ви́жу и све́та на корабля́х далеко́ от бе́-
рега. Во́лны шумя́т.[7] На мо́ре начи-
на́ется бу́ря.[8]

Я спуска́юсь с больши́м трудо́м . . .[9]
темно́, кру́то. Но я стара́юсь итти́ за
слепы́м, стара́юсь ви́деть его́ пе́ред со-
бо́й.

Вот [10] он уже́ у мо́ря, идёт тепе́рь вдоль
бе́рега, по камня́м.[11] Во́лны подбега́ют к
са́мым его́ нога́м — больши́е, тяжёлые
во́лны. . . . Но слепо́й ма́льчик идёт
да́льше, с ка́мня на ка́мень, ми́мо волн.

5

10

15

20

---

[1] уверенно, with assurance. [2] спускаться, to
come down, descend. [3] тяжёлый, heavy. [4] туча,
cloud. [5] подниматься, to rise. [6] туман, fog.
[7] шуметь, to make a noise, roar (*of waves*).
[8] буря, storm. [9] труд, labor; с трудом, with
difficulty. [10] вот, here, there, now. [11] камень,
stone.

Он несёт тяжёлый у́зел в рука́х,[1] но и здесь он хо́дит ло́вко[2] и уве́ренно.

Да[3] слеп ли он?

Я иду́ за ним, то́же[4] с ка́мня на ка́-
5 мень, ми́мо тяжёлых тёмных волн.

Но вот он остана́вливается. Я то́же остана́вливаюсь. Он сади́тся[5] на оди́н из камне́й, кладёт свой у́зел во́зле себя́. Я стою́ за больши́м ка́мнем, недалеко́ от
10 слепо́го. Я я́сно[6] ви́жу его́ лицо́, его́ бе́лые глаза́. . . .

Я смотрю́ то на ма́льчика, то на бе́рег, то на во́лны. Жду.

Он слу́шает.[7] То́же чего́-то ждёт.

15 Че́рез не́сколько мину́т ви́жу — идёт вдоль бе́рега кака́я-то бе́лая фигу́ра. Она́ подхо́дит к слепо́му, сади́тся на ка́-
мень во́зле него́.

Они́ ти́хо говоря́т. Мо́ре шуми́т у са́-
20 мых на́ших ног, но ве́тер[8] прино́сит[9] мне их голоса́. Я хорошо́ слы́шу, о чём они́ говоря́т.

---

[1] рука, hand. [2] ловко, adroitly, cleverly. [3] да, but. [4] тоже, also. [5] садиться, to sit down. [6] ясно, clearly, distinctly. [7] слушать, to listen. [8] ветер, wind. [9] приносить (*cf.* подносить), to bring.

14

« Что, слепо́й? Я́нко нет? На мо́ре бу́ря. Я́нко не мо́жет прие́хать. [1] . . . »

« Я́нко не бои́тся [2] бу́ри, » говори́т ма́льчик.

« Так темно́ . . . тума́н. . . . »   5

« Я́нко не бои́тся тума́на. В тума́не его́ никто́ не ви́дит. В тума́не лу́чше прое́хать [3] ми́мо корабле́й. »

Не́сколько мину́т прохо́дят в молча́нии. Сно́ва слы́шу её го́лос: 10

« Уже́ так по́здно. . . . Я бою́сь. Его́ ма́ленькая ло́дка [4] не мо́жет подъе́хать [5] к бе́регу — во́лны уно́сят [6] её от нас. . . . » В го́лосе же́нщины — трево́га [7] и печа́ль. [8]   15

« Я зна́ю, » говори́т слепо́й, « ты ждёшь от Я́нко но́вой [9] ле́нты. [10] Нет Я́нко — нет ле́нты? »

До́лгое молча́ние.

Вдруг ма́льчик вска́кивает с ка́мня: 20

---

[1] приехать, to come, arrive.   [2] бояться, to fear, be afraid.   [3] проехать, to pass, go by.   [4] лодка, boat.   [5] подъехать (*cf.* ехать), to drive up to; *here* to come.   [6] уносить (*cf.* приносить), to carry away.   [7] тревога, anxiety.   [8] печаль, sadness, sorrow.   [9] новый, new.   [10] лента, ribbon.

« Янко здесь, Янко бли́зко.¹ Я слы́шу его́ вёсла!² Ви́дишь, я зна́ю Янко! Он не бои́тся ни³ мо́ря, ни бу́ри, ни тума́на! »

Же́нщина то́же вска́кивает с ка́мня. 5 Она́ смо́трит в большо́й трево́ге на мо́ре. Но вот я слы́шу её печа́льный⁴ го́лос:

« Нет, слепо́й, я шу́ма вёсел не слы́шу. . . . Янко ещё⁵ далеко́. Я ничего́ не ви́жу. . . . »

10 Я то́же стара́юсь уви́деть⁶ что́-нибу́дь на мо́ре, но пе́редо мно́й то́лько тёмные во́лны.

Так прохо́дит мину́т де́сять.

Вдруг ме́жду тёмными во́лнами я ви́жу 15 ма́ленькую ло́дочку.⁷ Она́ то прибли-жа́ется,⁸ то удаля́ется⁹ от бе́рега. Вот несёт её волна́ высоко́-высоко́, вот она́ бы́стро спуска́ется с волны́. Вот я не ви́жу её бо́льше, вот она́ сно́ва несётся¹⁰ 20 высоко́ на волне́.

Я в трево́ге смотрю́ на ма́ленькую ло́-

¹ близко, near.   ² [весло], oar.   ³ ни . . . ни, neither . . . nor.   ⁴ печальный, sad.   ⁵ ещё, still, yet.   ⁶ видеть, to see.   ⁷ лодочка (cf. лодка), small boat.   ⁸ приближаться (cf. близко), to come near.   ⁹ удаляться (cf. далеко), to go away. ¹⁰ нестись, to rush along.

16

дочку: бу́ря так сильна́,[1] ло́дка не мо́жет
подъе́хать к бе́регу . . . волна́ её уно́сит.
. . . О нет, ло́дочка приближа́ется, но
э́ти ка́мни на берегу́ . . . волна́ несёт её
на ка́мни. . . .   5

Я о́чень бою́сь за неё.

А ло́дка ме́жду тем всё бли́же и бли́же.
Она́ уже́ почти́[2] у са́мого бе́рега.   Вот
она́ ло́вко и уве́ренно прохо́дит ми́мо кам-
не́й.   10

Ещё несколько мину́т, и ло́дка остана́-
вливается у бе́рега.

Из неё выхо́дит челове́к в высо́кой
ша́пке.[3]

Слепо́й и же́нщина подбега́ют к нему́. 15
Они́ беру́т из ло́дки каки́е-то узлы́ —
больши́е, тяжёлые узлы́ — сли́шком[4] тяжёлые для э́той ма́ленькой ло́дки. . . .

С узла́ми в рука́х, они́ бы́стро ухо́дят[5]
куда́-то вдоль бе́рега.   20

Что в э́тих тяжёлых узла́х?   Куда́ они́
несу́т их?

Че́рез несколько мину́т я их бо́льше не
ви́жу.

[1] сильный, strong; *here* violent.   [2] почти, almost.   [3] шапка, cap.   [4] слишком, too.   [5] уходить (*cf.* ходить), to go away.

Я один[1] на берегу́ мо́ря. Бу́ря. . . .
Тума́н. . . .

Иду́ домо́й. Темно́. Я с больши́м тру-
до́м поднима́юсь по круто́му бе́регу.

5   Вхожу́ в избу́.[2] Кладу́ мой пистоле́т
на стол — побли́же,[3] ложу́сь сно́ва на
скаме́йку.

Но усну́ть уже́ бо́льше не стара́юсь —
в большо́й трево́ге жду утра́.[4]

III. Я ОСТАЮ́СЬ[5] В ТАМА́НИ

10   Наконе́ц у́тро.

Подхожу́ к окну́. На не́бе лёгкие[6] бе́-
лые ту́чи. Во́лны шумя́т и бегу́т[7] одна́
за друго́й на бе́рег, но э́то уже́ не те боль-
ши́е тяжёлые во́лны.

15   Ищу́[8] глаза́ми те два корабля́ на мо́ре,
далеко́ от бе́рега. Они́ ещё здесь. Сла́ва
Бо́гу! Сего́дня[9] же[10] е́ду да́льше!

Ду́маю: Ну́жно пойти́[11] к вое́нному на-
ча́льству, узна́ть в кото́ром часу́[12] отхо́-
20 дит[13] мой кора́бль.

[1] один, alone.   [2] изба, hut.   [3] поближе, nearer.
[4] утро, morning.   [5] оставаться, to stay.   [6] лёгкий, light (*weight*).   [7] бегут, to run.   [8] искать,
to search for.   [9] сегодня, today.   [10] же, *particle
emphasizing preceding word.*   [11] пойти, to go.   [12] в
котором часу, at what time.   [13] отходить, to leave.

18

Снова, как ночью, долго иду по грязным улицам, вдоль старых заборов, мимо бедных домиков. Всё мне кажется[1] теперь ещё беднее и грязнее, чем ночью.

Подхожу, наконец, к тому каменному дому, где почта и военное начальство.

Вхожу в дом. Снова рассказываю,[2] что я офицер, что меня посылает моё начальство на Кавказ, что я хочу сегодня ехать дальше и спрашиваю,[3] в котором часу отходит сегодня корабль из Тамани.

Но увы![4] Узнаю, что те два корабля, которые стоят на море далеко от берега, остаются в Тамани ещё очень долго, и я ни на одном из них ехать не могу. Мне нужно ждать другого корабля. Но этот корабль приходит[5] только через два или три дня,[6] а когда он едет дальше, — этого мне никто не может сказать. . . .[7]

Это значит, что я остаюсь ещё несколько дней в этом проклятом[8] городке. . . .

---

[1] казаться, to seem; мне кажется, it seems to me. [2] рассказывать, to tell. [3] спрашивать, to ask. [4] но увы! but alas! [5] приходить, to come. [6] через два или три дня, in two or three days. [7] сказать, to tell, say. [8] проклятый, damned.

Плóхо.

В гóроде, по дорóге домóй,[1] вúжу моегó казакá, ýнтер-офицéра. Снóва слы́шу от негó, что в дóме, где моя́ квартúра — 5 « нечúсто, » и что хозя́ева мой — лю́ди « недóбрые ».[2]

Слы́шу и о слепóм мáльчике: он хóдит одúн и по бéрегу, и по гóроду; лю́ди в гóроде и в этом вúдят чтó-то « недóброе » 10 и « нечúстое ».

Но как ни[3] старáюсь, я никáк и ни от когó не могý узнáть, что за[4] лю́ди мой хозя́ева и что онú дéлают. . . .

Прокля́тый, прокля́тый городúшка![5]

15 Идý домóй. По гря́зным ýлицам, мúмо стáрых забóров. . . .

Сердúтый[6] и печáльный, захожý[7] в мою́ избýшку. Открывáю дверь в кóмнату.

20 Какáя-то старýха[8] стоúт пéред большóй пéчью, вáрит[9] обéд.[10] Я óчень гó-

---

[1] домой, home.   [2] недобрый, wicked, unkind.
[3] как ни, however.   [4] что за, what kind of.
[5] городишка, miserable little town.   [6] сердитый
(*cf.* сердиться), angry.   [7] заходить (*cf.* ходить),
to enter.   [8] старуха, old woman.   [9] варить, to
cook.   [10] обед, dinner.

лоден, и э́тот обе́д мне ка́жется о́чень
хоро́шим.

Но, ду́маю, не сли́шком ли хоро́ш э́тот
обе́д для люде́й в тако́й бедно́й из-
бу́шке?   5

Я начина́ю говори́ть со стару́хой, ста-
ра́юсь от неё что́-нибу́дь узна́ть. Но она́
говори́т, что она́ глуха́[1] и ничего́ не
слы́шит.

Слепы́е, глухи́е. . . . Что за чорт![2]   10

Тут[3] же пе́ред пе́чью сиди́т мой слепо́й
ма́льчик.

Я к нему́:

« Ах ты, слепо́й чертёнок,[4] ты куда́ по
ноча́м хо́дишь? Ты что там на берегу́   15
де́лаешь? Куда́ узлы́ тяжёлые несёшь?
Что в э́тих узла́х? »

Но ма́льчик начина́ет гро́мко[5] пла́-
кать[6]:

« Куда́ я хожу́? Но́чью? Никуда́ не   20
хожу́. С узла́ми? Каки́ми узла́ми? »

Но стару́ха тепе́рь вдруг всё о́чень хо-
рошо́ слы́шит и начина́ет серди́ться на
меня́:

_____

[1] глухой, deaf.   [2] что за чорт! what the devil!
[3] тут, here.   [4] чертёнок, little devil.   [5] громко,
loud.   [6] плакать, to cry.

« Вы что хоти́те от бе́дного кале́ки? Не ви́дите, что он слепо́й? За что вы его? ... »

Так я опя́ть¹ ничего́ не узнаю́.

5 Я о́чень серди́т на стару́ху, на ма́льчика, на самого́ себя́. ...

Как быть? Что де́лать?

Выхожу́ из до́ма. Сажу́сь на ка́мень у забо́ра. Смотрю́ на мо́ре, на далёкий 10 бе́рег Кры́ма. Слу́шаю шум волн.

Ду́маю.

Я ду́маю об э́тих лю́дях но́чью: о слепо́м с его́ бе́лыми глаза́ми, о челове́ке в высо́кой ша́пке, о тяжёлых узла́х, о ма́-15 ленькой ло́дке в волна́х, о бе́лой же́нщине на берегу́ мо́ря, об её го́лосе.

Понемно́гу² начина́ю ду́мать о други́х лю́дях, други́х голоса́х ... там далеко́ ... до́ма. ...³

20 Я засыпа́ю.⁴

---

¹ опять, again.   ² понемногу, little by little.
³ дома, at home.   ⁴ засыпать (*cf.* уснуть), to fall asleep.

22

IV. УНДИ́НА [1]

Я сплю на моём ка́мне у забо́ра. Я сплю до́лго, кре́пко.[2] Во сне[3] я ви́жу далёкие, ми́лые[4] ли́ца, слы́шу их голоса́.

Прохо́дит час, друго́й. Слы́шу, кто́-то 5 поёт.[5] Во сне? О нет, я уже́ не сплю. Я слы́шу: я́сный же́нский[6] го́лос поёт пе́сню.[7]

Хоро́ший го́лос!

И пе́сня хоро́шая: то печа́льная, тре- 10 во́жная,[8] — то бы́страя, весёлая.[9]

Но кто поёт?

Смотрю́ круго́м.[10] Никого́ нет. Я оди́н, сижу́ на ка́мне у забо́ра.

Пе́сня прихо́дит отку́да-то све́рху.[11]   15

С не́ба?

Я смотрю́ наве́рх,[12] — на кры́ше[13] до́ма

---

[1] ундина, undine, mermaid (*a fabled water nymph without a soul*).   [2] крепко, fast, soundly; *also* firmly.   [3] сон, dream.   [4] милый, dear, beloved.   [5] петь (я пою), to sing.   [6] женский, feminine.   [7] песня, song.   [8] тревожный (*cf.* тревога), worried, anxious.   [9] весёлый, gay, cheerful.   [10] кругом, around.   [11] сверху, from above.   [12] наверх, up, upward.   [13] [крыша], roof.

стои́т де́вушка.[1] Ей лет восемна́дцать,[2]
— не бо́льше. На ней лёгкое бе́лое
пла́тье.[3] Свет игра́ет [4] в её дли́нных [5] во-
лоса́х.[6]

5   Она́ смо́трит на далёкое мо́ре, бу́дто [7]
и́щет глаза́ми чего́-то. Она́ то говори́т о
чём-то сама́ с собо́ю,[8] то поёт свою́ пе́сню.

Унди́на!

Я и тепе́рь ещё зна́ю о чём поёт она́ в
10 свое́й пе́сне.

Она́ поёт

о тёмной но́чи
и о далёком мо́ре,

о больши́х корабля́х
15   и о ма́ленькой ло́дке,

о бу́ре на мо́ре,
и о во́лнах высо́ких,

о веща́х драгоце́нных [9]
в ло́дочке бе́дной.

20   И она́ про́сит

во́лны морски́е,[10]
что бегу́т на бе́рег,

---

[1] девушка, girl. [2] восемнадцать, eighteen.
[3] платье, dress. [4] играть, to play. [5] длинный, long. [6] волосы, hair. [7] будто, as if.
[8] сама с собой, to herself. [9] [драгоценный], precious. [10] морской, sea, *adj.*

24

пожале́ть [1] её ло́дку
и пловца́ [2] её ми́лого,

принести́ [3] их на бе́рег
с веща́ми драгоце́нными.

Я смотрю́ на неё и слу́шаю, слу́шаю.   5
О, э́тот го́лос я зна́ю!

И пе́ред мои́ми глаза́ми сно́ва ночь,
бе́рег мо́ря, слепо́й ма́льчик, бе́лая же́н-
ская фигу́ра . . . я слы́шу её го́лос, —
она́ говори́т о бу́ре, о тума́не, об опа́с- 10
ных [4] волна́х, — она́ бои́тся за Я́нко. . . .

Я сно́ва смотрю́ на кры́шу, — де́вушки
там уже́ нет.

Вдруг она́ пробега́ет ми́мо меня́ — она́
поёт тепе́рь каку́ю-то другу́ю пе́сню — и 15
вбега́ет [5] в избу́ к стару́хе.

Они́ начина́ют о чём-то говори́ть. Я
не слы́шу о чём они́ говоря́т. Слы́шу
то́лько, что стару́ха се́рдится, а де́вушка
гро́мко смеётся. [6]   20

А го́лос её, когда́ она́ смеётся, тако́й
же чи́стый и я́сный, как когда́ она́ поёт.

---

[1] пожалеть (*cf.* жалеть), to have pity.   [2] [пло-
вец], swimmer, seaman (*poetical*).   [3] принести (*cf.*
нести), to bring.   [4] опасный, dangerous.   [5] вбегать, to run into.   [6] смеяться, to laugh.

Но вот моя ундина снова выбегает [1] из избы. Теперь она не пробегает мимо меня: она подходит ко мне, останавливается, смотрит на меня. Мне кажется,
5 что её глаза говорят:

«Кто ты? Зачем ты здесь? Чего ты хочешь?»

Но она не ждёт ответа [2] и тихо уходит вниз [3] к морю.

10 Через несколько минут она снова наверху, снова что-то поёт, подходит ко мне, смотрит в глаза, смеётся, — убегает.

Так проходит весь день: она возле меня, поёт свои песни, смотрит на меня;
15 мне кажется, что она хочет спросить [4] меня о чём-то, или что-то рассказать мне, — но как только [5] я начинаю с нею говорить, — она с громким смехом [6] убегает от меня то вниз к морю, то на свою
20 крышу.

И тогда я издали [7] слышу её голос.

В первый [8] раз [9] вижу такую женщину.

---

[1] выбегать, to run (out of). [2] ответ, answer.
[3] вниз, down, downward. [4] спросить (*cf.* спрашивать), to ask. [5] как только, as soon as. [6] смех, laughter. [7] издали, from afar. [8] первый, first.
[9] раз, time.

Краса́вица[1] ли она́? Не зна́ю, мо́жет быть и не краса́вица. . . .

Но в э́тот день я всё вре́мя[2] ви́жу её пе́ред собо́й, ви́жу её ло́вкие ма́ленькие ру́ки и но́ги, её больши́е све́тлые глаза́, 5 её дли́нные во́лосы, её лёгкую, бы́струю фигу́ру, — я слы́шу её я́сный го́лос, её смех и пе́ние . . . и я уже́ не ду́маю ни о бе́дной избе́, ни о серди́той стару́хе, ни о челове́ке в высо́кой ша́пке, — я ду́маю 10 то́лько о не́й, мое́й унди́не, об её глаза́х, об её го́лосе, её сме́хе и пе́нии.

Наконе́ц, ве́чером,[3] остана́вливаю её у две́ри и говорю́:

« Скажи́[4] мне, моя́ краса́вица, что ты 15 де́лаешь там на кры́ше? »

« Я смотрю́, отку́да[5] ве́тер. »

« А заче́м тебе́ знать, отку́да ве́тер? »

« Отку́да ве́тер, — отту́да[6] и сча́стье. »[7]

« Ты ду́маешь, сча́стье слы́шит твои́ 20 пе́сни? »

« Да, где пе́сни, — там и сча́стье. »

---

[1] [краса́вица], a beauty.　　[2] вре́мя, time.　　[3] ве́чер, evening; ве́чером, in the evening.　　[4] скажи́ (*impv. of* сказа́ть), tell.　　[5] отку́да, where from. [6] отту́да, from there.　　[7] сча́стье, good luck, happiness.

« Но ведь [1] и несчастье [2] мо́жет услы́-
шать твои́ пе́сни и притти́ [3] к тебе́? »

« Ну, что же [4]: где нехорошо́, — там
пло́хо; где нет сча́стья, там несча́стье;
а от несча́стья до сча́стья — опя́ть не-
далеко́. »

« Кто тебя́ у́чит [5] твои́м пе́сням? »

« Никто́ не у́чит. Что хочу́, — то и
пою́. Для кого́ пою́ мои́ пе́сни, — тот их
слы́шит. »

« Но что, е́сли их слы́шит друго́й? »

« О, друго́й не зна́ет, о чём я пою́! »

« А как тебя́ зову́т? » [6]

« Э́то моя́ мать зна́ет. »

« Ско́лько тебе́ лет? » [7]

« Она́ и э́то зна́ет. »

« Где же твоя́ мать? »

« Не зна́ю. . . . »

« Ты вот со мно́ю и говори́ть не хо́чешь,
ничего́ о себе́ не расска́зываешь, а я и
без того́ уже́ мно́го о тебе́ зна́ю, . . . »
говорю́ я и смотрю́ в её глаза́, стара́юсь

---

[1] но ведь, well, but. [2] несчастье, bad luck, unhappiness. [3] притти (*cf.* итти), to come. [4] ну,
что же, very well, I don't mind. [5] учить, to
teach. [6] как тебя зовут? what is your name?
[7] сколько тебе лет? how old are you?

увидеть в них что-нибудь новое, — тревогу?

Но ничего нового в них не вижу: передо мною те же ясные глаза, и в них всё тот же весёлый смех. 5

Я снова:

« Я вот знаю, что ты ночью ходишь на берег моря. Сидишь там на камне, ждёшь лодки. Она приезжает.[1] На дне[2] лодки тяжёлые узлы. Вы — лодочник,[3] ты, 10 да[4] ваш мальчик слепой, — берёте эти узлы и уносите их куда-то вдоль берега. . . . Видишь, как много я о тебе знаю. »

А она только смеётся, смеётся во всё 15 горло.[5]

Она говорит:

« Вы много видите, да мало знаете. А если что и знаете, то лучше об этом молчите. »[6] 20

« Да, но я могу пойти к начальству и рассказать там всё, что я о тебе и о твоём

---

[1] приезжать, to come. [2] [дно], bottom.
[3] [лодочник], boatman. [4] да, yes; *also* and.
[5] [горло], throat; смеяться во всё горло, to roar
with laughter. [6] молчать (*cf.* молчание), to be
silent.

лодочнике и о ва́шем слепо́м, и об узла́х
ва́ших зна́ю. . . . »

Тут она́ вдруг вска́кивает и убега́ет.
Но тепе́рь она́ уже́ бо́льше не прихо́дит.
5 Не́которое вре́мя я ещё [1] слы́шу её го́лос,
— она́ поёт каку́ю-то но́вую пе́сню.

Но пото́м пе́сни её я бо́льше не слы́шу.

Как я жале́ю [2] о мои́х слова́х о нача́ль-
стве! Ах, лу́чше бы мне молча́ть обо
10 всём, что я « зна́ю ».

Но по́здно но́чью мне прихо́дится [3] ещё
бо́льше пожале́ть о мои́х слова́х.

V. ПРИХОДИ́ [4] НО́ЧЬЮ

По́здний ве́чер.

Я сижу́ у стола́ в мое́й ко́мнате. На
15 столе́ гори́т [5] свеча́. Пе́редо мно́ю ча́й-
ник [6] с горя́чим [7] ча́ем. [8] Ни стару́хи, ни
слепо́го ма́льчика в ко́мнате нет. Я
оди́н.

Я уже́ до́лго сижу́ у стола́. Спать не
20 иду́: сно́ва чего́-то жду.

---

[1] ещё, still, yet.   [2] жалеть (*perf.* пожалеть), to
be sorry, have pity.   [3] мне приходиться, I must,
I have to.   [4] приходить (*cf.* ходить), to come.
[5] гореть, to burn.   [6] [чайник], teapot.   [7] горячий, hot.   [8] чай, tea.

Вдруг за мною открывается дверь, я слышу лёгкие шаги,[1] шум женского платья, — в комнату входит моя ундина.

Она тоже садится к столу, сидит тихо, — ни слова.[2] Она долго смотрит на 5 меня, смотрит мне в глаза.

В её глазах теперь не только смех, как утром. Теперь я ясно вижу в них что-то новое: мне кажется, что её глаза о чём-то просят . . . куда-то зовут. . . . Я 10 начинаю видеть в них — нежность?[3] . . .

Её рука лежит на столе близ моей, её лицо передо мной — печальное, почти белое, тревожное.

Я хочу что-то сказать, но не могу. 15 Какая-то новая тревога сжимает[4] моё горло. Молчу.

Так мы долго сидим у стола в моей комнате и смотрим друг другу в глаза.

Наконец, думаю: Что за комедия! Мо- 20 жет быть, спросить её не хочет ли она чаю и положить[5] конец[6] этой сентиментальной сцене?

Но в этот самый момент она вскаки-

---

[1] шаги, steps. [2] ни слова, not a word. [3] [нежность], tenderness. [4] сжимать, to press, contract.
[5] положить (*perf. of* класть), to put. [6] конец, end.

31

вает, подбега́ет ко мне́, — и вдруг горя́-
чий поцелу́й[1] обжига́ет[2] мои́ гу́бы.[3]

В мои́х глаза́х темне́ет,[4] всё в ко́мнате
кру́жится[5] . . . я ни о чём бо́льше не ду́-
5 маю, схва́тываю[6] её, прижима́ю[7] к се-
бе́. . . .

Но она́ ло́вко отбега́ет[8] от меня́, и я
слы́шу ти́хие, бы́стрые слова́:
« Но́чью, когда́ все в до́ме спят, при-
10 ходи́ на бе́рег. »

С э́тими слова́ми она́ убега́ет из ко́мна-
ты.

На мои́х губа́х ещё гори́т её поцелу́й,
пе́редо мно́й всё кру́жится. . . .

15 Че́рез не́сколько мину́т я прихожу́ в
себя́.[9] На столе́ свеча́, ча́йник с ча́ем. . . .
Я в ко́мнате оди́н.

---

[1] поцелуй, kiss.   [2] обжигать, to burn.   [3] губа,
lip.   [4] темнеть, to darken; в моих глазах тем-
неет, all is dark before my eyes.   [5] кружиться,
to whirl.   [6] схватывать, to seize.   [7] прижимать (*cf.* сжимать), to press.   [8] отбегать (*cf.* подбегать), to run away (from).   [9] приходить в
себя, to recover, come to one's senses.

VI. ОНА́ И́ЛИ Я

Ночь. Го́род спит. Всё ти́хо.

Я ду́маю о слова́х де́вушки: « Но́чью, когда́ все спят, приходи́ на бе́рег. . . . »

Встаю́.[1] Беру́ оди́н из пистоле́тов. Выхожу́ из избу́шки.   5

Недалеко́ от до́ма ви́жу бе́лую фигу́ру де́вушки. На не́й её лёгкое, све́тлое пла́тье.

Она́ берёт меня́ за ру́ку и говори́т: « Иди́ за мно́й. »   10

Мы начина́ем спуска́ться к мо́рю. Она́ идёт ло́вко и бы́стро, — а мне бе́рег ка́жется ещё бо́лее[2] круты́м и высо́ким, чем вчера́.

Но вот мы на берегу́. Я иду́ за не́й по 15 то́й же доро́ге, как вчера́[3] за слепы́м, — с ка́мня на ка́мень, у са́мой воды́.[4]

Темно́. Луны́ ещё нет. Тяжёлые во́лны шумя́т у на́ших ног.

У бе́рега небольша́я ло́дка.   20

« Войдём в ло́дку, » говори́т она́.

Я не люблю́ сентимента́льных пое́здок[5]

[1] вставать, to get up.   [2] более . . . чем, more
. . . than.   [3] вчера, yesterday.   [4] вода, water.
[5] поездка, trip.

в ло́дке, да ещё но́чью, но ду́мать по́здно. . . . Она́ вхо́дит в ло́дку, я за не́й.

Она́ отта́лкивает[1] ло́дку от бе́рега. Мы плывём.[2]

5 Я сажу́сь на скамью́. Ду́маю: Заче́м я здесь?

« Что э́то зна́чит? » говорю́ я серди́то.

« Э́то зна́чит, » говори́т она́ и сади́тся ко мне на скаме́йку, « э́то зна́чит, что я 10 тебя́ люблю́. »

Она́ сиди́т бли́зко, бли́зко. Пе́ред мои́ми глаза́ми всё сно́ва начина́ет кружи́ться. . . .

Вдруг что́-то с шу́мом па́дает[3] в во́ду. 15 Я хвата́юсь[4] за пистоле́т — пистоле́та моего́ нет!

О, тепе́рь мне всё я́сно! Тепе́рь я, наконе́ц, зна́ю, что всё э́то зна́чит: её поцелу́й, не́жность в глаза́х, её слова́ — 20 « приходи́ но́чью. . . . »

Я смотрю́ на бе́рег — на́ша ло́дка уже́ далеко́ от него́. Круго́м во́лны. Я пла́вать[5] не уме́ю.

Она́ сиди́т всё та́к же бли́зко. . . . Я

---

[1] отта́лкивать (*cf.* толка́ть), to push. [2] плыть, to float. [3] па́дать, to fall. [4] хвата́ть, –ся, to grab. [5] пла́вать, to swim.

34

хочу́ оттолкну́ть её от себя́, но она́ кре́пко де́ржится [1] за мою́ оде́жду. [2]

Вдруг она́ с си́лой толка́ет меня́, я чуть не [3] па́даю в во́ду, но держу́сь за кра́й ло́дки.   5

Я сно́ва поднима́юсь, и мы начина́ем боро́ться. [4] Я сильне́е её, но она́ ло́вче [5] меня́ и бо́рется лу́чше. Я хвата́ю её за ру́ки. « Чего́ ты хо́чешь? » спра́шиваю я и кре́пко сжима́ю её ма́ленькие ру́ки. 10 Ей о́чень бо́льно, [6] но она́ продолжа́ет [7] боро́ться.

« Ты всё о нас зна́ешь, — ты хо́чешь рассказа́ть, » говори́т она́ и вдруг толка́ет меня́ с тако́й си́лой, что я сно́ва 15 па́даю на кра́й ло́дки. Но она́ па́дает за мно́й. Её во́лосы уже́ в воде́.

Она́ и́ли я!

Ду́мать по́здно. Я хвата́ю её одно́й руко́й за во́лосы, друго́й за го́рло. Она́ 20 выпуска́ет [8] мою́ оде́жду . . . я броса́ю [9] её в во́лны. . . .

---

[1] держа́ться, to hold on.   [2] оде́жда, clothes.
[3] чуть не, nearly, almost.   [4] боро́ться, to struggle.
[5] ло́вче (cf. ло́вко), more adroit.   [6] бо́льно, painful.   [7] продолжа́ть, to continue.   [8] выпуска́ть, to let go.   [9] броса́ть, to throw.

Через несколько минут я прихожу в
себя. Я в лодке один. Темно.

Волны, волны. . . .

Вдруг мне кажется, что я вижу что-то
5 белое между волнами . . . ещё раз . . .
ещё. . . .

Нет, ничего больше не вижу. Моей
ундины среди волн нет.

VII. ГДЕ ВЕТЕР ДА МОРЕ ШУМЯТ

Волны, волны. . . .

10 Я один в лодке. Она уже далеко от
берега.

На дне лодки лежит старое весло. Я
беру его. Я долго борюсь с волнами.
Наконец, я у берега.

15 Выхожу из лодки на камни. Иду
вдоль воды, с камня на камень, как
вчера.

Как вчера, останавливаюсь, смотрю
кругом. Теперь уже не так темно. Небо
20 чистое, ни одной тучи. На небе светлая луна. Я ясно вижу берег, камни,
волны.

Вижу, кто-то в белом сидит на берегу.
Подхожу поближе. Это она, моя ун-

дина! Это её светлые волосы, её белое платье. . . . . Она выжимает [1] воду из длинных светлых волос.

Я тихо стою за большим камнем. Я слушаю, жду, смотрю.   5

Через несколько минут вижу среди волн лодку. Она быстро приближается к берегу. Из неё выходит человек в высокой шапке. У него два пистолета.

Она подбегает к нему.   10

« Янко, » говорит она, « плохо! »

Она начинает ему что-то рассказывать. Они говорят очень тихо, я ничего не слышу. Подхожу ещё ближе.

« А где же слепой? » говорит человек 15 в высокой шапке.

« Он дома, я жду его здесь. . . . . »

Через некоторое [2] время приходит и слепой. В руках у него опять тяжёлый узел. Они берут его узел и кладут на 20 дно лодки.

« Слушай, слепой, » говорит Янко, « здесь сставаться мы больше не можем. Здесь теперь плохо, опасно. Ты всё знаешь. Ты знаешь, где лежат те вещи. 25

---

[1] выжимать (*cf.* сжимать), to squeeze out.
[2] некоторое, some.

Смотри́ за ни́ми хорошо́. Э́то — ве́щи драгоце́нные. Но молчи́. Ни сло́ва об них никому́! А я уезжа́ю. Куда́? Ещё не зна́ю. Мне везде́ доро́га. Везде́, где
5 мо́ре да ве́тер шумя́т. . . . »

Они́ молча́т не́сколько мину́т.

Но вот сно́ва слы́шу го́лос Я́нко:

« Она́ е́дет со мной. Ей здесь то́же опа́сно. А старухе́ скажи́ от меня́: до́лго
10 живёт [1] уже́, — вре́мя умира́ть. » [2]

« А я? » говори́т слепо́й ма́льчик печа́льно.

« Ты? Ты нам бо́льше не ну́жен. »

Де́вушка сиди́т уже́ в ло́дке. Она́ ти́хо
15 говори́т не́сколько слов Я́нко. Он кладёт слепо́му что́-то в ру́ку:

« Купи́ [3] себе́, что хо́чешь. »

« То́лько? » говори́т слепо́й.

« Ну, вот тебе́ ещё. »

20 Но моне́та [4] па́дает на ка́мень. Слепо́й её не берёт.

Я́нко сади́тся в ло́дку и отта́лкивает её от бе́рега. Ло́дка несётся по волна́м. Они́ бы́стро удаля́ются от бе́рега.

25 Че́рез не́которое вре́мя я не ви́жу

[1] жить, to live. [2] умирать, to die. [3] купить, to buy. [4] [монета], coin.

бо́льше ни Я́нко и его́ высо́кой ша́пки, ни бе́лой фигу́ры де́вушки.

Но их тёмную, ма́ленькую ло́дочку я ещё до́лго ви́жу среди́ волн. Она́ то под- нима́ется высоко́, высоко́, — то бы́стро 5 спуска́ется вниз. . . .

Но вот и ло́дки бо́льше не ви́жу.

Вдруг слы́шу кто́-то пла́чет. Это пла́- чет слепо́й ма́льчик. Он сиди́т на ка́мне. Он пла́чет ти́хо, до́лго. 10

Мне то́же печа́льно.[1] Заче́м я здесь? Что броса́ет меня́ в круг[2] э́тих « че́ст- ных »[3] контрабанди́стов?[4] Я, как ка́- мень, кото́рый па́дает в ти́хую во́ду, вно- шу́ то́лько трево́гу в их ти́хую жизнь,[5] 15 — и сам, как ка́мень, чуть не иду́ ко дну.

Иду́ домо́й. С больши́м трудо́м под- нима́юсь по высо́кому бе́регу. Я так уста́л! 20

Захожу́ в избу́шку. Открыва́ю дверь в мою́ ко́мнату. Моя́ свеча́ всё ещё гори́т на столе́. Смотрю́ круго́м . . . .

---

[1] мне печально, I am sad.   [2] круг (cf. кругом), circle.   [3] честный, honest.   [4] [контрабандист], smuggler.   [5] жизнь, life.

39

Бóже мóй![1] Где мóй пистолéт? Где
моя́ одéжда? Где все мои́ вéщи, котóрые
я везý с собóю ужé мнóго, мнóго днéй?

Прокля́тый слепóй! Тепéрь я зна́ю,
5 что в том узлé, котóрый лежи́т на дне
ма́ленькой лóдки. Вóлны унóсят её, а
с нéй и все мои́ вéщи далекó, далекó от
меня́.

Унóсят туда́, где вéтер и мóре шу-
10 ми́т. . . . .

Но как ни сержу́сь на всех и, бóльше
всегó, на самогó себя́, — дéлать нéчего.[2]

На другóй день к воéнному нача́льству
не иду́, и ни ему́, и никому́ другóму о
15 том, что я « зна́ю » о мои́х контрабанди́-
стах, не расска́зываю.

Да и о чём расска́зывать?

О том, как слепóй ма́льчик унóсит все
мои́ вéщи?

20 Или о том, как их на мои́х глаза́х[3]
кладу́т в лóдку и увóзят?[4]

Или о том, как я борю́сь с восемна́д-

---

[1] Бóже мой! Good heavens!   [2] делать нечего,
there is nothing I can do.   [3] на моих глазах,
under my eyes.   [4] увозить, to carry away, carry
off.

цатилетней девушкой в лодке, и она чуть не бросает меня в воду?

Нет, лучше молчать!

Слава Богу, на другой день приезжает мой корабль, и я могу уехать из Тамани. 5
А что со старухой? Что с бедным слепым?

Да я ни знать, ни думать обо всём этом больше не хочу! Я офицер. Я еду на Кавказ. Меня посылает туда моё 10 военное начальство.

КОНЕЦ

EXERCISES

I. Initial Word Stock.   This is the list of words that furnishes a large part of the running discourse in Russian.   No reading is possible without a sure knowledge of these words.   Do you know their English equivalents?

Nouns

человек, люди

женщина

дитя

день

Adjectives

большой

малый, маленький

хороший

плохой

Personal Pronouns

я

ты

он

мы

вы

они

Reflexive Pronoun

себя

Possessive Pronouns and Adjectives

мой

твой

его

наш

ваш

их

свой

Demonstrative Pronouns and Adjectives

тот

этот

Determinative Pronouns and Adjectives

сам

самый

весь

другой

Interrogative and Relative Pronouns and Adjectives

кто
что
какой
который
чей

Negative Pronouns

никто
ничто, ничего

Indefinite Pronouns and Adjectives

кто-то
что-то
кто-нибудь
что-нибудь
несколько

Adverbs of Time

всегда
когда
тогда
теперь

Adverbs of Place

везде
где
нигде
здесь
там

туда
куда
сюда

Adverbs of Manner

так
как

Adverbs of Degree and Quantity

мало, *comp.* меньше
много, *comp.* больше
очень
сколько

Implicit Adverbs

да
не
нет
почему
зачем

Numerals

один
два
три
четыре
пять
шесть
семь
восемь
девять
десять

Conjunctions

а
и
или
если
но
что
чем
потому что

Verbs

быть
брать, *perf.* взять
видеть, *perf.* увидеть
говорить
давать, *perf.* дать
делать, *perf.* сделать
знать, *perf.* узнать
иметь
мочь (могу)
итти
хотеть, *perf.* захотеть

Prepositions

без
в
возле
вдоль
вокруг
для
до
за
из
к
между
на
над
о
от
перед
по
под
против
с
у
через

II. Declension of Pronouns[1]

Singular

	I	thou	he	it	she
Nom.	я	ты	он	онó	онá
Gen.	меня́	тебя́		егó	её
Dat.	мне	тебé		емý	éй
Acc.	меня́	тебя́		егó	её
Inst.	мнóю, –й	тобóю, –й		им	éю, –й
Prep.	мне	тебé		нём	нéй

Plural

	we	you	they
Nom.	мы	вы	онú
Gen.	нас	вас	их
Dat.	нам	вам	им
Acc.	нас	вас	их
Inst.	нáми	вáми	úми
Prep.	нас	вас	них

Singular

	who	what	oneself
Nom.	кто	что	——
Gen.	когó	чегó	себя́
Dat.	комý	чемý	себé
Acc.	когó	что	себя́
Inst.	кем	чем	собóю, –й
Prep.	ком	чём	себé

[1] The personal pronouns он, онá, онó, when used in oblique cases with a preposition, are prefixed by н; they become негó, нéю, etc.

		Singular		Plural
		--self		—selves
	m.	*n.*	*f.*	*all genders*
Nom.	сам	самó	самá	сáми
Gen.		самогó	самóй	самúх
Dat.		самомý	самóй	самúм
Acc.	самогó	самó	самоё	самúх
Inst.		самúм	самóю, –й	самúми
Prep.		самóм	самóй	самúх

		Singular		Plural
		this		these
	m.	*n.*	*f.*	*all genders*
Nom.	э́тот	э́то	э́та	э́ти
Gen.		э́того	э́той	э́тих
Dat.		э́тому	э́той	э́тим
Acc.	[like *Nom.* or *Gen.*]		э́ту	[like *Nom.* or *Gen.*]
Inst.		э́тим	э́тою, –й	э́тими
Prep.		э́том	э́той	э́тих

		Singular		Plural
		that		those
	m.	*n.*	*f.*	*all genders*
Nom.	тот	то	та	те
Gen.		тогó	тóй	тех
Dat.		томý	тóй	тем
Acc.	[like *Nom.* or *Gen.*]		ту	[like *Nom.* or *Gen.*]
Inst.		тем	тóю, –й	тéми
Prep.		том	тóй	тех

46

III. Pronouns and Pronominal Adjectives.

Select the correct word to complete each of these sentences; check,[1] translate, and pronounce aloud.

1. Военное начальство посылает (ему, меня, наш) на Кавказ.

2. Квартира (нас, мне, какая) нужна на-ночь.

3. Наконец, слышу голос: (кому, кто, что) идёт.

4. Я сержусь на казака, на (какой, их, его) городок, на (они, все, самые) эти бедные избушки.

5. Я раскладываю (их, этим, мои) вещи; (сам, он, свой) ложусь на скамейку.

6. Мальчик садится на один из камней; кладет (этого, какой, свой) узел возле (себя, ему, всего).

7. (Его, она, другая) маленькая лодка не может подъехать к берегу; волны уносят (их, всех, её) от (нам, нас, чей).

8. Но (ничто, никто, который) не может (мне, его, нас) сказать, когда корабль отходит из Тамани.

9. Я издали слышу (какой, её, ему) голос.

10. Вдруг за (меня, мною, нас) открывается дверь.

11. Купи (его, себе, весь), что хочешь.

12. Я думаю: (что, это, весь) плохой знак.

13. Я хочу узнать об (какой, этих, другого) людях.

14. Куда (этих, они, всем) несут эти узлы?

[1] In this and following exercises, "check" indicates that the vocabulary is to be consulted to insure accuracy.

IV. ADVERBS.   Select the adverb in list A that
adequately completes the sentence in B; pronounce
the completed sentence and translate.

A

долго, теперь, поздно, ночью, зачем, близко,
тихо, очень, быстро, наконец.

B

1. Однажды, поздно ——— подъезжаю на
тройке к Тамани.

2. Я начинаю стучать; стучу очень ———;
наконец слышу голос.

3. Я уже много дней в дороге и ——— устал.

4. Вдруг кто-то ——— пробегает мимо моего
окна.

5. « Янко здесь, Янко ———; я слышу его
вёсла. »

6. О, ——— мне всё ясно.

7. Она или я. . . . Думать ———. Я хватаю
её за волосы и бросаю в воду.

8. Я долго борюсь с волнами.   ——— я у
берега.

9. Они говорят очень ———; я ничего не
слышу.

10. ——— тебе знать откуда ветер.

V. PREPOSITIONS.   Select the correct preposition
to complete each of these sentences; check, translate, and pronounce aloud.

1. Тамань — самый бедный и самый маленький (из, в, под) всех городов России.

2. Я подношу спичку (на, перед, к) самому лицу мальчика.

3. Мы долго идём по грязным улицам (через, за, вдоль) старых заборов.

4. Вдруг мальчик быстро вскакивает (от, через, с) камня.

5. Я долго сижу у стола; (у, вдоль, передо) мною чайник с горячим чаем.

6. Я бросаю её (через, на, в) волны.

7. Недалеко (от, за, перед) дома я вижу слепого мальчика.

8. Я стою (под, за, у) большим камнем.

9. Девушка говорит: « Приходи ночью (через, на, вдоль) берег моря. »

10. Избушка стоит (под, у, на) краю высокого, крутого берега.

11. Корабль приходит (от, в, через) два, три дня.

12. Я сам, как камень, чуть не иду (на, под, ко) дну.

VI. INDEFINITE PRONOUNS AND ADVERBS. The following sentences contain indefinite pronouns and adverbs formed by adding the particles то and нибудь to the words что, кто, какой, and куда. Translate these sentences, check, and pronounce them aloud.

1. Я долго смотрю на мальчика, хочу узнать что-нибудь о нём, об этом доме.

2. Я долго не могу уснуть, всё чего-то жду.

3. Вдруг кто-то быстро пробегает мимо окна.

49

4. Мальчик несёт в руках какой-то большой узел.

5. Вдоль берега идёт какая-то белая фигура.

6. Вдруг слышу кто-то поёт.

7. Она смотрит на море, будто ищет глазами чего-то.

8. Она то говорит о чём-то сама с собой, то поёт свою песню.

9. Они быстро уходят куда-то вдоль берега.

10. Теперь она поёт какую-то другую песню.

VII. Derivative Verbs. Select the verb in parentheses that correctly completes the sentence; check, translate, and pronounce aloud.

1. Поздно ночью (уезжаю, подъезжаю, приезжаю) на тройке к Тамани.

2. Из дома (выходит, подходит, отходит) казак.

3. Кто-то быстро (убегает, подбегает, пробегает) мимо окна.

4. Я (ухожу, подхожу, вхожу) в дом.

5. Волны (пробегают, убегают, подбегают) к самым его ногам.

6. Наконец мы (подходим, выходим, отходим) к маленькой избушке.

7. Я (подношу, приношу, уношу) спичку к самому его лицу.

8. В тумане лучше (проехать, подъехать, уехать) мимо кораблей.

9. Корабль (приходит, уходит, проходит) через несколько дней.

10. Они (подносят, уносят, приносят) узлы куда-то вдоль берега.

11. Она ловко (отбегает, пробегает, сбегает) от меня.

12. « Ночью, когда все спят, (уходи, отходи, приходи) на берег. »

VIII. Difficult Verb Forms. Give the infinitive and the English equivalent for the following verb forms, used in this book; check and pronounce aloud.

Present Indicative: вижу, встаю, еду, зову, иду, кладу, люблю, остаюсь, поёт, живёт, плывем, подношу, плачет, сплю, сержусь, хочу, сажусь.

Imperative: веди, скажи, приходи.

IX. Diminutive Noun Endings. The diminutive or depreciative noun endings used in this story are: –ик, –ок, –ишка, –ушка, –очка, –ёнок.

The following words are formed by using these endings; give their English equivalents, find the basic words from which they are derived; check and pronounce aloud both the basic words and the corresponding derivatives.

домик	городишка	лодочка
городок	избушка	чертёнок

X. Specific Words. The words in A are special words needed to tell this story. They are not of common occurrence and are not in our basic vocabulary. Match each word in A with a word in B associated in thought; check the pairs, and pronounce them aloud.

A	B
крутой	море
калека	вода
лента	волосы
весло	берег
красавица	вещи
ундина	слепой
драгоценный	девушка
дно	лодка

XI. IDIOMATIC EXPRESSIONS. Each sentence contains an idiomatic expression used in this book. Give the correct English equivalent for each of the following sentences; check and pronounce aloud.

1. Мне нужна комната на-ночь.

2. « Слава Богу, » думаю, « завтра могу ехать дальше. »

3. Я не могу уснуть: всё вижу мальчика с белыми глазами.

4. Казак говорит: « В этом доме нехорошо, там нечисто. »

5. Из дома выходит мальчик лет четырнадцати.

6. Я хочу узнать, что за люди мои хозяева.

7. Слепые, глухие . . . Что за чорт!

8. Как ни стараюсь, я ничего не узнаю о моих хозяевах.

9. Я спрашиваю девушку: « Как тебя зовут? Сколько тебе лет? »

10. Она то поёт свою песню, то говорит сама с собой.

11. А она только смеется, смеется во всё горло.

12. Но ночью мне приходится ещё больше пожалеть о моих словах.

13. Я хочу узнать, в котором часу отходит мой корабль.

14. Через несколько минут я прихожу в себя.

15. Они кладут узел с моими вещами в лодку и увозят их на моих глазах.

16. « Боже мой! Где мой пистолет, где все мои вещи! »

17. Она толкает меня с такой силой, что я чуть не падаю в воду.

Two
Short Stories

By A. S. PUSHKIN

Retold and Edited by

FRUMA GOTTSCHALK
The University of Chicago

BOOK TWO

ОФИЦЕР БРОСИЛ В СИЛЬВИО
СТАКАН ВИНА

FOREWORD

FOR THE second book of the series of *Graded Russian Readers* two of A. S. Pushkin's best known stories, *The Stationmaster* and *A Shot*, have been chosen. These stories have a simple structure and plenty of action, qualities which are not too often found in Russian literature.

In Book One, *Taman'*, we used the verb only in the present tense, avoiding the perfective altogether. We are now introducing the past, as well as a number of perfective verbs. Thus only the future is avoided. The problem of limitation and simplification of the vocabulary was by no means easy to solve, for Pushkin's prose is somewhat more involved and his vocabulary is more antiquated than that of Lermontov, although the two men were almost exact contemporaries.

The *new* vocabulary of Book Two consists of 218 non-derived, basic words; 101 derivatives, of which the great majority are formed by the addition of a particle; 8 special story-telling words, not basic; and 19 loan or known words. The idiom content is limited to 22 new expressions. Of the 352 basic and derivative words used in Book One, all but 76 are repeated in this book, resulting in an overlap of 78 per cent of essential vocabulary.

To facilitate vocabulary learning, we have annotated and explained at the bottom of the page each *new* word or expression upon its *first* occurrence, placing non-basic words in brackets. The end vocabulary contains all words and expressions used in the book, including difficult verb forms. The exercises are designed to provide a systematic review of the new vocabulary content and practice in forming some of the most common idiomatic expressions.

THE EDITORS

СТАНЦИО́ННЫЙ СМОТРИ́ТЕЛЬ [1]

I. ДУ́НЯ

Это бы́ло ле́том [2] в 1816 году́. [3]   Мне ну́жно бы́ло прое́хать че́рез [4] городо́к Н. Я был уже́ недалеко́ от ста́нции, [5] когда́ пошёл си́льный дождь. [6]

Я прие́хал на ста́нцию весь мо́крый [7] от   5 дождя́.   Мне бы́ло хо́лодно [8] и я хоте́л перемени́ть [9] оде́жду и вы́пить [10] ча́ю.

« Ду́ня ! » позва́л станцио́нный смотри́тель, « принеси́ [11] самова́р. »

При э́тих слова́х в ко́мнату вошла́ [12] 10 де́вушка лет четы́рнадцати.   Ах, [13] кака́я она́ была́ краса́вица !

« Это твоя́ дочь? » спроси́л я смот-ри́теля.

---

[1] [станцио́нный   смотри́тель], stationmaster.
[2] лето, summer; летом, in summertime.   [3] год, year.   [4] через, through.   [5] станция, station.
[6] дождь, rain; пошёл дождь, it started raining.
[7] мокрый, wet.   [8] холодно, cold.   [9] переме-нить (*perf. of* менять), to change.   [10] выпить (*perf. of* пить), to drink.   [11] принести (*perf. of* приносить), to bring, carry in.   [12] войти (*perf. of* входить), to enter, come in.   [13] ax, oh!

« Да, моя́ дочь, » отве́тил [1] смотри́тель
и с не́жностью посмотре́л [2] на неё. « Моя́
Ду́ня де́вушка у́мная, [3] ло́вкая и хозя́йка
хоро́шая. Поря́док [4] лю́бит. Вся в
5 мать. » [5]

Ду́ня пошла́ за самова́ром. Я дал
отцу́ [6] Ду́ни мой па́спорт, а сам на́чал [7]
осма́тривать [8] ко́мнату станцио́нного
смотри́теля.

10 Всё в ко́мнате бы́ло чи́сто и да́же [9]
краси́во. [10] На о́кнах цветы́, [11] на стена́х
карти́нки, [12] в углу́ [13] крова́ть. [14] Везде́
был поря́док.

Че́рез не́сколько мину́т Ду́ня пришла́ с
15 самова́ром. Ма́ленькая краса́вица заме́-
тила, [15] что она́ мне о́чень понра́вилась. [16]
Она́ посмотре́ла на меня́ свои́ми боль-

---

[1] отве́тить (*perf. of* отвеча́ть), to answer, reply.
[2] посмотре́ть (*perf. of* смотре́ть), to look, glance.
[3] у́мный, sensible, clever.   [4] поря́док, order.
[5] вся в мать, just like her mother.   [6] оте́ц,
father.   [7] нача́ть (*perf. of* начина́ть), to begin,
start.   [8] осма́тривать, to examine.   [9] да́же,
even.   [10] краси́во, beautiful, pretty.   [11] цвето́к
(*pl.* цветы́), flower.   [12] карти́на, picture; карти́нка,
small picture.   [13] у́гол, corner.   [14] крова́ть, bed.
[15] заме́тить (*perf. of* замеча́ть), to notice.   [16] по-
нра́виться (*perf. of* нра́виться), to like.

шими све́тлыми глаза́ми и мы на́чали разгова́ривать.[1]

Ду́ня говори́ла со мной про́сто[2] и уве́ренно. Ви́дно бы́ло,[3] что она́ привы́кла[4] ча́сто[5] разгова́ривать с прое́зжими[6] людьми́ и что она́ их не боя́лась.

Я попроси́л[7] смотри́теля и его́ дочь вы́пить со мной ча́ю. Я и Ду́ня пи́ли[8] чай, а отцу́ я дал вина́.[9] Мы до́лго сиде́ли за столо́м[10] и разгова́ривали, как ста́рые друзья́.[11]

Че́рез не́которое вре́мя дождь прошёл.[12] Мне ну́жно бы́ло е́хать да́льше, но я не хоте́л уезжа́ть[13] от смотри́теля и его́ краси́вой до́чери.

Наконе́ц я попроща́лся.[14] Оте́ц пожа́л мне ру́ку[15] и пожела́л[16] мне

---

[1] разгова́ривать, to talk, converse. [2] про́сто, simply. [3] ви́дно бы́ло, it was apparent. [4] привы́кнуть (*perf. of* привыка́ть), to get accustomed. [5] ча́сто, often. [6] [прое́зжий], traveler, one passing through. [7] попроси́ть (*perf. of* проси́ть), to ask. [8] пить, to drink. [9] вино́, wine. [10] за столо́м, at the table. [11] друг (*pl.* друзья́), friend. [12] дождь прошёл, it stopped raining. [13] уезжа́ть, to leave. [14] попроща́ться (*perf. of* проща́ться), to take leave. [15] пожа́ть ру́ку, to shake hands. [16] пожела́ть (*perf. of* жела́ть), to wish.

61

всего хорошего.[1]   Дочь вышла[2] со мной.

Мои лошади[3] были уже готовы.[4]   Мы вышли из дома.   Я посмотрел на маленькую красавицу и спросил её:

« Дуня, можно тебя поцеловать? »[5]

« Да, можно, » просто ответила Дуня.

Мы остановились[6] у дома и я.поцеловал её.   Этот поцелуй я долго помнил.[7]

II.   ОПЯТЬ У СМОТРИТЕЛЯ

Прошло несколько лет.   Мне опять нужно было проехать через городок Н. По дороге я думал, как хорошо снова увидеть[8] смотрителя и его красавицу дочь.

« Но, » подумал я, « может быть смотритель умер.[9]   А может быть, что и дочь умерла или вышла замуж. »[10]   С этими

---

[1] всего хорошего, good luck.   [2] выйти (*perf. of* выходить), to walk out.   [3] лошадь, horse. [4] готов, ready.   [5] поцеловать (*perf. of* целовать), to kiss.   [6] остановиться (*perf. of* останавливаться), to stop.   [7] помнить, to remember. [8] увидеть (*perf. of* видеть), to see.   [9] умереть (*perf. of* умирать), to die.   [10] выходить замуж, to marry.

печа́льными мы́слями[1] я подъезжа́л к ста́нции.

Мои́ ло́шади останови́лись у до́ма смотри́теля. Я откры́л дверь и вошёл в ко́мнату, кото́рую так хорошо́ по́мнил. 5 Стол и крова́ть стоя́ли на том же ме́сте,[2] но на о́кнах не́ было цвето́в.

Я посмотре́л круго́м и сейча́с же[3] заме́тил, что ко́мната была́ уже́ не та́: не тот поря́док, не так чи́сто. По всему́ 10 ви́дно бы́ло,[4] что в до́ме не́ было хозя́йки.

Смотри́тель спал. Я стоя́л у его́ крова́ти и не знал, что де́лать. Че́рез не́сколько мину́т он откры́л глаза́ и встал.[5]

Пе́редо мной стоя́л ста́рый, больно́й[6] 15 челове́к. Я с трудо́м узна́л[7] моего́ дру́га, станцио́нного смотри́теля.

Что ста́ло[8] с ним? Ведь прошло́ то́лько три го́да. Как мог он за э́то коро́ткое[9] вре́мя стать таки́м старико́м?[10] С 20 тяжёлым се́рдцем[11] я смотре́л на боль-

---

[1] мысль, thought. [2] место, place. [3] сейчас же, immediately, at once. [4] по всему видно было, everything indicated. [5] встать (*perf. of* вставать), to get up. [6] больной, sick, ill. [7] узнать, to recognize. [8] стать, to become, happen. [9] короткий, short. [10] старик, old man. [11] сердце, heart.

нóго старикá, на егó устáлое лицó и пе-
чáльные глазá.

« Ты меня не узнаёшь? » спросил я егó,
« мы ведь стáрые друзьá. »

5   « Мóжет быть, » отвéтил он сердúтым
гóлосом. « Здесь дорóга большáя. Мнóго людéй проезжáет. »[1]

« А как Дýня? » продолжáл я спрá-
шивать.

10   « Бог её знáет. »

« Где же онá? Вышла зáмуж? » спро-
сúл я опя́ть.

Старúк ничегó не отвéтил, как бýдто
не слышал меня. Я бóльше ничегó не
15 спрáшивал и тóлько попросúл его принe-
стú мне чáю.

Прошлó нéкоторое врéмя. Старúк вернýлся[2] с самовáром. Мы сéли[3] за стол.
Я нáчал пить чай, а старикý дал винá.
20 Он выпил одúн стакáн,[4] потóм другóй.
Понемнóгу, от винá его лицó стáло яснéе.
Он бóльше не сердúлся и дáже говорúть
стал другúм гóлосом. Вúдно было, что
он тепéрь узнáл меня.

---

[1] проезжать, to pass, ride through.   [2] вернуться (*perf. of* возвращаться), to return.   [3] сесть
(*perf. of* садиться), to sit down.   [4] стакан, glass.

64

« Так вы помните мою Дуню? » сказал
он. « Ах, Дуня, Дуня! Что за девушка
была. Все проезжие её любили. Иногда[1] останавливались будто пообедать,[2]
а ведь только хотели на Дуню посмот- 5
реть и с ней поговорить. »[3]

С какой нежностью бедный смотритель
говорил о своей дочери.

Я дал ему ещё один стакан вина.

Он сидел в молчании. Видно было, 10
что он думал о своей дочери.

« Иногда приезжает барин[4] усталый и
сердитый, но как только[5] Дуня приходит
в комнату, барин на неё посмотрит и больше не сердится. Я ли не любил моей 15
Дуни? Ну, вот пришла беда,[6] а от беды
никуда не уйти. »[7]

Тут он начал мне рассказывать о своём
несчастьи.

---

[1] иногда, sometimes. [2] пообедать (*perf. of*
обедать), to dine. [3] поговорить (*perf. of* говорить), to speak, have a talk. [4] [барин], master, gentleman, sir. [5] как только, as soon as.
[6] беда, misfortune, ill luck. [7] уйти (*perf. of*
уходить), to go away.

III. РАССКА́З[1] СМОТРИ́ТЕЛЯ

Э́то бы́ло три го́да тому́ наза́д.[2] Одна́-
жды по́здно ве́чером, когда́ Ду́ня сиде́ла
в свое́й ко́мнате и ши́ла[3] себе́ пла́тье, к
до́му подъе́хала[4] тро́йка.

5   Прое́зжий, в высо́кой ша́пке и вое́нной
оде́жде, с больши́м шу́мом вошёл в ко́м-
нату и на́чал крича́ть[5]:

« Где ло́шади? Мне ну́жно е́хать да́ль-
ше. Да́йте мне сейча́с же лошаде́й! »

10   Лошаде́й не́ было. Ду́ня привы́кла к
таки́м сце́нам. Как то́лько она́ услы́-
шала[6] шум, она́ вы́бежала[7] из свое́й ко́м-
наты и спроси́ла прое́зжего:

« Не хоти́те ли вы пообе́дать, ба́рин? »

15   « Хорошо́, » сказа́л он, « пообе́дать
мо́жно. Я о́чень го́лоден. »

Прое́зжий смотре́л на краса́вицу Ду́ню
и ви́дно бы́ло, что он бо́льше не серди́лся.
Он снял[8] свою́ ша́пку и свою́ мо́крую

---

[1] расска́з, story, tale. [2] тому́ наза́д, ago.
[3] шить, to sew. [4] подъе́хать (*perf. of* подъезжать), to drive up. [5] крича́ть, to shout. [6] услы́-
шать (*perf. of* слы́шать), to hear. [7] вы́бежать
(*perf. of* выбега́ть), to run out. [8] снять (*perf. of*
снима́ть), to take off.

66

одёжду. Это был высокий красивый офицёр с большими тёмными глазами.

Он сел на скамёйку и нáчал вéсело разговáривать с смотрителем и его дóчерью.   5

«Иди, Дуняша,[1] принеси обéд. Бáрин óчень гóлоден.»

Дýня принеслá обéд.

Мéжду тем[2] пришли лóшади. Смотритель вышел посмотрéть готóва ли 10 трóйка для молодóго[3] офицéра.

Когдá он вернýлся, молодóй проéзжий лежáл на скамéйке. Емý бы́ло óчень плóхо.[4] У негó си́льно болéла[5] головá.[6] Чтó дéлать?   15

Смотритель положи́л больнóго на свою́ кровáть. Прошлó нéсколько часóв, но офицéру не стáло лýчше. У негó всё ещё болéла головá и он не мог éхать дáльше.

Дýня не отходи́ла от больнóго. Онá 20 всё врéмя сидéла у его кровáти и ши́ла. Больнóй чáсто проси́л пить и кáждый раз, когдá Дýня подавáла[7] емý холóдный

---

[1] Дуняша (*dim. of* Дуня), little Dunia.   [2] между ду тем, meanwhile.   [3] молодой, young.   [4] ему было плохо, he felt ill.   [5] болеть, to ache, hurt. [6] голова, head.   [7] подавать, to serve.

лимона́д, он ей жал[1] ру́ку и до́лго смот-
ре́л на неё свои́ми тёмными, краси́выми
глаза́ми.

При[2] смотри́теле больно́й офице́р не го-
5 вори́л почти́ ни сло́ва. Каза́лось, что
ему́ бы́ло о́чень пло́хо, но всё же[3] он
вы́пил два стака́на ча́ю и пообе́дал с
больши́м аппети́том.

На друго́й день больно́му ста́ло ху́же.[4]
10 Смотри́тель посла́л[5] за[6] до́ктором.

К обе́ду[7] прие́хал до́ктор. Он на́чал
счита́ть[8] пульс[9] больно́го, посмотре́л
ему́ в го́рло, поговори́л с ним не́сколько
мину́т по францу́сски,[10] а пото́м сказа́л
15 смотри́телю по ру́сски[11]:

« Ваш прое́зжий о́чень бо́лен.[12] Ему́
нельзя́[13] продолжа́ть пое́здки. Он до́л-
жен[14] лежа́ть в крова́ти не́сколько дней. »

Молодо́й офице́р дал до́ктору два́-

---

[1] жать, to squeeze.   [2] при, before, in the presence of.   [3] всё же, nevertheless.   [4] хуже, *comp.
of* плохо.   [5] послать (*perf. of* посылать), to send.
[6] за, for, after.   [7] к обеду, toward dinnertime.
[8] считать, to count.   [9] [пульс], pulse.   [10] по
францусски, in French.   [11] по русски, in Russian.
[12] болен, ill.   [13] нельзя, impossible; ему нельзя,
he must not.   [14] должен, must.

дцать [1] рублéй за визи́т и попроси́л егó пообéдать с ним. Дóктор согласи́лся. [2]

Пóдали [3] обéд. Дóктор и офицéр éли [4] с больши́м аппети́том и вы́пили мнóго винá.   5

Дóктору ну́жно бы́ло éхать дáльше. Он крéпко пожáл офицéру рýку и они́ попрощáлись.

Прошёл ещё оди́н день. Больнóму стáло лýчше. По всемý дóму [5] мóжно 10 бы́ло слы́шать смех офицéра. Он пел пéсни, грóмко смея́лся и вéсело разговáривал с проéзжими. Он всем óчень нрáвился. А дóброму [6] смотри́телю дáже жáлко стáло, [7] что офицéр так скóро [8] уез- 15 жáет.

IV. ОТЪÉЗД [9] ОФИЦÉРА

Пришёл день отъéзда. Бы́ло óчень теплó. [10] День был я́сный. На нéбе ни однóй тýчи.

---

[1] двадцать, twenty. [2] согласиться (*perf. of* соглашаться), to agree. [3] подать (*perf. of* подавать), to serve. [4] есть, to eat. [5] по всемý дому, all over the house. [6] добрый, kind. [7] жалко стало, felt sorry. [8] скоро, soon. [9] отъезд, departure. [10] тепло, warm.

Ду́ня стоя́ла у до́ма и ве́село разго-
ва́ривала с сосе́дями.[1] На ней бы́ло но́-
вое пла́тье. Бы́ло воскресе́нье[2] и она́
хоте́ла итти́ в це́рковь.[3]

5 Тро́йка была́ гото́ва. Офице́р попро-
ща́лся с смотри́телем, поблагодари́л[4] его́
и хорошо́ ему́ за всё заплати́л.[5] Он подошёл[6] к Ду́не, попроща́лся с ней и спро-
си́л её:

10 « Вы, Ду́ня в це́рковь идёте? До це́р-
кви, ка́жется, далеко́. Не хоти́те ли вы
со мной пое́хать? Мне ведь по доро́ге. »

Ду́ня до́лго ничего́ не отвеча́ла.

« Что же ты молчи́шь, Дуня́ша? По-
15 благодари́[7] ба́рина. До це́ркви далеко́.
Поезжа́й[7] с ба́рином. Ведь ба́рин не
волк,[8] — боя́ться не́чего. . . . Поезжа́й,
Дуня́ша. »

Ду́ня се́ла о́коло[9] офице́ра и они́ ско́ро
20 уе́хали.[10]

---

[1] сосед, neighbor. [2] воскресенье, Sunday. [3] церковь, church. [4] поблагодарить (*perf. of* благодарить), to thank. [5] заплатить (*perf. of* платить), to
pay. [6] подойти (*perf. of* подходить), to come near.
[7] поезжай (*impv. of* поехать), to go (driving, riding). [8] волк, wolf. [9] около, near, by. [10] у-
ехать (*perf. of* уезжать), to leave.

Прошёл час, другой. Смотритель сидел у дома и, как всегда,[1] ждал свою дочь. Но Дуни всё не было. Наконец он сам пошёл в церковь.

Смотритель подходил к церкви. Две старухи прошли мимо него.

« Дунашу мою видели сегодня? » спросил он.

« Нет, не видели, » ответили старухи и пошли дальше.

Когда смотритель подошёл ближе, он увидел, что у церкви никого не было. Он вошёл в церковь. Там было темно.[2] Только у икон горело несколько свечей. Дуни в церкви не было.

Где Дуня? Тревожные мысли приходили в голову смотрителю. Может быть она пошла к соседям? Может быть она поехала[3] с офицером до другой станции? Но нет! Ведь Дуня всегда приходила из церкви прямо[4] домой.

У него кружилась голова. Всё было как в тумане и он не мог ни о чём больше думать. Бедный смотритель

---

[1] всегда, always.   [2] темно, dark.   [3] поехать (*perf. of* ехать), to go (driving, riding).   [4] прямо, straight.

71

пришёл домой ни живой,[1] ни мёртвый.[2]

К вечеру вернулась тройка без Дуни.
« Ваша Дуня уехала с офицером. » Это
5 было всё, что ему сказал кучер.[3]

Бедный отец не понимал,[4] как он мог
сам послать Дуню с офицером. Ведь он
ей сам сказал, что бояться нечего, что
ей можно ехать. Как мог он быть таким
10 слепым? Как жить ему без Дуни?

Тяжело[5] было бедному смотрителю.
Он опасно заболел.[6]

Тот же доктор приехал к нему. Бедный смотритель лежал в той же комнате,
15 где только несколько дней тому назад
его дочь, Дуня, подавала молодому офи-
церу холодный лимонад.

Старик рассказал доктору о своём несчастьи и тогда доктор открыл смотри-
20 телю тайну[7]:

« Когда я сюда приехал, офицер сказал
мне по французски, что он не хочет уезжать отсюда.[8] Ваша дочь ему очень по-

---

[1] живой, alive. [2] мёртвый, dead. [3] [кучер],
coachman. [4] понимать, to understand. [5] тяжело, sad, painful. [6] заболеть (*perf. of* болеть), to become ill. [7] [тайна], secret. [8] отсюда, from here.

нравилась. Он просил меня сказать вам, что он так опасно болен, что не может ехать дальше. Я не хотел согласиться, но ваш проезжий показал мне свой пистолет. Я очень боялся пистолета и не [5] знал, что делать. Поэтому[1] я вам тогда ничего об этом не сказал. »

Бедному отцу всё стало ясно. Теперь он всё понял.[2] Старик горько[3] заплакал.[4]

[10]

V. СМОТРИТЕЛЬ ИЩЕТ ДОЧЬ

Старик долго болел, но к концу лета ему стало лучше. Это было тяжёлое время для старого смотрителя.

С утра до вечера старик думал о своей дочери. Как только он закрывал[5] глаза, [15] перед ним стоял молодой офицер, который увёз[6] его дочь.

Из паспорта офицера смотритель знал, что имя[7] его Минский. Смотритель

---

[1] поэтому, therefore.   [2] понять (*perf. of* понимать), to understand.   [3] горько, bitter.   [4] заплакать (*perf. of* плакать), to begin to cry.   [5] закрывать, to close.   [6] увезти (*perf. of* увозить), to take away, abduct.   [7] имя, name.

даже хорошо помнил, что Минский ехал
из Смоленска в Петербург.

Всю ночь старик не мог спать. Мысли
об его несчастной [1] дочери приходили ему
5 в голову одна за другой. Он вспоминал [2]
все разговоры [3] офицера с его дочерью, его
весёлые песни, его громкий смех. Старик теперь вспоминал, как офицер любил
сидеть около Дуни, как много он ей рас-
10 сказывал о жизни в Петербурге.

« Кучер мне сказал, что моя бедная
Дуняша всю дорогу плакала. Может
быть моя Дуняша хочет вернуться домой.
Мне нужно итти в Петербург искать мою
15 Дуню. »

Раз поздно ночью, когда кругом всё
было тихо, старик открыл дверь и вышел из дома. Только луна освещала
тёмную улицу. Бедный отец пошёл
20 пешком [4] в Петербург.

До Петербурга было далеко. Наконец
голодный и усталый смотритель пришёл
в Петербург.

Там жил его друг, старый унтер-

---

[1] несчастный, unhappy, unfortunate.   [2] вспоминать, to recall.   [3] разговор, conversation.
[4] пешком, on foot.

74

офице́р, кото́рого он знал уже́ мно́го лет. Смотри́тель останови́лся у него́ в до́ме.

На друго́й день он на́чал иска́ть Ми́нского. Стари́к ско́ро узна́л где живёт офице́р и ра́но[1] у́тром[2] он пошёл к 5 нему́.

У двере́й большо́го до́ма, где жил Ми́нский, стоя́л вое́нный лаке́й.[3] Стари́к подошёл к нему́:

« Скажи́ твоему́ ба́рину, что ста́рый 10 солда́т[4] хо́чет его́ ви́деть и с ним поговори́ть. Твой ба́рин меня́ хорошо́ зна́ет. »

« Ника́к нельзя́.[5] Ба́рин спит. Тепе́рь сли́шком ра́но. Он встаёт в де́сять часо́в. » 15

Стари́к ушёл и верну́лся в де́сять часо́в. Лаке́й откры́л дверь и показа́л[6] ему́ куда́ итти́. Ми́нский ско́ро вы́шел к нему́.

« Что тебе́ ну́жно? » спроси́л офице́р. 20 Каза́лось, что Ми́нский не узна́л смотри́теля.

У бе́дного старика́ на́чала кружи́ться

[1] рано, early.   [2] утром, in the morning.   [3] [лакей], footman, doorman.   [4] солдат, soldier.   [5] ника́к нельзя, absolutely impossible.   [6] показать (*perf. of* показывать), to show.

75

голова́. Ему́ бы́ло о́чень тяжело́. Со слеза́ми [1] в глаза́х он ти́хо сказа́л:

«Где моя́ дочь? Отда́йте [2] мне её. Заче́м вам Ду́ня? Как мне без неё жить?...
5 Отда́йте мне мою́ Ду́ню. . . .»

Ми́нский бы́стро повёл [3] старика́ в свою́ ко́мнату и закры́л за ним дверь.

«Мне тебя́ жа́лко,» сказа́л Ми́нский, «и я зна́ю, как тебе́ тяжело́. Я зна́ю,
10 что тебе́ тру́дно [4] без Ду́ни, но и я без неё жить не могу́. Ду́ня не мо́жет к тебе́ верну́ться. Тепе́рь по́здно об э́том ду́мать. Заче́м она́ тебе́? Ду́ня меня́ лю́бит. Она́ привы́кла к жи́зни в Пе-
15 тербу́рге. Поду́май то́лько: что за жизнь для неё тепе́рь у тебя́ на ма́ленькой ста́нции?»

Стари́к стоя́л и слу́шал. Он не мог сказа́ть ни сло́ва. [5] Офице́р ещё до́лго
20 расска́зывал, как сча́стлива [6] Ду́ня, как она́ привы́кла к своему́ до́му и к краси́вым веща́м и как она́ лю́бит свою́ но́вую жизнь в э́том большо́м го́роде. Пото́м

---

[1] слеза́, tear.   [2] отда́ть (*perf. of* отдава́ть), to give back.   [3] повести́ (*perf. of* вести́), to lead.
[4] тру́дно, difficult, hard.   [5] ни, no, not; ни сло́ва, not a word.   [6] счастли́вый, happy, lucky.

офицер вложил [1] отцу что-то в руку и открыл ему дверь.

Смотритель вышел на улицу. Некоторое время он стоял перед домом, как во сне. $\qquad$ 5

Вдруг он заметил, что у него в руках деньги. [2] Ему их дал офицер, который увёз его дочь. Со слезами в глазах бедный отец смотрел на деньги. Пять . . . десять . . . пятнадцать [3] рублей. . . . 10

Горько и обидно [4] было старику. Он сердито бросил деньги на землю [5] и быстро пошёл по улице.

Через минуту он остановился, подумал и вернулся. Но денег на земле больше 15 не было.

Хорошо одетый [6] молодой человек поднял [7] деньги. Старый смотритель это видел, но не побежал [8] за ним.

---

[1] вложить (*perf. of* вкладывать), to put in. [2] деньги, money. [3] пятнадцать, fifteen.
[4] обидно, hurt; ему было обидно, he felt hurt.
[5] земля, ground, earth. [6] одетый, dressed.
[7] поднять (*perf. of* поднимать), to pick up, raise
[8] побежать (*perf. of* бежать), to run.

VI. ОТЕ́Ц И ДОЧЬ

На друго́й день смотри́тель реши́л[1] верну́ться домо́й — на свою́ ста́нцию.

« То́лько бы[2] ещё раз уви́деть мою́ Ду́ню, » ду́мал бе́дный оте́ц, « то́лько бы
5 в после́дний[3] раз на неё посмотре́ть. »

Че́рез два дня он сно́ва пошёл к до́му Ми́нского. Стари́к подошёл к дверя́м и постуча́л. Вое́нный лаке́й вы́шел к нему́ и серди́то закрича́л[4]:

10   « Заче́м опя́ть пришёл? Что тебе́ здесь ну́жно? »

« Твой ба́рин до́ма? Мне ну́жно его́ ви́деть, » проси́л стари́к.

« Я сказа́л тебе́, что сюда́ нельзя́.
15 Ба́рина нет до́ма. » Лаке́й вы́толкнул[5] бе́дного смотри́теля на у́лицу и закры́л за ним дверь. Но стари́к всё ещё не уходи́л. Он стоя́л на у́лице пе́ред закры́той[6] две́рью и ду́мал о своём несча́стьи.

20   В тот же ве́чер смотри́тель пошёл в

---

[1] реши́ть (*perf. of* реша́ть), to decide.   [2] то́лько бы, if only.   [3] после́дний, last.   [4] закрича́ть (*perf. of* крича́ть), to cry out.   [5] вы́толкнуть (*perf. of* выта́лкивать), to push out, force out.   [6] закры́тый, closed.

церковь. Он до́лго стоя́л не́ред ико́ной и моли́лся.[1] Он моли́лся за свою́ бе́дную Ду́ню.

Наконе́ц он вы́шел из це́ркви и ме́дленно[2] пошёл домо́й. Был пра́здник[3] и по у́лице проходи́ло мно́го люде́й.

Вдру́г ми́мо него́ бы́стро прое́хал молодо́й офице́р. Э́то был Ми́нский. Стари́к сейча́с же узна́л его́. Тро́йка Ми́нского останови́лась пе́ред высо́ким до́мом недалеко́ от це́ркви.

Смотри́тель ви́дел что Ми́нский вошёл в дом. Счастли́вая мысль пришла́ ему́ в го́лову. Он подошёл к до́му куда́ вбежа́л[4] Ми́нский и спроси́л ку́чера:

« Скажи́ мне, чьи э́то ло́шади, не Ми́нского ли? »

« А ты почему́ спра́шиваешь? Заче́м тебе́ знать? »

« Твой ба́рин проси́л меня́ дать Ду́не э́то письмо́,[5] а я вот не зна́ю, где живёт его́ Ду́ня. »

« Здесь она́ живёт. В э́том са́мом до́ме.

---

[1] моли́ться, to pray. [2] ме́дленно, slowly.
[3] пра́здник, holiday. [4] вбежа́ть (*perf. of* вбега́ть), to run in. [5] письмо́, letter.

79

Только слишком поздно ты пришёл с письмом. Теперь он сам у неё. »

« Ну, что же? Делать нечего. Жалко мне, что я слишком поздно пришёл, а
5 всё же я должен отдать ей письмо. »

С этими словами смотритель начал подниматься по лестнице.[1] Двери были закрыты. Он постучал.[2] Прошло несколько тяжёлых секунд. Молодая слу-
10 жанка[3] открыла ему дверь и он вошёл в небольшую тёмную комнату.

« Что вам нужно? » спросила его служанка Дуни.

« Твоя барыня[4] дома? » тихо спросил
15 старик.

« Да, барыня дома. »

« У меня для неё письмо. »

« Нельзя к ней теперь, » сказала служанка. « Ты можешь дать мне письмо.
20 У барыни теперь гость.[5] »

Старик ничего не ответил. Он быстро прошёл мимо служанки, подошёл к другой двери и открыл её.

Перед ним была **большая светлая**

---

[1] лестница, staircase, stairs.   [2] постучать
(*perf. of* стучать), to knock.   [3] служанка, maid.
[4] [барыня], mistress, madam.   [5] гость, guest.

ко́мната. Никогда́ [1] стари́к не ви́дел такой краси́вой ко́мнаты и так мно́го прекра́сных [2] веще́й. Но глаза́ смотри́теля останови́лись на Ду́не.

Ду́ня сиде́ла на дива́не. [3] Она́ была́ 5 прекра́сно оде́та, по после́дней мо́де. [4] Молодо́й офице́р держа́л её ру́ку, а она́ с не́жностью смотре́ла ему́ в глаза́.

Бе́дный оте́ц! Никогда́ его́ дочь не каза́лась ему́ тако́й краса́вицей.   10

«Кто там?» спроси́ла Ду́ня.   Стари́к молча́л. Он стоя́л, как во сне́.

Вдруг Ду́ня подняла́ го́лову . . . закрича́ла и упа́ла [5] на́ пол. [6]

Ми́нский вскочи́л [7] с дива́на и стал её 15 поднима́ть. У две́ри он уви́дел ста́рого отца́.

«Что те́бе здесь ну́жно?» серди́то закрича́л он.   «Что ты за мной везде́ хо́дишь? Сейча́с же уходи́ отсю́да.» Ми́н- 20 ский откры́л дверь и си́льной руко́й вы́толкнул старика́ на ле́стницу.

Бе́дный оте́ц до́лго ходи́л по шу́мным [8]

---

[1] никогда, never.   [2] прекрасный, beautiful.
[3] диван, couch.   [4] [мода], style.   [5] упасть (*perf.
of* падать), to fall.   [6] пол, floor.   [7] вскочить (*perf.
of* вскакивать), to jump up.   [8] шумный, noisy.

у́лицам Петербу́рга. По́здно ве́чером он пришёл домо́й. Всю ночь смотри́тель говори́л со свои́м дру́гом, у́нтер-офице́ром, о своём несча́стьи.

5 На друго́й день он уе́хал из Петербу́рга домо́й, на свою́ ста́нцию.

« Вот уже́ три го́да, как я живу́ без Ду́ни, » продолжа́л расска́зывать стари́к. « Хорошо́ ли ей тепе́рь и́ли пло́хо — 10 ничего́ не зна́ю. Жива́ ли она́ или нет — то́лько Бог зна́ет. Я ча́сто ду́маю, что мно́го в Петербу́рге таки́х де́вушек, как моя́ Ду́ня. Сего́дня им хорошо́, а за́втра смо́тришь, — они́ на у́лице. 15 Иногда́ я да́же ду́маю, что лу́чше ей умере́ть. Сам мое́й до́чери моги́лы [1] жела́ю. [2] »

Так ко́нчил [3] свой печа́льный расска́з мой ста́рый друг, станцио́нный смотри́- 20 тель.

Во вре́мя расска́за он ча́сто остана́вливался, го́рько пла́кал, — и пил своё вино́ стака́н за стака́ном.

Его́ слёзы си́льно тро́нули [4] моё се́рдце.

---

[1] могила, grave.   [2] желать, to wish.   [3] кончить (*perf. of* кончать), to end, finish.   [4] тронуть (*perf. of* трогать), to touch, move.

Когда́ я наконе́ц уе́хал, я ещё до́лго
ду́мал о бе́дном старике́ и его́ до́чери.

VII. КЛА́ДБИЩЕ [1]

Неда́вно [2] я останови́лся в ма́ленькой
дере́вне, [3] недалеко́ от городка́ Н. и
вспо́мнил [4] о моём дру́ге. Я стара́лся 5
узна́ть, что ста́ло с несча́стным старич-
ко́м, [5] но я то́лько узна́л, что его́ ста́нции
уже́ бо́льше нет.

Когда́ я спроси́л жив ли ста́рый смот-
ри́тель, никто́ не мог мне дать отве́та. 10

Я о́чень хоте́л сно́ва уви́деть моего́
дру́га и́ли услы́шать что́-нибудь о нём.
В дере́вне мне да́ли лошаде́й и я реши́л
пое́хать в городо́к Н.

Бы́ло хо́лодно. На не́бе бы́ли ту́чи. 15
Я останови́лся у до́ма, где не́сколько лет
тому́ наза́д я поцелова́л краса́вицу Ду́ню.

Был си́льный ве́тер. Я до́лго стоя́л
у две́ри и стуча́л. Из до́ма вы́шла мо-
лода́я ба́ба [6] и спроси́ла, что мне ну́жно. 20

---

[1] [кла́дбище], cemetery.   [2] неда́вно, not long
ago.   [3] дере́вня, village.   [4] вспо́мнить (*perf. of*
вспомина́ть), to recall, remember.   [5] старичёк
(*dim. of* стари́к), old man.   [6] ба́ба, country woman.

« Смотри́тель до́ма? » спроси́л я.

« Он у́мер год тому́ наза́д. »

« Отчего́ [1] же он у́мер? »

« Сли́шком мно́го пил. »

5 Я на́чал жале́ть о мое́й пое́здке и о семи́ рубля́х, кото́рые я заплати́л за ло́шаде́й.

« А где его́ моги́ла? » спроси́л я опя́ть.

« Недалеко́ отсю́да, ба́рин. »

10 « Не мо́жет ли кто-нибу́дь [2] показа́ть мне доро́гу на кла́дбище? »

« Мо́жно. Эй, [3] Ва́нька, иди́ с ба́рином на кла́дбище. Он хо́чет ви́деть моги́лу смотри́теля. »

15 Из до́ма вы́бежал ма́льчик лет деся́ти.

« Ты знал смотри́теля? » спроси́л я ма́льчика.

« Как не знать? Я знал его́ хорошо́. 20 До́брый он был. Люби́л игра́ть с на́ми и все де́ти его́ о́чень люби́ли. »

« Прое́зжие его́ по́мнят? Спра́шивают иногда́ о нём? »

« Тепе́рь у нас прое́зжих ма́ло но вот 25 ле́том приезжа́ла ба́рыня. Она́ о нём

[1] отчего, why.   [2] кто-нибудь, someone.   [3] эй, hey, look here!

84

спра́шивала. Приходи́ла к нему́ на моги́лу. »

« Кака́я ба́рыня? Расскажи́ мне? » проси́л я ма́льчика.

« Прекра́сная ба́рыня, » отвеча́л [1] маль- 5
чи́шка, « бога́тая [2] и до́брая. Прие́хала
она́ сюда́ с тремя́ ма́ленькими детьми́, со
служа́нкой и со ста́рым лаке́ем. Ба́рыня
ста́ла спра́шивать о смотри́теле и когда́
ей сказа́ли, что он у́мер, она́ на́чала пла́- 10
кать и сказа́ла свои́м де́тям, — сиди́те
тут у до́ма и игра́йте. Мне ну́жно
пойти́ на кла́дбище. — Я хоте́л ей по-
каза́ть, где кла́дбище, но ба́рыня сказа́ла: — сама́ доро́гу зна́ю — и дала́ 15
мне рубль. Така́я до́брая ба́рыня была́. »

Мы пришли́ на кла́дбище. Я никогда́
не вида́л тако́го печа́льного ме́ста: ни
цвето́в на моги́лах, ни да́же забо́ра во- 20
кру́г [3] кла́дбища.

« Вот моги́ла ста́рого смотри́теля, »
сказа́л мне ма́льчик и показа́л на моги́лу,
над кото́рой стоя́л то́лько крест [4] с ма́-
ленькой ико́ной. 25

---

[1] отвеча́ть, to answer.   [2] бога́тый, rich.
[3] вокру́г, around.   [4] [крест], cross.

« И ба́рыня приходи́ла сюда́? » спро-
си́л я.

« Приходи́ла, » опя́ть на́чал расска́зы-
вать ма́льчик. « Я смотре́л на неё и́зда-
5 ли. Ба́рыня краси́вые цветы́ принесла́
и на моги́лу положи́ла; сама́ на моги́ле
лежа́ла и пла́кала. Пото́м она́ пошла́ в́
це́рковь. Ба́рыня там до́лго моли́лась;
мно́го де́нег для це́ркви дала́ и уе́хала.
10 До́брая была́ ба́рыня и бога́тая. Рубль
мне дала́. »

Я дал мальчи́шке немно́го[1] де́нег и
бо́льше не жале́л ни о мое́й пое́здки в
городо́к Н., ни о семи́ рубля́х, кото́рые
15 я заплати́л за лошаде́й.

Мальчи́шка убежа́л[2] домо́й, а я ещё
до́лго стоя́л у моги́лы смотри́теля.

На не́бе бы́ли тёмные ту́чи. Ско́ро
пошёл ма́ленький дождь. Ста́ло темно́.
20 Бы́ло по́здно и мне ну́жно бы́ло е́хать
да́льше. Мои́ ло́шади бы́ли гото́вы и я
уе́хал из городка́ Н.

[1] немного, a little.   [2] убежать (*perf. of* убегать),
to run away.

ВЫ́СТРЕЛ [1]

I. НАШ ДРУГ СИ́ЛЬВИО

Я был тогда́ офице́ром и мы жи́ли в ма́леньком городке́. Все зна́ют жизнь офице́ра: у́тром мы у́чим солда́т, пото́м обе́д в рестора́не, а ве́чером вино́ и ка́рты. [2]

В э́том городке́ мы почти́ никого́ не зна́ли. Не́ было ни одного́ до́ма куда́ мы могли́ бы [3] ходи́ть в го́сти. [4] Молоды́х де́вушек бы́ло ма́ло и да́же в ка́рты мы всё вре́мя игра́ли то́лько друг с дру́гом. 10

Но у нас там был оди́н прия́тель. [5] Он не́ был вое́нным. Ему́ бы́ло о́коло три́дцати [6] пяти́ лет и нам, молоды́м офице́рам, каза́лось, что он уже́ стари́к.

Э́то был у́мный, краси́вый и уве́ренный 15 в себе́ [7] челове́к. Он не люби́л мно́го говори́ть и никогда́ не расска́зывал нам о свое́й жи́зни. Ви́дно бы́ло, что у него́

---

[1] вы́стрел, shot.   [2] ка́рта, card.   [3] могли́ бы (*subj. of* мочь), could.   [4] ходи́ть в го́сти, to go visiting.   [5] прия́тель, friend.   [6] три́дцать, thirty.   [7] уве́ренный в себе́, self-assured.

была́ кака́я-то та́йна и нам, молоды́м офице́рам, это, коне́чно,[1] о́чень нра́вилось. Наш прия́тель каза́лся ру́сским,[2] но его́ и́мя бы́ло не ру́сское. Его́ зва́ли
5 Си́львио.

Си́львио был когда́-то[3] офице́ром. Никто́ не знал почему́ он тепе́рь жил в э́том ма́леньком го́роде. Никто́ не знал бога́тый ли был челове́к Си́львио и́ли
10 бе́дный.

Иногда́ у него́ бы́ло мно́го де́нег и тогда́ он жил бога́то. Иногда́ же де́нег у него́ бы́ло ма́ло, но для нас офице́ров его́ дом был всегда́ откры́т.[4] Мы у него́ ча́сто
15 обе́дали.[5] К обе́ду подава́ли всегда́ о́чень мно́го вина́ и ча́сто да́же шампа́нское.[6]

Кварти́ра у Си́львио была́ ма́ленькая и бе́дная, но везде́ бы́ло мно́го книг.[7]
20 Си́львио люби́л чита́ть[8] вое́нные кни́ги и сентимента́льные рома́ны[9] и он дава́л их на́шим офице́рам. У него́ была́ боль-

---

[1] конечно, of course.   [2] русский, Russian.
[3] когда-то, sometime, at one time.   [4] открыт,
open.   [5] обедать, to dine.   [6] [шампанское],
champagne.   [7] книга, book.   [8] читать, to read.
[9] роман, novel.

шáя коллéкция[1] пистолéтов и он пре-
крáсно стрелял.[2]

Как все офицéры, мы чáсто разговáри-
вали о дуэлях.[3] Сильвио не любил этих
разговóров. Иногдá мы просили егó: 5
« Расскажите нам, Сильвио, о вáших
дуэлях. »

« Да, иногдá дуэли были, » хóлодно
отвечáл Сильвио.

Мы, конéчно, замéтили, что емý не- 10
приятно бы́ло об этом говори́ть, но мы
ещё бóльше хотéли узнáть егó тáйну.

Однáжды человéк дéсять нáших офицé-
ров обéдали у Сильвио. Пили, как всег-
дá, óчень мнóго винá. Пóсле обéда мы 15
сказáли нáшему хозяину, что мы хоти́м
игрáть в кáрты. Нам пóдали кáрты и
мы нáчали игрáть.

Сильвио почти́ никогдá не игрáл, но в
этот вéчер он держáл банк и запи́сывал[4] 20
счёт.[5]

За столóм сидéл молодóй офицéр, котóрый недáвно приéхал в этот городóк.
Мы егó мáло знáли и он был у Сильвио

---

[1] [коллекция], collection.   [2] стрелять, to
shoot.   [3] [дуэль], duel.   [4] записывать, to
write down.   [5] счёт, account; score.

в пе́рвый раз. Всем бы́ло о́чень ве́село.
Мы пе́ли пе́сни, пи́ли вино́ и шампа́нское
и мно́го смея́лись.

Си́львио продолжа́л держа́ть банк и
5 запи́сывать счёт. Вдруг молодо́й офи-
це́р посмотре́л на Си́львио и сказа́л:

« Мне ка́жется, что вы сде́лали [1] оши́б-
ку. » [2]

Си́львио ничего́ не отве́тил и продол-
10 жа́л запи́сывать счёт. Молодо́й челове́к
сказа́л ему́ ещё раз, что он сде́лал оши́б-
ку в счёте. Си́львио опя́ть ничего́ не от-
ве́тил, да́же не посмотре́л на офице́ра и
продолжа́л писа́ть. [3] Эта сце́на нам ка-
15 за́лась о́чень весёлой и мы гро́мко смея́-
лись. Тогда́ офице́р, весь кра́сный от
игры́ [4] и от шампа́нского, вскочи́л и бро́-
сил в Си́львио стака́н вина́, кото́рый он
держа́л в руке́.

20 Си́львио во́-время отскочи́л. [5] Стака́н
упа́л на́ пол.

Бле́дный [6] и серди́тый, Си́львио подошёл к офице́ру и ти́хо сказа́л:

[1] сде́лать (*perf. of* де́лать), to make.   [2] оши́б-
ка, mistake, error.   [3] писа́ть, to write.   [4] игра́,
play, game.   [5] отскочи́ть (*perf. of* отска́кивать),
to leap away.   [6] бле́дный, pale.

« Сейча́с же уходи́те отсю́да. Благо-
дари́те Бо́га, что э́то случи́лось [1] у меня́
в до́ме. »

Мы все, коне́чно, ви́дели э́ту сце́ну, но
мы не сказа́ли ни одного́ сло́ва и ско́ро 5
ушли́ домо́й. Мы ожида́ли [2] дуэ́ли.

II. ОТЪЕ́ЗД СИ́ЛЬВИО

На друго́й день мы спра́шивали друг
дру́га: « Ну, что? Жив ли ещё бе́дный
офице́р? »

Че́рез не́которое вре́мя офице́р подо- 10
шёл к нам. Он был о́чень ве́сел и да́же
смея́лся. Мы все на́чали его́ спра́ши-
вать:

« Ну, как? Расскажи́те! Когда́ была́
дуэ́ль? Где Си́львио? »   15

« Никако́й [3] дуэ́ли не́ было, » отве́тил
молодо́й челове́к. « Си́львио не посыла́л
ко мне секунда́нтов. [4]»

Прошло́ три дня. Дуэ́ли не́ было.
Офице́р был ещё жив.   20

Ско́ро мы узна́ли, что у Си́львио с

[1] случи́ться (*perf. of* случа́ться), to happen,
occur.   [2] ожида́ть, to expect.   [3] никако́й, no,
not any.   [4] [секунда́нт], second at a duel.

офице́ром был разгово́р и что они́ опя́ть
ста́ли друзья́ми. Прошло́ ещё не́которое
вре́мя и никто́ об э́той исто́рии ¹ бо́льше
не говори́л и всё бы́ло по ста́рому. ²

5   Я ника́к не мог поня́ть почему́ ме́жду
Си́львио и офице́ром не́ было дуэ́ли и я
не мог привы́кнуть к э́той мы́сли.

Си́львио меня́ о́чень люби́л и мы почти́
ка́ждый день ви́дели друг дру́га. Но
10 по́сле ³ того́ несча́стного ве́чера, я прихо-
ди́л к Си́львио не так ча́сто, как ра́нь-
ше. ⁴ Мой друг э́то ско́ро заме́тил.

Раз Си́львио пришёл к нам офице́рам и
сказа́л: « Я то́лько что ⁵ был на по́чте
15 и получи́л письмо́ от ста́рого прия́теля.
Мне ну́жно сего́дня ве́чером уе́хать.
Приходи́те все ко мне в го́сти. Мы по-
обе́даем у меня́ в после́дний раз, вы́пьем
шампа́нского и попроща́емся. »

20 Когда́ я пришёл к Си́львио на́ши офи-
це́ры бы́ли уже́ там. Всё бы́ло гото́во к
отъе́зду. На сте́нах не́ было бо́льше его́
пистоле́тов.

Мы се́ли за стол. Хозя́ин был о́чень

¹ история, story.   ² по старому, as before.
³ после, after.   ⁴ раньше (*comp. of* рано), earlier,
before.   ⁵ только что, now, just now.

92

ве́сел. Мы мно́го пи́ли, пе́ли пе́сни, рас-
ска́зывали анекдо́ты и ве́село смея́лись.

Ста́ло по́здно. Си́львио ну́жно бы́ло
е́хать. Мы пожела́ли ему́ мно́го сча́стья,
попроща́лись с ним, кре́пко пожа́ли ему́ 5
ру́ку и на́чали уходи́ть. У две́ри Си́ль-
вио останови́л[1] меня́:

«Мне ну́жно с ва́ми поговори́ть,» ска-
за́л он ти́хо. Все го́сти ушли́, а я оста́лся.

Не́которое вре́мя Си́львио сиде́л в мол- 10
ча́нии. Я заме́тил трево́гу на его́ бле́дном
лице́. Прошло́ ещё не́сколько мину́т.
Си́львио посмотре́л на меня́ и сказа́л:

«Я уезжа́ю сего́дня ве́чером, но пе́ред
мои́м отъе́здом я хочу́ с ва́ми поговори́ть 15
и хочу́ вам всё рассказа́ть. Вы ведь за-
ме́тили, что мне всё равно́,[2] что обо мне
ду́мают други́е офице́ры. Вас я всегда́
люби́л и мы бы́ли хоро́шими друзья́ми.
Не ду́майте и тепе́рь пло́хо обо мне.»   20

Он останови́лся. Опя́ть бы́ло неприя́т-
ное для меня́ молча́ние.

«Вы, коне́чно, зна́ете,» продолжа́л
Си́львио, «что мне не тру́дно бы́ло
уби́ть[3] на дуэ́ли э́того молодо́го офице́ра. 25

[1] останови́ть (*perf. of* остана́вливать), to stop.
[2] всё равно́, all the same.   [3] уби́ть, to kill.

93

Я ведь лу́чше его́ уме́ю [1] стреля́ть. Все
э́то зна́ют. Его́ жизнь была́ в мои́х ру-
ка́х, но я не хоте́л дра́ться. [2] Зна́ете ли
вы, что шесть лет тому́ наза́д я получи́л
5 пощёчину [3] и мой враг [4] ещё жив. »

Я не мог поня́ть моего́ прия́теля.

« Вы с ним не дра́лись? » наконе́ц спро-
си́л я.

« Да, я с ним дра́лся. Вот посмотри́те,
10 что у меня́ оста́лось от э́той дуэ́ли. »

Си́львио вы́шел из ко́мнаты, но че́рез
мину́ту верну́лся. На голове́ у него́ была́
кра́сная, офице́рская ша́пка. [5] Я сейча́с
же заме́тил, что в э́ту ша́пку когда́-то
15 стреля́ли.

III. ДУЭЛЬ

Си́львио молча́л не́сколько мину́т и
кури́л [6] тру́бку. [7] Он держа́л в рука́х
свою́ кра́сную ша́пку и смотре́л на то
ме́сто, где её простре́ли́ли. [8]

---

[1] уметь, to know how.   [2] [драться], to fight.
[3] [пощёчина], a slap in the face.   [4] враг, enemy.
[5] [офицерская шапка], officer's cap.   [6] курить,
to smoke.   [7] трубка, pipe.   [8] прострелить (*perf.*
of простреливать), to shoot through.

94

« Я тоже раньше был офицером, » продолжал рассказывать Сильвио. « Вы ведь хорошо знаете мой характер [1]: я всегда любил везде быть первым. Я часто играл в карты, много пил и прекрасно стрелял. 5

Дуэли были в большой моде, когда я был молодым. Во всех наших дуэлях я играл какую-нибудь роль.

Не только наши офицеры, но даже командиры [2] меня очень любили. Но вот 10 однажды к нам приехал молодой офицер. Я не могу сказать вам его имени. По всему видно было, что он из хорошей семьи [3] и что он очень богат. 15

Ах, какой это был красавец! [4] Подумайте: молодой офицер из богатой семьи, умный, красивый и весёлый. Весь город его знал. Денег у него было много. Что это был за счастливый человек! 20

Наши офицеры его любили, и он, конечно, очень нравился женщинам. Вы легко можете понять, как мне это было неприятно. Я ненавидел [5] его и часто

---

[1] [характер], character.   [2] [командир], commander.   [3] семья, family.   [4] красавец, handsome man.   [5] ненавидеть, to hate.

писа́л злы́е [1] эпигра́ммы, в кото́рых смея́л-
ся над молоды́м краса́вцем. Но он на
э́то отвеча́л то́же эпигра́ммами, кото́рые
бы́ли умне́е мои́х. Как я был серди́т!

5 Одна́жды мы все бы́ли на балу́ [2] в
одно́м бога́том до́ме. Я заме́тил, что
наш молодо́й краса́вец о́чень понра́вился
хозя́йке до́ма, и что она́ с ним коке́т-
ничала. [3] Хозя́йка до́ма была́ краси́вая
10 же́нщина и она́ мне самому́ давно́ нра́-
вилась.

Молодо́й челове́к стоя́л о́коло неё.
Они́ шути́ли, [4] смея́лись и ве́село разгова́-
ривали друг с дру́гом. Я был так сер-
15 ди́т, что подошёл к молодо́му офи́церу,
сказа́л ему́ одну́ из мои́х эпигра́мм и
на́чал гро́мко смея́ться. Кровь [5] бросилась офице́ру в го́лову. Он бы́стро подошёл ко мне и дал мне пощёчину.

20 Мы бро́сились друг на дру́га. Все
го́сти на́чали крича́ть. Подня́лся шум.
Хозя́йка до́ма упа́ла в о́бморок. [6] В э́ту
же ночь у нас была́ дуэ́ль.

Я стоя́л с мои́ми секунда́нтами и ждал

---

[1] злой, malicious.   [2] бал, ball.   [3] кокетничать, to flirt.   [4] шутить, to joke.   [5] кровь, blood.
[6] обморок, faint; упасть в обморок, to faint.

молодо́го врага́. Бы́ло ещё темно́. Че́-
рез не́которое вре́мя я уви́дел его́ и́здали.
Он шёл пешко́м со свои́м секунда́нтом.
Он держа́л в рука́х ша́пку, в кото́рой
бы́ли ви́шни,[1] а секунда́нт нёс его́ писто- 5
ле́ты.

Ско́ро всё бы́ло гото́во к дуэ́ли. Я
до́лжен был стреля́ть пе́рвым, но моя́
трево́га была́ так сильна́, что я не́ был
уве́рен в себе́ и сказа́л офице́ру: 10

« Мне ведь всё равно́. Вы мо́жете стре-
ля́ть пе́рвым, е́сли хоти́те. »

Офице́р не согласи́лся. Наконе́ц оди́н
из на́ших секунда́нтов сказа́л, что у него́
в ша́пке два но́мера.[2] У кого́ пе́рвый 15
но́мер, тот стреля́ет пе́рвым.

Молодо́й челове́к положи́л ру́ку в ша́п-
ку. У него́ был пе́рвый но́мер. Офице́р
посмотре́л на меня́, подня́л свой писто-
ле́т и вы́стрелил.[3] Он простре́лил ша́п- 20
ку, кото́рую я вам то́лько что показа́л.

Тепе́рь мне ну́жно бы́ло стреля́ть.
Его́ жизнь была́ в мои́х рука́х. Я стоя́л
про́тив него́ в молча́нии и не́которое
вре́мя смотре́л на него́. Я так хоте́л 25

_____

[1] ви́шня, cherry. [2] но́мер, number. [3] вы́стре-
лить (*perf. of* стреля́ть), to fire, shoot.

заметить на его лице какую-нибудь тревогу. Я так хотел видеть, что он боится. Но, нет! Подумайте только: уверенный и весёлый он стоял под моим пистолетом и ел свои вишни!

Зачем брать у него жизнь? думал я. Ведь видно, что он не боится смерти.[1] Я бросил пистолет.

‹Мне кажется, что вам всё равно жить или умирать, › сказал я моему врагу, ‹ мне жалко вас тревожить.[2] Продолжайте есть ваши вишни. Желаю вам хорошего аппетита! ›

‹ Вы меня нисколько[3] не тревожите, › ответил офицер. ‹ Вы можете стрелять. Если вы не хотите стрелять сегодня, можете стрелять завтра или же в другой раз. Выстрел ваш. Я всегда готов. »

Я сказал секундантам, что сегодня стрелять не хочу. Так кончилась[4] наша дуэль.

Скоро после этого я ушёл из армии. С того времени я живу в этом маленьком городке.

---

[1] смерть, death.   [2] тревожить, to disturb, worry.   [3] нисколько, not in the least.   [4] кончиться (*perf. of* кончаться), to finish, end.

Вы зна́ете, ка́ждый день я ду́маю об э́той дуэ́ли и о моём вы́стреле. »

Си́львио показа́л мне письмо́, кото́рое он получи́л на по́чте сего́дня у́тром и дал мне его́ прочита́ть.[1] В письме́ ему́ писа́ли о сва́дьбе[2] одного́ офице́ра и прекра́сной молодо́й де́вушки.

« Вы, коне́чно, понима́ете, кто э́тот офице́р. Вот почему́ я сего́дня но́чью е́ду в Москву́. У него́ ско́ро сва́дьба. Наконе́ц пришло́ вре́мя для моего́ вы́стрела. Да, я до́лго ждал э́того дня. Тепе́рь пришёл мой час. »

Серди́то Си́львио бро́сил на́ пол кра́сную ша́пку, кото́рую простре́лил его́ молодо́й враг. Он на́чал, как тигр,[3] ходи́ть по ко́мнате. Как жесто́ко[4] бы́ло его́ лицо́!

Вошёл лаке́й. « Ло́шади гото́вы, ба́рин. Мо́жно е́хать. » Мы вы́шли на у́лицу. Си́львио попроща́лся со мной и кре́пко мне пожа́л ру́ку. Он ещё раз посмотре́л на меня́ и спроси́л:

« Тепе́рь вы, коне́чно, понима́ете по-

[1] прочитать (*perf. of* прочитывать), to read (through). [2] свадьба, wedding. [3] [тигр], tiger. [4] жестокий, cruel.

99

чему́ я не хоте́л дра́ться с офице́ром, кото́рый бро́сил в меня́ стака́н с вино́м. Мне ну́жно бы́ло жить для э́той мину́ты. »

5 Тро́йка бы́стро уе́хала. Я стоя́л на у́лице оди́н. Ночь была́ тиха́. Одна́ за друго́й мы́сли проходи́ли в мое́й голове́. Мы́сли о Си́львио, о его́ та́йне . . . о его́ дуэ́ли . . . обо всём, что он мне то́лько 10 что рассказа́л.

Когда́ я верну́лся домо́й пе́ред мои́ми глаза́ми всё ещё бы́ло жесто́кое лицо́ Си́львио.

IV. В ДЕРЕ́ВНЕ

Прошло́ не́сколько лет. Я ушёл из 15 а́рмии и жил в ма́ленькой дере́вне. Я ника́к не мог привы́кнуть к мое́й но́вой жи́зни и к мои́м сосе́дям. Как ча́сто я ду́мал о весёлой и шу́мной жи́зни офице́ра.

20 Я встава́л о́чень по́здно. До обе́да у меня́ всегда́ бы́ло мно́го рабо́ты,[1] но по вечера́м, когда́ я остава́лся оди́н, я не знал, что де́лать.

---

[1] рабо́та, work.

Мне не с кем бы́ло разгова́ривать. Мои́ сосе́ди мне не нра́вились и я никогда́ не ходи́л к ним в го́сти. Так тяжело́ мне бы́ло жить в э́той дере́вне одному́ — без друзе́й, что я иногда́ да́же 5 пил. Но и от э́того мне не станови́лось лу́чше, а то́лько боле́ла голова́.

Недалеко́ от меня́ была́ дере́вня графи́ни[1] Б. В до́ме графи́ни жил то́лько её ста́рый лаке́й. По́сле того́ как гра- 10 фи́ня вы́шла за́муж, жизнь в дере́вне ей бо́льше не нра́вилась и она́ уе́хала с му́жем[2] в Петербу́рг.

Одна́жды за обе́дом я, как всегда́, попроси́л моего́ лаке́я рассказа́ть мне, что 15 но́вого.[3] Лаке́й мне отве́тил:

« Мно́го у нас но́вого, ба́рин. Говоря́т, что графи́ня на ле́то приезжа́ет в свою́ дере́вню. »

Я был о́чень дово́лен,[4] когда́ узна́л, 20 что графи́ня с му́жем прие́хали. Че́рез не́сколько дней я пое́хал к ним в го́сти.

Мои́ ло́шади останови́лись у до́ма мои́х но́вых сосе́дей. Я вошёл в дом. Лаке́й повёл меня́ в ко́мнату гра́фа и попроси́л 25

[1] [графи́ня], countess. [2] муж, husband. [3] что но́вого, what is new. [4] дово́лен, satisfied.

101

меня подожда́ть.[1] В э́той большо́й ко́мнате бы́ло мно́го прекра́сных веще́й, мно́го книг и карти́н.

Мину́т че́рез пять вошёл граф.[2] Ему́
5 бы́ло не бо́льше тридцати́ лет. Он кре́пко мне пожа́л ру́ку и попроси́л меня́ сесть.

Мне прия́тно бы́ло сиде́ть и разгова́ривать с э́тим ми́лым. челове́ком. Мы
10 говори́ли обо всём, бу́дто мы зна́ли друг дру́га всю жизнь и бу́дто всегда́ бы́ли хоро́шими друзья́ми. Я был сча́стлив.

Ещё мину́т че́рез де́сять в ко́мнату вошла́ графи́ня. Она́ была́ краса́вица.
15 Граф ей сказа́л кто я, и она́ то́же, нача́ла ми́ло со мной разгова́ривать.

Я так давно́ не был в гостя́х и так давно́ не говори́л с молоды́ми же́нщинами, что когда́ графи́ня вошла́, мне тру́дно бы́ло
20 продолжа́ть разгово́р. Я на́чал ходи́ть по ко́мнате и смотре́ть на кни́ги и карти́ны.

Я всегда́ люби́л кни́ги и мно́го чита́л по ру́сски и по францу́сски, но о карти́нах я знал о́чень ма́ло. Вдруг я останови́лся у одно́й карти́ны и на́чал смотре́ть
25

---

[1] подожда́ть (*perf. of* жда́ть), to wait.
[2] [граф], count.

на неё. Я заме́тил э́ту карти́ну не потому́ что [1] она́ мне понра́вилась бо́льше други́х, а потому́ что я уви́дел, что в одно́м ме́сте её прострели́ли два ра́за.

« Вот хоро́ший вы́стрел, » сказа́л я 5 гра́фу и показа́л на ме́сто куда́ попа́ли [2] э́ти вы́стрелы.

« Да, вы́стрел хоро́ший. Вы хорошо́ стреля́ете? » спроси́л меня́ граф.

« Не пло́хо. А как вы, граф, лю́бите 10 стреля́ть? »

« Я когда́-то мно́го стреля́л, » отве́тил граф, « но вот уже́ четы́ре го́да, как я не брал в ру́ки пистоле́та. »

« Да, коне́чно, я э́то хорошо́ понима́ю, » 15 продолжа́л я разгово́р. « Когда́ я был офице́ром мы стреля́ли три и́ли четы́ре ра́за в день. У меня́ был оди́н прия́тель, кото́рый стреля́л лу́чше всех на́ших офи-це́ров. Как то́лько мой друг ви́дел му́ху [3] 20 на стене́, он крича́л своему́ лаке́ю — эй, Ку́зька! Скоре́е, принеси́ мой пистоле́т. Му́ха на стене́. — Вы смеётесь, графи́ня, но э́то так и бы́ло. »

Графи́ня ве́село смея́лась.   25

[1] потому́ что, because.   [2] попа́сть (*perf. of* попада́ть), to hit, strike.   [3] му́ха, fly.

103

« Ну что же было? Расска́зывайте
да́льше, » продолжа́ла она́ спра́шивать.

« Лаке́й Ку́зька прибега́л[1] с пистоле́-
том, мой друг брал пистоле́т и бах![2]
5 Пря́мо в му́ху. »

Граф и графи́ня гро́мко смея́лись, ког-
да́ я встал и показа́л им, как мой друг
стреля́л в му́ху.

« Да, я ви́жу, что ваш друг уме́л пре-
10 кра́сно стреля́ть, » сказа́л граф. « Ска-
жи́те, как его́ зва́ли. »

« Я не ду́маю, граф, что вы зна́ете
моего́ дру́га. Он уже́ тогда́ не́ был
офице́ром. Его́ зва́ли Си́львио. »

15 « Си́львио, » закрича́л граф. « Нет, не
мо́жет быть! Вы сказа́ли Си́львио? »

« Вы его́ зна́ли, граф? Си́львио был
мои́м лу́чшим дру́гом. Я его́ о́чень лю-
би́л. Си́львио прекра́сно стреля́л. »

20 « Знал ли я Си́львио? Да, коне́чно.
Как же мне не знать Си́львио? » продол-
жа́л граф. « Скажи́те, он вам не расска́-
зывал, о том что бы́ло одна́жды на балу́
в одно́м до́ме? »

25 « Вы говори́те, граф, о пощёчине, ко-

---

[1] прибега́ть, to come running.   [2] бах, bang.

104

тóрую Сильвио получил от одногó офицéра и о дуэли? »

« Да, я об этом и говорю́. Сказáл ли вам Сильвио имя этого офицéра? »

« Нет, этого он мне не хотéл говори́ть. [5] Но, скажите, граф, не вы ли это? »

« Да, это я сам. Говори́л ли вам Сильвио, что я видел егó ещё раз и что здесь, в этой кóмнате, мы продолжáли нáшу дуэль? Вы ведь замéтили следы́[1] [10] двух вы́стрелов на этой карти́не. Эти следы́ говоря́т о концé нáшей дуэли. »

« Бóже мой! Не расскáзывай ничегó. Я дáже и тепéрь боюсь слушать об этом, » начáла проси́ть графи́ня. [15]

« Нет, ми́лая. Мне ну́жно всё рассказáть. Ведь наш сосéд и Сильвио бы́ли хорóшими друзья́ми. »

Граф сел бли́же ко мне и нáчал свой расскáз. [20]

V. РАССКÁЗ ГРÁФА

Пять лет томý назáд пóсле нáшей свáдьбы, мы приéхали сюдá. Это бы́ло сáмое счастли́вое врéмя моéй жи́зни.

[1] след, trace, mark.

Однажды графиня и я ехали верхом.[1]
Вдруг лошадь графини остановилась и не
хотела итти дальше.

« Вечер тёплый, ещё светло и небо ясное.
5 Возьми[2] с собой мою лошадь, а я хочу
итти пешком, » просила меня жена.

Когда я подъехал к дому, лакей мне
сказал, что у нас гость. Наш гость не
хотел сказать лакею своего имени, но он
10 ждёт меня в моей комнате.

Было уже темно. Я вошёл в комнату
и увидел в темноте[3] человека. Он стоял
у окна. Мой гость приблизился ко мне
и спросил тихим голосом:

15   « Вы меня узнаёте, граф? »

Я смотрел на него некоторое время.
Мне казалось, что я его где-то[4] видел.

« Сильвио ! » закричал я вдруг.

« Да, граф. Это я — Сильвио. Хо-
20 рошо, что вы меня ещё не забыли.[5] Вы
помните нашу дуэль. Помните, что я
тогда не стрелял. Вот теперь я приехал
за моим выстрелом. »

---

[1] ехать верхом, to ride horseback.   [2] возьми
(*impv. of* взять), to take.   [3] темнота, darkness.
[4] где-то, somewhere.   [5] забыть (*perf. of* забывать),
to forget.

У меня кружилась голова. Я подошёл к окну и сказал:

« Стреляйте, как можно скорее.[1] Моя жена может вернуться каждую минуту. Стреляйте, Сильвио. »   5

Он меня не слушал и медленно ходил по комнате.

« Здесь слишком темно. Принесите свечи, » сказал Сильвио.

Лакей принёс свечи. Я быстро за- 10
крыл дверь и сказал лакею, что никому теперь нельзя входить в мою комнату. Я ещё раз попросил Сильвио сейчас же стрелять.

Он держал в руке пистолет и начал 15
медленно считать: « раз . . . два . . . три . . . »

Я тоже считал секунды. Я думал о ней. . . . Прошла ещё одна тревожная минута. Сильвио всё ещё не стрелял.   20

« Я жалею, граф, что у вас нет пистолета, » сказал он. « Идите и принесите ваш пистолет. Ведь это дуэль. Да, напишите[2] два номера, как это было пять лет тому назад. Кто берёт первый но- 25

---

[1] как можно скорее, as fast as possible.   [2] написать (*perf. of* писать), to write (down).

мер, тот стреляет первым. Помните, граф? »

У меня так сильно кружилась голова, что я чуть живой стоял на ногах. Я не
5 хотел согласиться, но боялся, что моя жена может войти в комнату каждую минуту. Я быстро принёс пистолет, написал два номера и положил их в шапку. У меня опять был первый
10 номер.

« Счастливый вы человек, граф, » сказал Сильвио. Он стоял против меня и жестоко смеялся. Я всё ещё помню этот смех.

15 Это была самая тяжёлая минута в моей жизни. Я выстрелил. Слава Богу! Мой выстрел не попал в Сильвио, а вот в эту картину.

Граф показал на картину. Его моло-
20 дая жена, вся бледная, сидела и слушала рассказ графа.

Сильвио стоял против меня, продолжал граф, и смотрел на меня своими жестокими глазами. Его лицо горело.
25 Он начал медленно поднимать свой пистолет.

Вдруг кто-то открыл дверь. Вошла

моя́ жена́. Мне ста́ло ле́гче,[1] когда́ я
уви́дел мою́ ми́лую Ма́шу.

« Не бо́йся, моя́ ми́лая, » сказа́л я жене́,
« э́то то́лько шу́тка. Иди́ в другу́ю ко́м-
нату и вы́пей стака́н холо́дной воды́. 5
Приходи́ пото́м сюда́ и поговори́ с мои́м
ста́рым прия́телем. Он мо́жет тебе́ рас-
сказа́ть о на́шей офице́рской жи́зни. »

Ма́ша не хоте́ла уходи́ть. Она́ боя́-
лась. 10

« Скажи́те, так ли э́то? » спроси́ла она́
Си́львио.

« Графи́ня, я ви́жу что ваш муж лю́бит
шути́ть, » хо́лодно отве́тил Си́львио.
« Одна́жды в гостя́х он дал мне поще́- 15
чину. В друго́й раз он в шу́тку [2] вы́-
стрелил в э́ту кра́сную ша́пку. Ви́дите
вот э́то? » Си́львио показа́л графи́не то
ме́сто в ша́пке, куда́ попа́л мой вы́стрел
мно́го лет тому́ наза́д. 20

« Я чуть не у́мер от э́той шу́тки, » про-
должа́л он. « Вот тепе́рь я поду́мал, что
мо́жет быть мне то́же мо́жно в шу́тку вы́-
стрелить в ва́шего му́жа. »

Си́львио опя́ть по́днял пистоле́т. Моя́ 25

---

[1] мне стало легче, I felt better.   [2] шутка, joke.

бе́дная жена́ упа́ла к его́ нога́м и на́чала пла́кать.

« Встань,[1] Ма́ша, » закрича́л я, « э́того нельзя́ де́лать. Чего́ вы ждёте, Си́ль-
5 вио? Стреля́йте! »

« Заче́м же тепе́рь стреля́ть, граф? Те-
пе́рь я дово́лен. Я ви́дел, как вы боя́-
лись. Ва́ша жена́ пла́кала у мои́х ног.
Э́то всё, что мне ну́жно. Нет, тепе́рь
10 стреля́ть я бо́льше не хочу́. »

Жесто́кий Си́львио откры́л дверь и вы́-
шел. Но у две́ри он останови́лся и бы́-
стро посмотре́л круго́м. Его́ глаза́ оста-
нови́лись на карти́не, в кото́рую попа́л
15 мой вы́стрел не́сколько мину́т тому́ наза́д.

Си́львио по́днял свой пистоле́т и вы́-
стрелил в то же са́мое ме́сто. Он вы́шел
из ко́мнаты. Моя́ жена́ лежа́ла в о́бмо-
роке.

20 Граф ко́нчил свой расска́з. Ско́ро я
попроща́лся с мои́ми но́выми сосе́дями и
верну́лся домо́й.

Я никогда́ бо́льше не ви́дел Си́львио.

---

[1] встань (*impv. of* встать), to get up.

EXERCISES

I. Translate the following phrases:

1. мне хо́лодно
2. мне жа́лко
3. мне ка́жется
4. мне ну́жно
5. мне тепло́
6. мне прия́тно
7. ему́ тяжело́
8. ей пло́хо
9. нам неприя́тно
10. он до́лжен
11. я го́лоден
12. у меня́ мно́го де́нег
13. у него́ больна́я дочь
14. у нас мно́го рабо́ты
15. у неё краси́вое пла́тье
16. у них больша́я колле́кция пистоле́тов

II. Give the comparative of the following adjectives:

1. ему́ ста́ло —— (хорошо́); 2. его́ лицо́ ста́ло —— (я́сный); 3. он подошёл —— (бли́зко); 4. мне ста́ло —— (пло́хо); 5. стреля́й как мо́жно —— (ско́ро); 6. у Си́львио бы́ло —— (мно́го) де́нег чем у нас офице́ров

III. Give the plural of the following words:

цвето́к	мысль	вещь
дверь	ту́ча	ви́шня
глаз	челове́к	но́мер
дитя́	чей	вы́стрел

IV. Give the infinitive and the English transla-

tion of the following verb forms which are used in the text:

зна́ет	вошла́	снял
сиде́ли	серди́лся	ши́ла
бы́ло	подъезжа́л	вы́шел
хоте́л	услы́шала	продолжа́л
нёс	вы́бежали	увёз
узна́ешь	пришли́	

V. A. Give the Present Indicative of the following verbs:

ви́деть, хоте́ть, нести́, брать, узна́ть, дава́ть, по́мнить, е́хать, сиде́ть, говори́ть, расска́зывать

B. Give the Imperative, singular and plural:

дава́ть, поду́мать, встава́ть, сказа́ть, расска́зывать, принести́

VI. Name the imperfectives of the following perfectives:

бро́сить, взять, верну́ться, уви́деть, поговори́ть, прочита́ть, встать, вы́бежать, вы́пить, дать, закрича́ть, пообе́дать, отве́тить, услы́шать, перемени́ть, написа́ть, спроси́ть, согласи́ться, закры́ть, вы́стрелить, понра́виться, откры́ть, попроща́ться

VII. Give the Russian translation of the adjectives in parentheses:

1. Я смотре́л на (pale) лицо́ старика́.
2. Э́тот (rich) офице́р всем нра́вится.
3. Не́бо (clear) и на у́лице тепло́.

4. Я видел (cruel) лицо Сильвио.
5. Этот (handsome) офицер нравился женщинам.
6. (Unhappy) старик пошёл пешком в Петербург.
7. Дуня (good) хозяйка.
8. Молодые девушки любят читать (sentimental) романы.
9. Как мог он стать таким старым за это (short) время.
10. Это был (skillful) и (self-assured) офицер.

VIII. The following *special* words used in the text are not in the basic vocabulary; select the proper word from section A for the completion of the sentences in section B.

A

пульс, командир, роман, мода, кладбище, пощёчина, секундант, дуэль, тайна, коллекция, шампанское, банк, лакей, драться, анекдот

B

1. Офицеры играли в карты и Сильвио держал ———.

2. Старик постучал и военный —— открыл двери.

3. Доктор посмотрел ему в горло и начал считать ———.

4. Офицер был так сердит, что он дал Сильвио ———.

5. Она была одета по последней ———.

6. У Сильвио была большая —— пистолетов.

7. Могила смотрителя была на ———.

8. —— нёс пистолеты молодого офицера.

9. Офицéры пи́ли мнóго вина́ и ——.
10. Не тóлько офицéры, но да́же —— егó люби́ли.
11. Дóктор сказа́л смотри́телю егó ——.
12. Си́львио и офицéр не дра́лись на ——.
13. Мы пéли пéсни, расска́зывали —— и грóмко
    смея́лись.
14. Си́львио ча́сто —— на дуэ́лях.
15. Си́львио любил чита́ть сентимента́льные
    ——.

IX. Give the correct English equivalent of the
following sentences. Each sentence contains an idiomatic expression used in the text:

1. Мы дóлго сидéли за столóм и разгова́ривали,
   как ста́рые друзья́.
2. Я был уже́ недалекó от ста́нции, когда́ пошёл
   си́льный дождь.
3. В кóмнату вошла́ дéвушка лет четы́рнадцати.
4. По всемý ви́дно бы́ло, что в дóме нé было
   хозя́йки.
5. Как тóлько Дýня прихóдит в кóмнату, ба́рин
   бóльше не сéрдится.
6. Мéжду тем пришли́ лóшади.
7. Молодóй проéзжий лежа́л на скамéйке и емý
   бы́ло óчень плóхо.
8. По всемý дóму мóжно бы́ло слы́шать смех
   офицéра.
9. Смотри́телю жа́лко ста́ло, что офицéр так
   скóро уезжа́ет.
10. Это бы́ло три гóда томý наза́д.
11. Бéдный отéц пошёл пешкóм в Петербýрг.
12. Тóлько бы ещё раз уви́деть мою́ Дýню.

114

13. Никто́ об э́той исто́рии бо́льше не говори́л и всё бы́ло по ста́рому.
14. Э́то был у́мный, краси́вый и уве́ренный в себе́ челове́к.
15. Мне всё равно́, что обо мне ду́мают други́е офице́ры.
16. Я попроси́л лаке́я рассказа́ть мне, что но́вого.
17. Одна́жды графи́ня и я е́хали верхо́м.
18. Стреля́йте, как мо́жно скоре́е!
19. Сла́ва Бо́гу, что я не уби́л Си́львио.
20. Его́ краси́вая дочь вы́шла за́муж.

BELA

By

M. I. LERMONTOV

Adapted and Edited by

F. MARSHAK-SOBOTKA
University of Illinois

BOOK THREE

И ВОТ ПОДОШЛА К НЕМУ МЛАДШАЯ
ДОЧЬ ХОЗЯИНА

FOREWORD

FOR THE third book of the series of *Graded Russian Readers* we have chosen *Bela*, one of the five parts of M. I. Lermontov's novel *Hero of Our Time*.

In a way *Bela* can be regarded as a continuation of *Taman'*, Book I of the series. Pechorin who, in *Taman'*, appeared only in the first person, now is portrayed through the narrative of a friend, a veteran of the Caucasian wars. As in *Taman'*, the reader will find a good deal of spirited action, enacted against the background of the Caucasus — the Russian equivalent of our Wild West — with its wild, picturesque, Mohammedan mountaineers, who for so many years fiercely resisted Russian conquest.

The vocabulary of *Bela*, aside from words already used in the preceding books of this series, offers 182 *new basic* words, 76 derivatives (the majority of which are formed by the addition of a particle), 18 special, story-telling words, and 18 additional idiomatic expressions.

The exercises provide a systematic review of the vocabulary content and, in addition, considerable practice in distinguishing the aspects of the verb, which is one of the main difficulties of Russian.

As in the previous books, we have annotated and explained at the bottom of each page the *new* words or expressions introduced on the page, placing non-basic words in brackets.

THE EDITORS

119

БЭЛА

I. РАЗБÓЙНИКИ[1] Э́ТИ ГÓРЦЫ[2]

Я е́хал на трóйке из Тифли́са. Вещéй у меня́ бы́ло óчень мáло: немнóго одéжды, нéсколько книг — э́то всё.

День кончáлся, сóлнце[3] уходи́ло за гóры.[4] Нам ну́жно бы́ло дó ночи подня́ться на высóкую гóру. Извóзчик[5] гнал[6] лошадéй и во всё гóрло пел пéсни.

Хорошó бы́ло кругóм. Со всех сторóн[7] высóкие и круты́е гóры, на них — крáсные скáлы[8] и лес[9]; а там высокó-высокó золоты́е[10] снегá.[11] Внизу́ бы́стро несли́сь по камня́м две мáленькие серéбряные[12] рéчки.[13]

Мы подъéхали к сáмой горé. Извóзчик остановúл[14] лошадéй у небольшóго дóма.

---

[1] [разбóйник], brigand.   [2] [горец], mountaineer.
[3] сóлнце, sun.   [4] горá, mountain.   [5] извóзчик, cabman, coachman.   [6] [гнать], drive hard.   [7] сторонá, side.   [8] скалá, rock.   [9] лес, forest.   [10] золотóй, *adj.* gold.   [11] снег, snow.   [12] серéбряный, *adj.* silver.   [13] рекá, river; рéчка, small river.
[14] остановúть (*perf. of* останáвливать), stop.

Тут стоя́ло мно́го го́рцев и лошаде́й. Мне сказа́ли, что я до́лжен взять ещё не́сколько лошаде́й, потому́ что доро́га отсю́да о́чень крута́я и опа́сная, и на
5 доро́ге лежи́т снег. Не́чего бы́ло де́лать, пришло́сь взять ещё шесть [1] лошаде́й и не́скольких го́рцев.

Оди́н из го́рцев нёс мои́ ве́щи, а други́е шли ря́дом [2] с лошадьми́ и крича́ли.
10 Шу́му бы́ло мно́го. Я не понима́л, о чём они́ крича́ли и шёл позади́. [3]

За на́ми четы́ре ло́шади везли́ [4] другу́ю теле́жку. [5] В ней бы́ло мно́го тяжёлых веще́й, но ло́шади везли́ её, каза́лось мне,
15 без большо́го труда́.

«Как стра́нно [6]», поду́мал я.

Позади́ теле́жки шёл её хозя́ин и кури́л ма́ленькую кавка́зскую тру́бку. На нём была́ офице́рская фо́рма и высо́кая ша́пка,
20 как у го́рца; он каза́лся лет пятиде́сяти, [7] но на круту́ю го́ру шёл легко́; цвет [8] лица́ его́ был тёмный — по всему́ ви́дно бы́ло, что он на Кавка́зе уже́ о́чень дав-

[1] шесть, six. [2] ря́дом, next to, side by side.
[3] позади́, behind. [4] везти́, carry, drive. [5] теле́га, cart; теле́жка, small vehicle. [6] стра́нно, strange. [7] пятьдеся́т, fifty. [8] цвет, color.

но и привы́к здесь и к со́лнцу и к го-
ра́м.

Я подошёл к нему́ и поклони́лся.[1] Он
то́же поклони́лся, но продолжа́л кури́ть.

«Нам с ва́ми, ка́жется, по доро́ге?[2]» 5
спроси́л я. Он опя́ть то́лько поклони́лся.

«Вы то́же е́дете на се́вер?[3]»

«Да. . . . с вое́нными веща́ми.»

«А скажи́те, пожа́луйста,[4] почему́ ва́шу
теле́жку с тяжёлыми веща́ми четы́ре ло- 10
шади везу́т как бу́дто без труда́, а мне
пришло́сь[5] взять ещё шесть лошаде́й?»

Он посмотре́л[6] на меня́ и улыбну́лся.[7]

«А вы на Кавка́зе не о́чень давно́?»
спроси́л он. 15

«Почти́ год.»

Он опя́ть улыбну́лся.

«А что же?»

«Да так, разбо́йники э́ти го́рцы. Вы ду́-
маете, что они́ крича́т лошадя́м? Оди́н[8] 20
чорт то́лько зна́ет, что они́ крича́т. А

---

[1] поклони́ться (*perf. of* кланя́ться), greet, bow.
[2] нам с вами по дороге, we are fellow-trav-
elers. [3] север, north. [4] пожалуйста, please.
[5] пришлось, I had to. [6] посмотреть (*perf. of*
смотреть), look. [7] улыбнуться (*perf. of* улыбаться), smile. [8] один, alone.

ло́шади их понима́ют.   Мо́жет быть они́
тако́е крича́т, что и шестна́дцать [1] лоша-
де́й вам не помо́гут. [2]   А что де́лать?
Де́ньги лю́бят брать с прое́зжих.   Вот
5 уви́дите, они́ с вас ещё на во́дку [3] возьму́т!
Уж [4] я их зна́ю хорошо́. »

« А вы давно́ здесь? »

« О да, о́чень давно́.   Я ещё молоды́м
офице́ром был, когда́ сюда́ прие́хал. »

10 « А тепе́рь вы? »

« Тепе́рь я капита́н.   А вы? »

Я сказа́л ему́.

Наш разгово́р э́тим ко́нчился.   Мы про-
должа́ли итти́ ря́дом, молча́ли и кури́ли
15 тру́бки.

Со́лнце ушло́ за го́ры, и ночь, как э́то
обыкнове́нно [5] быва́ет [6] на ю́ге, [7] пришла́
вдруг.   Но доро́га была́ покры́та [8] сне́гом,
и мы ви́дели её я́сно.

20 Я сказа́л го́рцам, чтобы [9] они́ положи́ли
мои́ ве́щи в теле́жку и шли со свои́ми
лошадьми́ вниз.   Я заплати́л им, но они́

---

[1] шестнадцать, sixteen.   [2] помочь (*perf. of* помогать), help.   [3] на водку, tip.   [4] уж, *particle
emphasizing the following word.*   [5] обыкновенно,
usually.   [6] бывать (*cf.* быть), be, happen.   [7] юг,
south.   [8] покрыт, covered.   [9] чтобы, that.

124

не уходи́ли, крича́ли, шуме́ли и проси́ли на во́дку. Тогда́ капита́н им что́-то серди́то кри́кнул,[1] и они́ убежа́ли вниз.

« Ах, разбо́йники, » сказа́л он, « ведь по-ру́сски говори́ть не уме́ют, слова́ ‹хлеб›[2] 5 не зна́ют, а вот как сказа́ть — ‹офице́р, дай на во́дку,› — зна́ют хорошо́! Нет, уж тата́ры лу́чше их, те хоть[3] не пьют. »

До ста́нции бы́ло уже́ недалеко́. Был ти́хий ве́чер. На тёмном не́бе одна́ за 10 друго́й загора́лись[4] звёзды[5] и, стра́нно, мне показа́лось,[6] что они́ здесь на ю́ге гора́здо[7] вы́ше,[8] чем у нас.

« Хоро́ший бу́дет за́втра день, » сказа́л я.
15

Капита́н не отвеча́л ни сло́ва и показа́л мне на́ гору, кото́рая поднима́лась пря́мо про́тив нас. На горе́ лежа́ла тяжёлая чёрная ту́ча.

Ста́нция была́ уже́ так бли́зко, что 20 видны́[9] бы́ли кры́ши домо́в и огни́[10] в

---

[1] крикнуть (*perf. of* кричать), shout. [2] хлеб, bread. [3] хоть, at least. [4] загораться (*perf.* загореться), begin to burn. [5] звезда, star. [6] показаться (*perf. of* казаться), seem. [7] гораздо, much, by far. [8] выше *compr. of* высокий. [9] виден, seen. [10] огонь, light, fire.

о́кнах. Но вдруг поду́л [1] холо́дный ве́тер, го́ры зашуме́ли [2] и пошёл дождь, а че́рез не́которое вре́мя — снег.

Я посмотре́л на капита́на.

5 «Нам придётся оста́ться [3] здесь на́ ночь, » сказа́л капита́н серди́то. «В тако́й снег е́хать че́рез го́ры опа́сно. Что, мно́го сне́га лежи́т в гора́х? » спроси́л капита́н изво́зчика.

10 «Мно́го, мно́го, господи́н [4] офице́р, » отвеча́л го́рец-изво́зчик.

II. ПЕЧО́РИН

Ко́мнат для прое́зжих на ста́нции не́ было, и мы пошли́ в оди́н из до́миков во́зле ста́нции. У меня́ был ча́йник, и 15 я пригласи́л [5] капита́на вы́пить вме́сте [6] ча́ю.

До́мик стоя́л на са́мом краю́ скалы́. Бы́ло о́чень темно́. Мы с трудо́м нашли́ [7] дверь и вошли́.

---

[1] поду́ть, begin to blow.   [2] зашуме́ть (*perf. of* шуме́ть), begin to make a noise.   [3] оста́ться (*perf. of* остава́ться), remain, stay.   [4] господи́н, Mister.
[5] пригласи́ть, (*perf. of* приглаша́ть) invite, ask.
[6] вме́сте, together.   [7] найти́ (*perf. of* находи́ть), find.

Широкая,[1] низкая [2] комната была полна[3] горцев, женщин, детей. На земле посреди [4] комнаты был огонь, и вокруг него сидели две старухи, несколько детей и один старый больной горец. Одежда на всех была старая и грязная, — никогда в жизни не видел я таких грязных и бедных людей. . . .

Нечего было делать. Мы тоже сели на землю у огня, закурили[5] трубки, а скоро и чайник наш весело зашумел.

«Бедные люди,» сказал я капитану и показал на наших хозяев.

«Ах, нечего их жалеть![6]» отвечал он. «Глупый [7] народ,[8] ничего они не знают, ничего не умеют, а учиться [9] ничему не хотят. Вот наши горцы на севере, чеченцы,[10] те хоть и разбойники, но молодцы.[11] Что за оружие [12] у них, и как они его любят! А эти: в оружии ничего

---

[1] широкий, broad, wide. [2] низкий, low.
[3] полный, full. [4] посреди, in the middle.
[5] закурить, light (*a pipe, a cigarette*). [6] нечего жалеть, no reason to be sorry. [7] глупый, foolish, stupid. [8] народ, people. [9] учиться, learn. [10] [чеченцы], Chechen, (*a Caucasian tribe*).
[11] [молодец], brave lad. [12] оружие, weapon.

не понима́ют, да́же кинжа́ла [1] у них, хоро́шего не уви́дишь. Глу́пый наро́д!»

«А вы до́лго жи́ли среди́ го́рцев?»

«Да, я лет де́сять стоя́л [2] с баталь́о- 5 ном в кре́пости [3] у Ка́менной Ре́чки— зна́ете?»

«Слыха́л. [4]»

«Вот там го́рцы! Ах, разбо́йники! Те- пе́рь ти́ше ста́ло, а вот лет пять [5] тому́ 10 наза́д, вы́йти из кре́пости нельзя́ бы́ло: отойдёшь [6] шаго́в [7] на́ сто, [8] а уж сиди́т чорт како́й-нибу́дь за скало́й и́ли под де́ревом [9] и ждёт: коне́ц тебе́, и кри́кнуть не успе́ешь. [10] А молодцы́.»

15 «С ва́ми, я ду́маю, мно́го интере́сного случа́лось?»

«Да, случа́лось.»

Капита́н опусти́л [11] го́лову и заду́мал- ся. [12]

---

[1] [кинжал], dagger.   [2] стоять, be stationed. [3] [крепость], fortress.   [4] слыхать, hear.   [5] пять, five.   [6] отойти (*perf. of* отходить), go off, leave. [7] шаг, step.   [8] сто, hundred.   [9] дерево, tree. [10] успеть (*perf. of* успевать), have time, be able. [11] опустить (*perf. of* опускать), bend (head). [12] задуматься (*perf. of* задумываться), be thought-ful.

128

Мне о́чень хоте́лось[1] услы́шать от капита́на како́й-нибу́дь расска́з об его́ жи́зни среди́ го́рцев.

Ме́жду тем наш чай был гото́в. Я взял из мои́х веще́й два стака́на, нали́л[2] 5 ча́ю, поста́вил[3] оди́н пе́ред ним.

Он вы́пил немно́го и сно́ва сказа́л:

« Да, случа́лось. »

« Ну, вот, » поду́мал я, « тепе́рь начнёт расска́зывать ! » и гро́мко сказа́л: « не хо- 10 ти́те ли немно́го вина́ к ча́ю? у меня́ есть хоро́шее кра́сное из Тифли́са, тепе́рь ведь хо́лодно. »

« Нет, спаси́бо,[4] не пью. »

« Почему́? » 15

« Да так. Нам здесь пить нельзя́. Живёшь в кре́пости оди́н, иногда́ це́лый[5] год никого́ не ви́дишь. Пить начнёшь, — пло́хо. Вот на́ши го́рцы напью́тся[6] на сва́дьбе и́ли друго́м пра́зднике и сейча́с 20 начну́т дра́ться. Я раз был на тако́й сва́дьбе — рад[7] был, что живо́й ушёл. »

---

[1] мне очень хотелось, I wanted very much.
[2] налить (*perf. of* наливать), pour in.   [3] поставить (*perf. of* ставить), put.   [4] спасибо, thank you.   [5] целый, whole, entire.   [6] напиться (*perf. of* напиваться), get drunk.   [7] рад, glad.

«Расскажи́те, как э́то случи́лось?»

«Вот,» — он вы́пил ещё немно́го ча́ю, закури́л тру́бку и на́чал расска́зывать, — «ви́дите ли, я стоя́л тогда́ в кре́пости 5 у Ка́менной Ре́чки, э́то бы́ло лет пять тому́ наза́д. Одна́жды о́сенью [1] прие́хал к нам офице́р, молодо́й челове́к лет двадцати́ пяти́. [2] Он пришёл [3] ко мне́ в по́лной фо́рме и сказа́л, что нача́льство 10 присла́ло [4] его́ сюда́ в кре́пость.

⟨Вы прие́хали пря́мо из Росси́и⟩? — спроси́л я его́.

⟨Да, господи́н капита́н,⟩ отвеча́л он.

Я взял его́ за́ руку и сказа́л: ⟨О́чень 15 рад, о́чень рад. Бою́сь, вам здесь бу́дет ску́чно. [5] Ну, мы с ва́ми бу́дем прия́телями. Да, пожа́луйста, зови́те меня́ Макси́м Макси́мыч, и, пожа́луйста, заче́м э́та по́лная фо́рма? Приходи́те ко мне 20 про́сто, как к ста́рому прия́телю.⟩

Ему́ да́ли кварти́ру в кре́пости.»

«А как его́ зва́ли?» спроси́л я Макси́м Макси́мыча.

[1] осень, autumn; осенью, in autumn. [2] двадцать пять, twenty-five. [3] притти (*perf. of* приходить), come. [4] прислать (*perf. of* присылать), send. [5] скучно, boring, tedious.

130

«Его звали . . . Григорьем Алекса́ндровичем Печориным. Хоро́ший был челове́к. То́лько немно́го стра́нный. Вот иногда́ дождь, хо́лод [1] на дворе́,[2] а он с утра́ до ве́чера на охо́те.[3] Всем други́м 5 уже́ давно́ хо́лодно, домо́й е́дут, уста́ли . . . а ему́ ничего́. А друго́й раз — це́лый день сиди́т до́ма,[4] говори́т, что бо́лен, о́кна, две́ри закры́ты, ве́тра бои́тся. Иногда́ це́лый день молчи́т, сло́ва не 10 услы́шишь от него́, а иногда́, как начнёт расска́зывать, — сме́ху конца́ не́ было. Да, о́чень стра́нный был челове́к и, я ду́маю, о́чень бога́тый: ско́лько у него́ бы́ло ра́зных [5] дороги́х [6] веще́й!» 15

«А до́лго он с ва́ми жил?» спроси́л я.

«Да, почти́ год. Никогда́ не забу́ду я э́того го́да. Ско́лько трево́г бы́ло, — и вспомина́ть не хочу́. Есть ведь таки́е лю́ди, с кото́рыми всегда́ случа́ются 20 ра́зные необыкнове́нные [7] ве́щи!»

«Необыкнове́нные?» спроси́л я и дал ему́ ещё ча́ю.

«А вот я вам сейча́с расскажу́.»

[1] холод, cold. [2] на дворе, out of doors. [3] [охота], hunting. [4] сидеть дома, at home. [5] разные, varied. [6] дорогой, expensive. [7] необыкновенный, unusual.

131

III. СВАДЬБА У ГОРЦЕВ

« Недалеко́ от на́шей кре́пости жил оди́н ми́рный[1] князь.[2] У него́ был сын[3] — мальчи́шка лет пятна́дцати.[4] Стал[5] мальчи́шка к нам ча́сто е́здить[6]: ка́ждый 5 день приезжа́ет то за тем, то за други́м. Мы с Григо́рьем Алекса́ндровичем полюби́ли[7] его́. Ло́вкий был мальчи́шка, всё уме́л: и верхо́м е́здил, и из ружья́[8] стреля́л, го́рец настоя́щий.[9] Одно́ нехо- 10 рошо́: де́ньги о́чень люби́л. Раз Григо́рий Алекса́ндрович говори́т ему́, — да так, в шу́тку, коне́чно:

‹Укради́[10] у отца́ лу́чшего[11] бара́на[12] и приведи́[13] сюда́, — дам тебе́ золото́й.[14]› 15 И что же вы ду́маете? На другу́ю[15] же ночь привёл.

О́чень он не люби́л, когда́ мы смея́лись

---

[1] мирный, peaceful. [2] [князь], prince. [3] сын, son. [4] пятнадцать, fifteen. [5] стал, began. [6] ездить, come, drive. [7] полюбить, grow fond. [8] ружьё, rifle. [9] настоящий, real. [10] украсть (*perf. of* красть), steal. [11] лучший, best. [12] баран, sheep. [13] привести (*perf. of* приводить), bring. [14] золотой, a gold coin. [15] другой, next.

над ним: сейча́с кровь в го́лову бро́сится, глаза́ загоря́тся, а рука́ за кинжа́л схва́тится.[1] Горя́чий[2] был мальчи́шка.[3]

Раз приезжа́ет к нам ста́рый князь, его́ оте́ц, приглаша́ть нас на сва́дьбу: он отдава́л[4] ста́ршую[5] дочь за́муж. Мы уже́ давно́ бы́ли прия́телями, отказа́ться,[6] зна́ете, нельзя́. Пое́хали.

В дере́вне соба́ки[7] нас встре́тили[8] гро́мким ла́ем.[9] Же́нщины, как то́лько нас уви́дели, убежа́ли. Но мы, коне́чно, успе́ли заме́тить, что краса́виц ме́жду ни́ми не́ было.

⟨Ну, я ду́мал, что же́нщины здесь краси́вее,⟩ сказа́л Григо́рий Алекса́ндрович.

⟨А вот подожди́те,[10] отвеча́л я. У меня́ бы́ло своё на уме́.[11]

В до́ме кня́зя уже́ собра́лось[12] мно́го

---

[1] схвати́ться (*perf. of* схва́тываться), grab, seize. [2] горя́чий, passionate, hasty. [3] мальчи́шка, boy. [4] отдава́ть, give away. [5] ста́рший, elder. [6] отказа́ться (*perf. of* отка́зываться), refuse. [7] соба́ка, dog. [8] встре́тить (*perf. of* встреча́ть), meet. [9] [лай], barking. [10] подожда́ть (*perf. of* жда́ть), to wait a little. [11] ум, mind. [12] собра́ться (*perf. of* собира́ться), gather, collect.

наро́да. Они́, зна́ете, всех приглаша́ют
на сва́дьбу.

Хозя́ин нас встре́тил и повёл [1] в боль-
шу́ю ко́мнату. »

5   « Ка́к же у них быва́ет на сва́дьбе? »
спроси́л я.

« Да, обыкнове́нно. Снача́ла [2] му́лла
прочита́ет [3] им что́-то из Кора́на. Пото́м
даю́т пода́рки [4] молоды́м,[5] их бра́тьям,[6]
10 сёстрам,[7] роди́телям.[8] Пото́м едя́т,
пьют. Пото́м верхо́м е́здят, — пока́зы-
вают кто кого́ ло́вче. А ве́чером —
« бал »: де́вушки и молоды́е лю́ди начи-
на́ют петь и танцова́ть. Пото́м они́ пою́т
15 что́-то друг дру́гу, не пе́сни, а так, что
в го́лову придёт.[9]

Мы с Печо́риным сиде́ли в углу́ среди́
са́мых бога́тых и ста́рых госте́й, и вот
подошла́ к нему́ мла́дшая [10] дочь хозя́ина,
20 де́вушка лет семна́дцати,[11] и пропе́ла [12]

---

[1] по́вести, lead.   [2] снача́ла, at first.   [3] прочита́ть
(*perf. of* прочи́тывать), read through.   [4] пода́рок
(*cf.* дари́ть), gift, present.   [5] молоды́е, newly married couple.   [6] брат, brother.   [7] сестра́, sister.
[8] роди́тели, parents.   [9] притти́ в го́лову, occur
to.   [10] мла́дшая, younger.   [11] семна́дцать seventeen.   [12] пропе́ть (*perf. of* петь), to sing (through).

ему́ . . . как вам сказа́ть, ну, вро́де [1] ком-
плиме́нта. »

« А что́ она́ пропе́ла, не по́мните ли? »
спроси́л я.

« Да, ка́жется, по́мню: « Ло́вки и хра́б- 5
ры [2] на́ши го́рцы, и оде́жда их ши́та [3] се-
ребро́м, [4] но ру́сский офице́р ло́вче и храб-
ре́е их, и оде́жда его́ ши́та зо́лотом [5]; он
лу́чше их всех, но живёт он далеко́ от
нас. » 10

Печо́рин встал, поклони́лся и отве́тил
ей. Он отве́тил, коне́чно, по-ру́сски, а я
уж сказа́л ей его́ отве́т по-чече́нски. [6]

Когда́ она́ отошла́, я ти́хо сказа́л Гри-
го́рью Алекса́ндровичу: 15

‹ Ну, что, хороша́? [7] ›

‹ Краса́вица! › отвеча́л он, ‹ а как её
зову́т? ›

‹ Её зову́т Бэ́лой, › отвеча́л я.

И пра́вда, [8] она́ была́ настоя́щей кра- 20
са́вицей: высо́кая, то́нкая, [9] глаза́ чёр-

[1] вроде, like. [2] храбрый, brave, courageous.
[3] шить, sew, embroider; шит, embroidered. [4] серебро, silver. [5] золото, gold. [6] по-чеченски,
in the Chechen language. [7] хорош, beautiful.
[8] правда, truth; it is true. [9] тонкий, thin, slender.

135

ные, больши́е — так и смо́трят вам пря́-
мо в ду́шу.[1]

Печо́рин бо́льше ни о чём не спра́ши-
вал; он о чём-то заду́мался и всё смотре́л
5 на Бэ́лу.

Но я заме́тил, что и она́ ча́сто на него́
смотре́ла.

То́лько не одному́ Печо́рину она́ нра́-
вилась: из тёмного угла́ ко́мнаты на неё
10 смотре́ли други́е два гла́за, горя́чие и
чёрные.

⟨Кто э́то?⟩ поду́мал я. Че́рез не́кото-
рое вре́мя я узна́л на́шего ста́рого прия́-
теля го́рца Казбича́. Ми́рный он был
15 го́рец, или не ми́рный — мы, пра́вду ска-
за́ть, не зна́ли. Ра́зное о нём говори́ли,
но пра́вды никто́ не знал.

Прия́телем мои́м он был уже́ давно́. Он
ча́сто приводи́л к нам в кре́пость прода-
20 ва́ть[2] бара́нов. Он продава́л их дёшево,[3]
но уж каку́ю це́ну[4] ска́жет, ту и плати́.

Пра́вду сказа́ть, разбо́йник он был на-
стоя́щий: сам ма́ленький, голова́ чёрная,
пле́чи[5] широ́кие, а уж си́льный и ло́в-

---

[1] душа, soul.   [2] продавать (*perf.* продать), sell.
[3] дёшево, cheaply.   [4] цена, price.   [5] плечо,
shoulder.

кий, как чорт. Одёжда на нём всегда́ ста́рая, гря́зная, но ору́жие он носи́л[1] то́лько са́мое лу́чшее и дорого́е.

Но лу́чше всего́ была́ ло́шадь Казбича́! Все круго́м зна́ли его́ ло́шадь, и, ве́рно,[2] 5 друго́й тако́й не найдёшь на всём Кавка́зе.

Как тепе́рь ви́жу пе́ред собо́й э́ту ло́шадь: краси́вая, но́ги[3] то́нкие, а глаза́ — не ху́же, чем у Бэлы. А си́ла[4] кака́я! 10 Скачи́[5] на ней це́лый день, не уста́нет.[6] Хозя́ина своего́ она́ о́чень люби́ла, всё бе́гала[7] за ним, как соба́ка, да́же го́лос его́ зна́ла. Хоро́шая была́ у Казбича́ ло́шадь! 15

В ко́мнате бы́ло сли́шком жа́рко[8] и шу́мно, и я вы́шел из до́ма подыша́ть[9] све́жим[10] во́здухом.[11] Ночь уже́ ложи́лась на го́ры, и тума́н на́чал ходи́ть по уще́льям.[12] 20

---

[1] носить, carry. [2] верно (*cf.* верить), truly.
[3] нога, leg. [4] сила, strength. [5] скакать, gallop. [6] устать, (*perf. of* уставать) (*cf.* усталый), get tired. [7] бегать, run. [8] жарко, hot.
[9] подышать (*perf. of* дышать), breathe. [10] свежий, fresh. [11] воздух, air. [12] [ущелье], ravine; crevice.

Иду́ я так вдоль забо́ра и вдруг слы́шу
голоса́. Оди́н го́лос я узна́л сейча́с же,
— э́то был мальчи́шка Азама́т, сын хо-
зя́ина. Друго́го я не узна́л: он говори́л
5 ма́ло и о́чень ти́хо.

‹О чём они́ тут говоря́т?› поду́мал я.

IV. ЛО́ШАДЬ КАЗБИЧА́

Вот останови́лся я у забо́ра и стал слу́-
шать.

‹Хоро́шая у тебя́ ло́шадь,› говори́л Аза-
10 ма́т, ‹е́сли бы у меня́ бы́ло три́ста [1] ло-
шаде́й, я бы всех их о́тдал за одну́ твою́
ло́шадь, Казби́ч!›

‹А, Казби́ч!› поду́мал я.

‹Да,› отвеча́л Казби́ч по́сле не́которого
15 молча́ния. ‹Друго́й тако́й на всём Кав-
ка́зе не найдёшь. Раз, э́то бы́ло за ре-
ко́й, е́здил я с го́рцами за ру́сскими ло-
шадьми́. Но сча́стье бы́ло не на на́шей
стороне́, пришло́сь бежа́ть.[2] За мной
20 несли́сь четы́ре каза́ка; я уже́ слы́шал
позади́ себя́ кри́ки [3] ру́сских. . . . а пе́-
редо мной густо́й [4] лес. Тру́дно скака́ть

---

[1] триста, three hundred.   [2] бежать, flee.
[3] крик, shout.   [4] густой, dense, thick.

138

в лесу́. . . . Что де́лать? Я о́тдал свою́ ду́шу в ру́ки Алла́ха и уда́рил [1] мою́ ло́-шадь. В пе́рвый раз в жи́зни уда́рил я моего́ Караге́за.

Мы поскака́ли [2] в лес. Лу́чше бы́ло мне бро́сить коня́ и бежа́ть, но жа́лко бы́ло оставля́ть [3] его́ казака́м, — и Маго́мет спас [4] меня́ за э́то.

Не́сколько пуль пролете́ло [5] над мое́й голово́й. . . . Вдруг пе́редо мной глубо́-кое [6] уще́лье. Мой конь [7] остановѝлся, как бу́дто о чём-то заду́мался. . . . Уще́лье бы́ло слѝшком широ́кое, я бро́-сился [8] с ло́шади и́ полете́л [9] вниз. Э́то спасло́ моего́ коня́, без меня́ он легко́ пры́гнул [10] на другу́ю сто́рону уще́лья.

Казаки́ всё э́то вѝдели, но не пошлѝ меня́ иска́ть: онѝ ду́мали, что всё равно́ живо́й я уже́ из уще́лья не вы́йду. Онѝ

---

[1] ударить, hit, strike.   [2] поскакать (*perf. of* скакать) gallop off.   [3] оставлять (*perf.* оставить), leave.   [4] спасти (*perf. of* спасать), save.   [5] пролететь, fly (past).   [6] глубокий, deep.   [7] [конь], horse.   [8] броситься (*perf. of* бросаться), to throw oneself, to rush.   [9] полететь (*perf. of* лететь), fly; fall headlong.   [10] прыгнуть (*perf. of* прыгать), jump.

бросились за мойм Карагёзом. Ах, тяжело́ мне э́то бы́ло.

Вот иду́ я ти́хо вдоль по ущёлью, смотрю́: лес ко́нчился, не́сколько казако́в
5 выезжа́ют [1] из него́ в по́ле, [2] и из ле́са пря́мо к ним выска́кивает [3] мой Карагёз. Казаки́ с кри́ком бро́сились за ним. Я не мог бо́льше смотре́ть, закры́л глаза́ и на́чал моли́ться.

10 Че́рез не́которое вре́мя открыва́ю глаза́, ви́жу: мой Карагёз несётся, свобо́дный, [4] как ве́тер, по́ полю, а ру́сские далеко́ от него́ ме́дленно е́дут на свои́х уста́лых лошадя́х. Алла́х, всё э́то пра́вда!

15 До по́здней но́чи сиде́л я в своём ущёлье. Тёмная была́ ночь.

Вдруг, что ты ду́маешь, Азама́т? слы́шу, бежи́т вдоль ущёлья ло́шадь, всё бли́же, бли́же. . . . Я узна́ю моего́ Кара-
20 гёза, э́то был он, мой ста́рый, ве́рный [5] друг! С тех пор мы никогда́ друг дру́га не оставля́ли. ›

Казби́ч ко́нчил свой расска́з и стал что́-

---

[1] выезжать, ride out.   [2] поле, field.   [3] выскакивать (*perf.* выскочить) jump out; gallop out.
[4] свободный, free.   [5] верный (*cf.* верить), faithful.

то тихо говорить своей лошади. В голосе
его слышалась [1] глубокая нежность и любовь. [2]

‹ Если бы у меня была тысяча [3] лошадей, › сказал Азамат, ‹ я бы всех их отдал 5
за одного твоего Карагёза. ›

‹ Нет, не хочу, › отвечал Казбич.

Но Азамат продолжал: ‹ послушай, [4]
Казбич, ты добрый человек, ты храбрый,
ты самый храбрый здесь, ты никого не 10
боишься, а мой отец боится русских, он
не позволяет [5] мне итти в горы. . . . Отдай мне твою лошадь, и я сделаю всё, что
ты захочешь. [6] Хочешь, я украду для
тебя у отца его лучшее ружьё? Хочешь? › 15

Казбич молчал.

‹ В первый раз, когда я увидел твоего
Карагёза, › продолжал Азамат, ‹ когда я
увидел, как он скакал, и камни летели [7]
из под его ног, что-то странное сделалось [8] 20
с моей душой: ничего на всём свете [9] я

---

[1] слышаться (*perf.* послышаться), be heard.
[2] любовь, love.   [3] тысяча, thousand.   [4] послушать (*perf. of* слушать), listen.   [5] позволять
(*perf.* позволить), allow.   [6] захотеть (*perf. of* хотеть), wish, want.   [7] лететь, fly.   [8] сделаться
(*perf. of* делаться), become.   [9] свет, world.

больше не люблю, на лучших лошадей моего отца и смотреть не хочу. . . . Целые дни сижу на скале, а перед глазами моими твой Карагёз. . . . Я умру, Казбич, если ты не продашь мне его.»

Мне показалось, что мальчик начал плакать. А надо вам сказать, я Азамата знал давно: он никогда, даже когда маленьким ребёнком[1] был, не плакал.

Но ответом[2] на это был только смех Казбича.

‹ Послушай, › сказал Азамат: ‹ видишь, я на всё готов: хочешь, я украду для тебя мою сестру? Как она поёт! Как танцует! Как шьёт золотом! такой жены нет у самого султана. Хочешь? Жди меня завтра ночью там у ущелья, где бежит речка. Я пойду с ней в гости в другую деревню, мы пройдём мимо, — и она твоя. Неужели[3] Бэла не лучше твоего коня? ›

Долго, долго молчал Казбич; наконец, вместо ответа, он запел[4] старую песню горцев:

---

[1] ребёнок, child.   [2] ответ, answer.   [3] неужели? is it possible?   [4] запеть (*perf. of* петь), begin to sing.

Мно́го краса́виц в дере́вне у нас,
И тёмные глаза́ их горя́т, как звёзды.
Но свобо́да [1] для го́рца веселе́е любви́,
И конь для него́ доро́же краса́виц.
Зо́лото ку́пит [2] четы́ре жены́,   5
Ве́рный мой конь не име́ет цены́.

Азама́т ещё до́лго пла́кал и проси́л от-
да́ть ему́ Караге́за. Наконе́ц, Казби́ч
сказа́л серди́то:

‹ Дово́льно, [3] мальчи́шка ! Оста́вь ме- 10
ня́. Ра́но тебе́ скака́ть на моём коне́: он
на пе́рвых трёх шага́х сбро́сит [4] тебя́ на
ка́мни. . . . ›

‹ Меня́? › гро́мко кри́кнул Азама́т. И
слы́шу: мальчи́шка схвати́лся за кинжа́л 15
и уда́рил Казбича́. Но си́льная рука́ от-
толкну́ла его́ и бро́сила об забо́р.

‹ Ну, › поду́мал я, ‹ тепе́рь начнётся. ›
Я побежа́л к на́шим лошадя́м. Мину́ты
че́рез две весь двор [5] был по́лон наро́да. 20
Вот как всё случи́лось: Азама́т вбежа́л [6]
в дом и стал крича́ть, что Казби́ч хоте́л

---

[1] свобода, freedom.   [2] купить (*perf. of* покупать) buy.   [3] довольно, enough (of this).
[4] сбросить (*perf. of* сбрасывать), throw down.
[5] двор, courtyard.   [6] вбежать (*perf. of* вбегать),
run in (to).

его уби́ть. Все вы́скочили, схвати́лись за ору́жие. Крик, шум, вы́стрелы, лай соба́к. Но Казби́ч был уже́ верхо́м на коне́ и, как чорт, кружи́лся по у́лице
5 среди́ люде́й.

Я схвати́л Григо́рья Алекса́ндровича за́ руку: ‹ Нам здесь не́чего де́лать, не лу́чше ли поскоре́е[1] уе́хать домо́й? ›

Мы се́ли на лошаде́й и поскака́ли до-
10 мо́й. »

« А что Казби́ч? » спроси́л я капита́на.

« Казби́ч? Да ничего́ ! » отвеча́л капита́н, « ускака́л[2] на своём Караге́зе в го́ры. »

15 « И не ра́нили[3] его́? » спроси́л я.

« Да Бог его́ зна́ет,[4] мо́жет быть и ра́-
нили, » отвеча́л капита́н и нали́л в свой стака́н горя́чего ча́ю. « Они́, разбо́йники, ведь ничего́ не боя́тся: иногда́ ра́нят его́,
20 ну, ду́маешь, коне́ц, — а че́рез не́сколько дней, смо́тришь, сно́ва ска́чет, чорт, на своём коне́. »

---

[1] поскорее, quick.   [2] ускакать, gallop away.
[3] ранить, wound.   [4] Бог его знает, Heaven knows.

V. ПРОДАЙ МНЕ СЕСТРУ

Капита́н вы́пил свой ча́й и по́сле не́кото-
рого молча́ния сказа́л:

« Об одно́м жале́ю, и всю мою́ жизнь
жале́ть бу́ду. Я, зна́ете, когда́ прие́хал
домо́й, рассказа́л Григо́рью Алекса́ндро-   5
вичу всё, что слы́шал за забо́ром. Рас-
ска́з мой ему́ понра́вился,[1] он посмея́л-
ся,[2] но бо́льше об э́том не говори́л. А
ведь с тех пор у него́ что́-то бы́ло на
уме́.   10

Че́рез не́сколько дне́й приезжа́ет Аза-
ма́т в кре́пость. Как всегда́, зашёл[3] он
к Григо́рью Алекса́ндровичу. Я был тут.
Начался́ разгово́р о лошадя́х. Стал Пе-
чо́рин говори́ть о ло́шади Казбича́: уж 15
така́я она́ краси́вая, така́я бы́страя, ну,
нет тако́й ло́шади на всём све́те !

Загоре́лись глаза́ у мальчи́шки, а Пе-
чо́рин бу́дто не замеча́ет. Я стара́юсь
говори́ть о друго́м, а он всё о ло́шади 20
Казбича́.

---

[1] понравиться (*perf. of* нравиться), like; (мне)
нравится (I) like.   [2] посмеяться (*perf. of* смеяться), laugh a little.   [3] зайти (*perf. of* заходить),
go in.

145

И так было каждый раз, когда приезжал Азамат.

Прошло несколько недель,[1] — стал я замечать что Азамат худеет,[2] бледнеет,[3] 5 — ну, знаете, как это бывает от любви в романах. Не увнаешь Азамата: совсем[4] переменился[5] мальчишка.

‹ Что случилось? › думаю. Я, видите, только после[6] узнал, что мальчишка так 10 переменился из за разговоров Печорина о лошади.

Вот раз он говорит Азамату:

‹ Вижу, Азамат, очень тебе нравится лошадь Казбича. Но не будет она твоей, 15 — никогда не будет. . . . Ну, скажи, а что бы ты дал тому, кто тебе её подарил[7] бы? ›

‹ Всё, что он захочет, › отвечал Азамат.

‹ Ну, хорошо, я тебе дам Карагёза, но 20 ты мне должен обещать,[8] что сделаешь то, что я захочу. ›

---

[1] неделя, week. [2] худеть (*perf.* похудеть), grow thin. [3] бледнеть (*perf.* побледнеть), grow, turn pale. [4] совсем, altogether. [5] перемениться (*perf. of* меняться), change. [6] после, later. [7] подарить (*perf. of* дарить), give a present. [8] обещать, promise.

‹ Обещаю. Но и ты должен обещать, ›
сказал Азамат.

‹ Хорошо. Я обещаю тебе, что конь
будет твоим. Но за него ты должен отдать мне сестру Бэлу. Продай мне Бэлу, 5
а я заплачу тебе за неё Карагёзом. Согласен? [1] ›

Азамат молчал.

‹ Не хочешь? Ну, как хочешь. Я думал, ты уже настоящий горец, мужчина, [2] 10
а ты ещё ребёнок; рано тебе ещё скакать на Карагёзе. ›

Кровь бросилась Азамату в голову.

‹ А мой отец? › сказал он.

‹ Неужели он никогда не уезжает? ›   15

‹ Правда. . . иногда он уезжает. ›

‹ Ну, что же, согласен? ›

‹ Согласен, › тихо сказал Азамат, а сам
бледный, как смерть. ‹ Когда же? ›

‹ А вот как только Казбич приедет 20
сюда. Он обещал привести к нам баранов. Уж я всё сделаю! Смотри же,
Азамат ! ›

Так и решили они это дело. [3] А ведь,
правду сказать, нехорошее дело !   25

¹ согласен (*cf.* соглашаться), (you) **agree.**
² **мужчина, man.**   ³ дело, business.

Однажды приезжа́ет Казби́ч и спра́ши-
вает, не ну́жно ли нам бара́нов; я сказа́л,
что́бы он привёл их на друго́й день.

‹ Азама́т ! › — сказа́л Григо́рий Алек-
5 са́ндрович, — ‹ за́втра Караге́з бу́дет в
мои́х рука́х; е́сли сего́дня но́чью Бэ́ла не
бу́дет здесь, не вида́ть тебе́ [1] Караге́за. ›
‹ Хорошо́. [2] › сказа́л Азама́т и поска-
ка́л в дере́вню. Ве́чером Григо́рий Алек-
10 са́ндрович взял ору́жие и уе́хал из кре́-
пости.

Как они́ всё э́то сде́лали — не зна́ю, но
прие́хали они́ о́ба [3] — Печо́рин и Азама́т
— но́чью, и солда́т, кото́рый стоя́л у
15 вхо́да [4] в кре́пость, ви́дел, что у Азама́та
на ло́шади лежа́ла кака́я-то же́нщина, и
голова́ её была́ покры́та густы́м покры-
ва́лом. [5] »

« А ло́шадь? » спроси́л я у капита́на.
20 « Сейча́с, [6] сейча́с. На друго́й день
ра́но у́тром прие́хал Казби́ч и привёл нам
бара́нов продава́ть. Он оста́вил ло́шадь
во дворе́ у забо́ра и вошёл ко мне. Мы

---

[1] не видать тебе, you shall never see.   [2] хорошо, all right.   [3] оба, both.   [4] вход (*cf.* входить),
entrance.   [5] [покрывало], veil.   [6] сейчас, immediately, right away.

сéли за стол и стáли пить чай, потомý что, хотя́ [1] он и разбóйник был, но всё же был мои́м прия́телем.

Стáли мы говори́ть о том, о другóм. Вдруг, смотрю́, Казби́ч перемени́лся в 5 лице́, вскочи́л и подбежáл к окнý. Но, к несчáстью, [2] из э́того окнá дворá ви́дно нé было.

‹ Что с тобóй? [3] › спроси́л я.

‹ Моя́ лóшадь ! . . . лóшадь ! › . . . гово- 10 ри́л он и весь дрожáл. [4]

‹ Это навéрно [5] какóй-нибýдь казáк приéхал, › сказáл я.

‹ Нет, где мой конь? › закричáл [6] он и брóсился из кóмнаты. 15

Чéрез секýнду он был во дворé, вы́бежал из крéпости и брóсился бежáть по дорóге. . . . Но его Карагéз ужé был далекó: вдали́ [7] у сáмого лéса скакáл на нём Азамáт. . . . 20

Казби́ч схвати́л ружьё и вы́стрелил.

---

[1] хотя, although.   [2] к несчастью, unfortunately.   [3] что с тобой? what is the matter with you?   [4] дрожать (*perf.* задрожать), tremble, shake.   [5] наверно (*cf.* верить), most likely.   [6] закричать (*perf. of* кричать), cry out.   [7] вдали, at a distance.

Постоял [1] минуту, увидел, что не попал; тогда он громко закричал, ударил ружьё о камень, бросился на землю и заплакал, [2] как ребёнок. . . .

5 Вокруг него собрались люди из крепости, — солдаты, казаки — он никого не замечал. Я сказал, чтобы положили возле него деньги за баранов; он их не взял и лежал на земле, как мёртвый.

10 Так лежал он весь день и целую ночь. Только на другое утро пришёл в крепость и стал просить, чтобы ему сказали, кто украл его лошадь. Как услышал он имя Азамата, загорелись глаза у Казби-15 ча, и он пошёл в деревню, где жил отец Азамата. »

« Что же отец? » спросил я.

« Да в том то и дело, [3] что старого князя дома не было. Он уехал куда-то 20 на несколько дней, и в это-то время и увёз Азамат сестру из дома. А когда отец вернулся — ни дочери, ни сына дома не было. Азамат знал, что отец убьёт его за Бэлу, и ускакал в горы; с

[1] постоять (*perf. of* стоять), stand a while.
[2] заплакать (*perf. of* плакать), begin to cry.
[3] в том то и дело, that's just it.

тех пор никто́ его́ бо́льше не ви́дел.
Уби́ли его́, наве́рно, где́-нибудь за реко́й;
ну что́ же, туда́ ему́ и доро́га ![1] . . . »

VI. БЭ́ЛА В КРЕ́ПОСТИ

« Ну и дела́ ![2] Наде́лал [3] мне Григо́-
рий Алекса́ндрович забо́т ![4] Как то́лько 5
я узна́л, что Бэ́ла у него́, оде́лся [5] я в
по́лную фо́рму и пошёл к нему́.

Он лежа́л в пе́рвой ко́мнате на кро-
ва́ти, одна́ рука́ была́ под голово́й, а в
друго́й он держа́л тру́бку, но не кури́л, 10
да и огня́ в ней не́ было. Дверь в дру-
гу́ю ко́мнату была́ закры́та. Я всё э́то
сейча́с же заме́тил. . . .

Я сту́кнул [6] две́рью, но он на меня́ да́же
не посмотре́л, бу́дто не слы́шал, что я 15
вошёл.

⟨ Господи́н лейтена́нт, ⟩ — сказа́л я сер-
ди́тым го́лосом, ⟨ Ра́зве [7] вы не ви́дите,
что я к вам пришёл? ⟩

¹ туда ему и дорога, it serves him right.   ² ну,
и дела! what a business!   ³ наделать (*cf.* делать), make many; cause.   ⁴ забота, trouble,
worry.   ⁵ одеться (*perf. of* одеваться), dress oneself.   ⁶ стукнуть (*perf. of* стучать), knock.
⁷ разве? is it? do (you)?

‹ Ах, здра́вствуйте,[1] Макси́м Макси́-
мыч, не хоти́те ли тру́бку? › отвеча́л он,
но с крова́ти не встал.

‹ Я для вас не Макси́м Макси́мыч, а
5 господи́н капита́н. Вы забыва́ете, что
пе́ред ва́ми ва́ше нача́льство ! ›

‹ Ах, всё равно́ ! Не хоти́те ли ча́ю ? Е́с-
ли бы вы зна́ли, ско́лько у меня́ забо́т ! ›

‹ Я всё зна́ю, › отвеча́л я и подошёл к
10 крова́ти.

‹ Ну и хорошо́, тем лу́чше,[2] мне не
хо́чется расска́зывать. ›

‹ Господи́н лейтена́нт, за то́ что вы
сде́лали, не то́лько вы, но и я бу́ду от-
15 веча́ть.[3] ›

‹ Ну, что́ же, мы ведь друзья́ ! ›

‹ Что за шу́тки ? Мне придётся вас
арестова́ть ! ›

‹ Хорошо́, аресту́йте, › отвеча́л он.

20 Что ещё мог я сде́лать ? Я сел к Печо́-
рину на крова́ть и сказа́л :

‹ Послу́шай, Григо́рий Алекса́ндрович,
а ведь нехорошо́ ! ›

‹ Что́ нехорошо́ ? ›

25 ‹ Да то, что ты увёз Бэ́лу. . . . Азама́т

---

[1] здравствуйте, how do you do.   [2] тем лучше,
so much the better.   [3] отвечать, be responsible.

разбойник, мальчишка. Но ты. ... Ну скажи, ведь нехорошо? › говорил я ему.

‹ Но ведь мне Бэла нравится. ... ›

Что мог я ответить ему на это? Я стал думать. После некоторого молчания, я 5 сказал:

‹ Если отец Бэлы захочет, чтобы она вернулась домой, её нужно будет отдать. ›

‹ Нет, не нужно. ›   10

‹ Да ведь он узнает, что она здесь. ... ›

‹ А как он узнает? ›

Я опять не знал, что отвечать.

«Послушайте, Максим Максимыч, › сказал Печорин и поднялся с кровати: 15 ‹ ведь вы добрый человек, вы подумайте, ведь если мы отдадим её теперь отцу, он или убьёт её, или продаст. Дело сделано,[1] и вернуться к отцу она не может, — поздно. Теперь нам нужно постарать- 20 ся,[2] чтобы всё хорошо кончилось. Помогите мне, Максим Максимыч! Арестуйте меня, если хотите, но оставьте мне Бэлу! ›

‹ Да покажите мне её, › сказал я.   25

[1] сделан, done.   [2] постараться (*perf. of* стараться), try; do one's best.

153

‹ Она́ там, за э́той две́рью; но сего́дня
да́же я не мог её ви́деть: сиди́т в углу́,
лицо́ закры́ла покрыва́лом, не говори́т и
не смо́трит. Вся дрожи́т. Бои́тся. . . .
5 Там с ней одна́ ста́рая же́нщина. Я взял
её из дере́вни. Она́ бу́дет говори́ть с ней
по-чече́нски, бу́дет смотре́ть за ней, по-
мога́ть ей. Понемно́гу она́ привы́кнет к
мы́сли, что она́ моя́. Потому́ что она́
10 остаётся у меня́ и бу́дет мое́й! › сказа́л
Печо́рин и уда́рил кулако́м [1] по столу́.

Я опя́ть согласи́лся. Что я мог сде́-
лать? Есть лю́ди, с кото́рыми всегда́
соглаша́ешься. »

15 « А что, » спроси́л я Макси́м Макси́-
мыча, « привы́кла Бэ́ла к нему́ или всё
грусти́ла,[2] всё хоте́ла верну́ться домо́й? »

« Ах нет, заче́м ей домо́й? У нас из
кре́пости видны́ те́ же го́ры, что из её
20 дере́вни, а э́тим го́рцам ведь бо́льше ни-
чего́ не ну́жно. Григо́рий Алекса́ндро-
вич ка́ждый день приноси́л ей но́вые
пода́рки. Пе́рвые дни она́ от всего́ отка́-
зывалась, пода́рки го́рдо [3] отта́лкивала и
25 всё молча́ла.

[1] кулак, fist.   [2] грустить, grieve; be sorrow-
ful.   [3] гордо, proudly.

Время проходило. Понемногу Григорий Александрович учился по-чеченски,
а она начинала понимать по-русски. Она
стала привыкать к нему, начала даже
смотреть на него; но всё грустила, ни с 5
ним, ни со мной не говорила, и только
тихонько [1] пела свои песни, так что даже
мне грустно [2] было, когда я слушал её
из другой комнаты.

Никогда не забуду одной сцены: шёл 10
я мимо и посмотрел в её окно. Бэла сидела на кровати и низко опустила голову,
а Григорий Александрович стоял перед
нею.

‹ Послушай, Бэла, мой ангел, › гово- 15
рил он, ‹ ты ведь знаешь, что рано или
поздно ты будешь моей. . . . Почему ты
такая печальная? Может быть ты любишь какого-нибудь чеченца? Если так,
ты можешь сегодня же вернуться до- 20
мой ! ›

Она покачала [3] головой и молчала.

‹ Скажи, неужели ты меня никогда не
полюбишь? ›

---

[1] тихонько, gently. [2] грустно (*cf.* грустный), sad. [3] покачать (*perf. of* качать),
shake.

Она́ тихо́нько вздохну́ла.[1]

‹ Мо́жет быть, ты ду́маешь, что твоя́ ве́ра [2] не позволя́ет тебе́ люби́ть меня́, пото́му что я христиани́н? ›

5 Она́ ста́ла смотре́ть в другу́ю сто́рону, и мне показа́лось, что её лицо́ ста́ло ещё бледне́е.

‹ Слу́шай, Бэ́ла, ты ведь зна́ешь, что Алла́х для всех люде́й оди́н, и е́сли он 10 позволя́ет мне люби́ть тебя́, то почему́ же тебе́ нельзя́ полюби́ть меня́? ›

Она́ подняла́ го́лову и посмотре́ла ему́ пря́мо в лицо́. Что за глаза́ у неё бы́ли! Так и горе́ли, как две звезды́.

15 ‹ Послу́шай, ми́лая, до́брая Бэ́ла, › продолжа́л Печо́рин, ‹ ты ви́дишь, как я тебя́ люблю́. Ты должна́ мне ве́рить.[3] Я всё отда́м, чтобы ты была́ весе́лее. Е́сли ты всегда́ бу́дешь грусти́ть, — я 20 умру́. Скажи́, ты бу́дешь весе́лее? ›

Она́ ста́ла о чём то ду́мать и всё смотре́ла на него́ свои́ми чёрными глаза́ми; пото́м она́ улыбну́лась.

Тогда́ Печо́рин взял её за́ руку и стал 25 проси́ть, чтобы она́ его́ поцелова́ла. Она́

[1] вздохну́ть (*perf. of* вздыха́ть) (*cf.* дыша́ть), sigh.   [2] вера, faith.   [3] верить, believe.

не хотéла и всё говорила: ‹ пожáлуйста, пожáлуйста, не нáдо,[1] не нáдо. ›

Но он продолжáл просить. Тогдá онá задрожáла[2]; ‹ Я у тебя́, я не свобóдна, ты сильный . . . › говорила онá и стáла 5 плáкать.

Григóрий Алексáндрович удáрил себя́ кулакóм по головé, выскочил в другýю кóмнату и стýкнул двéрью.

Я зашёл к немý. Он, недовóльный, 10 ходил по кóмнате.

‹ Ну, что? › сказáл я емý.

‹ Это чорт, а не жéнщина! . . . › отвечáл он. ‹ Но вы увидите, онá бýдет моéй! ›

‹ Нет, › сказáл я, ‹ не бýдет. Вы здéш- 15 них[3] жéнщин не знáете. ›

‹ Ну, вот увидите, не пройдёт и не- дéли. . . . ›

‹ Хорошó, посмóтрим, › сказáл я.

На другóй день он послáл казáка в 20 гóрод за нóвыми подáрками для Бэлы.

Печóрин стал покáзывать мне подáрки и сказáл:

‹ Ну, как вы дýмаете, Максим Максимыч, ведь согласится тепéрь моя́ красáвица? › 25

---

[1] надо, necessary, must.   [2] задрожать (*perf. of* дрожать) shake, shiver.   [3] здешний, local.

‹ Нет, вы здешних женщин не знаете, › опять отвечал я.

Но Григорий Александрович улыбнулся и стал петь какую-то весёлую солдатскую [1] песню.

А ведь я был прав [2]: подарки помогли мало. Правда, она стала чаще улыбаться, иногда даже говорила с ним, как будто меньше боялась, — но это было всё.

Вот что сделал тогда Григорий Александрович: сказал казаку привести ему его лошадь, а сам оделся, как горец, взял оружие и вошёл к ней.

‹ Бэла, › сказал он, ‹ ты знаешь, как я тебя люблю. Я увёз тебя сюда, потому что думал, что, если ты узнаешь меня, ты меня тоже полюбишь. Но ты меня не любишь, . . . я решил уехать. Если хочешь, оставайся здесь: ты здесь хозяйка. Если хочешь, вернись к отцу — ты свободна. Я еду . . . куда? Я ещё не знаю. Куда-нибудь в горы. Там меня убьют. Когда узнаешь о моей смерти, вспомни обо мне и прости [3] меня. ›

[1] солдатский, *adj.* soldier.   [2] прав, right.
[3] простить (*perf. of* прощать) forgive.

158

Он дал ей ру́ку. Но она́ руки́ не взяла́, молча́ла. Я стоя́л за две́рью и всё э́то ви́дел. Жа́лко мне её ста́ло: её ми́лое ли́чико [1] бы́ло беле́е сне́га.

Печо́рин постоя́л пе́ред не́ю ещё не- 5 сколько мину́т и пошёл к две́ри.

Но не успе́л он дойти́ [2] до две́ри, как она́ вскочи́ла, побежа́ла к нему́, гро́мко запла́кала и бро́силась к нему́ на ше́ю. [3] А я стоя́л за две́рью и то́же запла́кал. 10 Ну, зна́ете, не запла́кал, а так, зна́ете . . . глу́пость. [4] . . . »

Капита́н замолча́л.

« Да, » сказа́л он че́рез не́сколько мину́т, « жа́лко мне ста́ло, что никогда́ ни 15 одна́ же́нщина меня́ так не люби́ла. »

« И до́лго продолжа́лось их сча́стье? » спроси́л я.

« Да, она́ нам пото́м сказа́ла, что с того́ дня, как она́ уви́дела Печо́рина, 20 она́ ча́сто ви́дела его́ во сне, и что ни об одно́м мужчи́не она́ так мно́го не ду́- мала, как о нём. Да, они́ бы́ли сча́стли- вы. »

---

[1] личико, little face.   [2] дойти (*perf. of* дохо- дить), walk up to *or* as far as.   [3] шея, neck. [4] глупость (*cf.* глупый), nonsense, foolishness.

« И это всё? » сказал я.   Я, правду
сказать, ожидал более интересного, более
трагического конца.   « А что же отец, »
продолжал я, « неужели он не узнал,
5 что его дочь у вас в крепости? »

« Я думаю, он знал, что она у нас.   Но
его через несколько дней убили. . . . Его
убил Казбич.   Он наверно думал, что это
старый князь послал Азамата украсть у
10 него лошадь, и решил убить старика.
Князь тогда часто ездил в горы искать
дочь.   Раз он возвращался после одной
из таких поездок домой.   Был уже вечер.
Князь задумался и ехал очень медленно.
15 Казбич ждал его на дороге, недалеко от
деревни.   Когда князь подъехал ближе,
Казбич выскочил из за[1] скалы, прыгнул
сзади[2] на его лошадь, ударил кинжалом,
в спину,[3] сбросил старика на землю и
20 ускакал в горы. »

« Что же, он вернул себе[4] коня и отом-
стил[5] за Карагёза, » сказал я.

« Да, это верно, » отвечал капитан.

---

[1] из за, from behind.   [2] сзади (cf. позади), from
behind.   [3] спина, back.   [4] вернуть себе, get
back, regain.   [5] [отомстить], avenge;   take
one's revenge.

VII. МЕ́СЯЦА[1] ЧЕТЫ́РЕ ВСЁ ШЛО ПРЕКРА́СНО.

Ме́жду тем мы вы́пили чай. Ло́шади давно́ ожида́ли нас на снегу́ и дрожа́ли от хо́лода. Мы вы́шли из до́ма. Луна́ бледне́ла на за́паде[2] и гото́ва была́ опусти́ться[3] в свои́ чёрные ту́чи, кото́рые 5 лежа́ли на далёких гора́х.

Капита́н был непра́в[4]: пого́да[5] проясни́лась[6] и обеща́ла нам ти́хое у́тро. Бле́дный свет на восто́ке[7] понемно́гу разлива́лся[8] по тёмно-си́нему[9] не́бу. Напра́во[10] и нале́во[11] видны́ бы́ли глубо́кие чёрные уще́лья, и тума́ны спуска́- 10 лись туда́ со скал, как бу́дто боя́лись дня.

Ти́хо бы́ло на не́бе и на земле́, как в 15 се́рдце[12] челове́ка во вре́мя у́тренней[13]

[1] ме́сяц, month. [2] за́пад, west. [3] опусти́ться (*perf. of* опуска́ться), sink, come down. [4] непра́в not right. [5] пого́да, weather. [6] проясни́ться (*perf. of* проясня́ться) (*cf.* я́сный), clear up. [7] восто́к, east. [8] разлива́ться, (*cf.* нали́ть), spread over. [9] си́ний, blue. [10] напра́во, at the right. [11] нале́во, at the left. [12] се́рдце, heart. [13] у́тренний, morning *adj.*

молитвы.[1] Ре́дко-ре́дко[2] прибега́л хо-
ло́дный ветеро́к[3] с восто́ка.

Мы продолжа́ли наш путь.[4] Доро́га
станови́лась всё кру́че,[5] каза́лось, что
5 она́ уходи́ла на са́мое не́бо, потому́ что
наско́лько[6] глаз мог ви́деть, она́ всё под-
нима́лась и уходи́ла в ту́чу, ту са́мую,
кото́рая ещё с ве́чера лежа́ла на горе́.

Мы шли до́лго и ме́дленно, дыша́ть
10 бы́ло о́чень тру́дно, и кровь броса́лась в
го́лову, но я был сча́стлив, как ребёнок:
ве́село быть так высоко́ над землёй !

Наконе́ц, подняли́сь мы на́ гору. Мы
останови́лись и посмотре́ли круго́м: на
15 ле́вой[7] стороне́ горы́ лежа́ла се́рая[8] ту́ча,
от неё дул[9] холо́дный ве́тер и говори́л о
бли́зкой бу́ре, но не́бо на восто́ке бы́ло
тако́е я́сное, что мы о́ба — и капита́н и
я — о ту́че забы́ли.

20 Ве́село и я́сно бы́ло всё круго́м: внизу́
несли́сь по камня́м две ре́чки, и и́здали
они́ каза́лись двумя́ сере́бряными лен-
тами; све́тлый тума́н спусти́лся с гор и

¹ молитва, prayer.   ² редко, seldom.   ³ ветерок, light wind.   ⁴ [путь], way, road.   ⁵ круче,
compr. of крутой.   ⁶ насколько, as far as.   ⁷ левый, left.   ⁸ серый, grey.   ⁹ дуть, blow.

убега́л от тёплого у́тра в уще́лья; а кру-
го́м го́ры, го́ры, и золоты́е снега́ на них
горе́ли так ве́село, что я поду́мал : « Хо-
рошо́ бы́ло бы здесь оста́ться навсегда́ ! [1] »

А вот и со́лнце вы́шло из-за высо́кой 5
тёмно-си́ней горы́. На не́бе над са́мым
со́лнцем была́ небольша́я ту́ча кра́сного
цве́та.

Капита́н сейча́с же заме́тил её : « Я
говори́л вам, что сего́дня бу́дет бу́ря, » 10
сказа́л он. « Вниз, да поскоре́е ! » закри-
ча́л он на́шим изво́зчикам.

Мы на́чали спуска́ться. Доро́га вниз
была́ крута́я и опа́сная. Напра́во на
ска́лах над са́мыми на́шими голова́ми ле- 15
жа́л тяжёлый снег, кото́рый пе́рвый же
ве́тер мог сбро́сить вниз. А нале́во бы́ло
уще́лье, в кото́ром ди́ко [2] несла́сь река́ по
чёрным камня́м.

Вдруг поду́л си́льный ве́тер, и пошёл 20
снег.

Мы шли уже́ два часа́, но до ста́нции
бы́ло ещё далеко́. Ло́шади уста́ли. Мы
дрожа́ли от хо́лода.

Но вот ло́шади останови́лись. Изво́з- 25

---

[1] навсегда, forever.   [2] дико wildly, savagely.

чики на́ши гна́ли их, крича́ли, но ло́-
шади стоя́ли на ме́сте.[1] Тогда́ на́ши
изво́зчики-го́рцы показа́ли нам ма́лень-
кий до́мик, кото́рый стоя́л в стороне́ от
5 доро́ги. Мы реши́ли там останови́ться.

« Ну, я рад, » сказа́л я, когда́ мы се́ли
у огня́ и закури́ли на́ши тру́бки. « Те-
пе́рь вы мне расска́жете исто́рию Бэ́лы
до конца́ ! »

10 « Вы то ра́ды, а мне так тяжело́ вспо-
мина́ть обо всём э́том. . . . Да, хоро́шая
была́ де́вушка на́ша Бэ́ла ! Я к ней, на-
коне́ц, так привы́к, как к до́чери, и она́
меня́ люби́ла. На́до вам сказа́ть, у меня́
15 ведь никого́ нет : от ма́тери и отца́ уже́
двена́дцать[2] лет ничего́ не слы́шу, а же-
ни́ться[3] во́ время не поду́мал. Тепе́рь
уж, коне́чно, по́здно. Вот я и рад был,
что нашёл кого́ люби́ть.

20 Ме́сяца четы́ре всё шло прекра́сно.
Хоро́шее бы́ло вре́мя ! Она́ ча́сто нам
пе́ла пе́сни или танцова́ла та́нцы[4] их
зде́шние. Как танцова́ла ! И всегда́ сча-
стли́вая, всегда́ весёлая. Ско́лько сме́ху

---

[1] место, place, spot; стоять на месте, stand
without moving.   [2] двенадцать, twelve.   [3] жениться, marry.   [4] танец, dance.

у нас бы́ло! И всё надо мно́й, старико́м, люби́ла посмея́ться. . . . Но я не серди́лся, Бог ей прости́! . . .»

VIII. Э́ТО КАЗБИ́Ч!

« Да, » продолжа́л капита́н, « снача́ла всё шло прекра́сно.   5

Но вот смотрю́, стал он сно́ва заду́мываться, всё по ко́мнате хо́дит, молчи́т. Пото́м, раз, никому́ ни сло́ва не сказа́л, ушёл стреля́ть, це́лое у́тро не приходи́л. Пото́м опя́ть, всё ча́ще[1] и ча́ще. . . . 10 ‹ Нехорошо́, › поду́мал я: ‹ не случи́лось ли чего́ ме́жду ни́ми? ›

Одно́ у́тро захожу́ к ним, — как тепе́рь пе́ред глаза́ми: Бэ́ла сиде́ла на крова́ти, в краси́вом чёрном пла́тье, а сама́ така́я блед- 15 ная, така́я печа́льная, — жа́лко мне её ста́ло. ‹ Бо́же мой, что случи́лось? › ду́маю.

‹ А где Печо́рин? › спроси́л я.

‹ На охо́те. ›

‹ Сего́дня ушёл? ›   20

Она́ до́лго молча́ла, как бу́дто ей тру́дно бы́ло вы́говорить.[2]

---

[1] ча́ще, *compr. of* ча́сто.   [2] вы́говорить (*perf. of* выгова́ривать), utter.

‹ Нет, ещё вчера́, › наконе́ц сказа́ла она́ ти́хим го́лосом и тяжело́ вздохну́ла.

‹ Не случи́лось ли с ним чего́-нибу́дь? ›

‹ Уж я вчера́ ду́мала, ду́мала, › отве-
5 ча́ла она́, и мне показа́лось, что она́ сейча́с запла́чет, ‹ ра́зные несча́стья при-ду́мывала [1]: то каза́лось мне, что его́ ра́-нили на охо́те, то, что чече́нец увёз его́ в го́ры. . . . Но сего́дня мне уже́ ка́жется,
10 что он меня́ не лю́бит. ›

‹ Ну, ми́лая, ты ху́же ничего́ не могла́ приду́мать. ›

Она́ заплака́ла, но пото́м го́рдо подняла́ го́лову и сказа́ла:
15 ‹ Е́сли он меня́ не лю́бит, я здесь не оста́нусь. Е́сли э́то так бу́дет продол-жа́ться, я уйду́, я уйду́ домо́й, я свобо́д-на, я дочь кня́зя ! . . . ›

Тогда́ я стал говори́ть: ‹ Послу́шай,
20 Бэ́ла, ведь не мо́жет же он всё сиде́ть с тобо́й до́ма: он челове́к молодо́й, он лю́-бит охо́титься. [2] Вот он поохо́тится, да и вернётся к тебе́. А е́сли ты бу́дешь пла́кать да грусти́ть, он не до́лго бу́дет
25 тебя́ люби́ть. ›

_____

[1] придумывать (*perf.* придумать), imagine; in-
vent.   [2] [охотиться] (*perf.* поохотиться), hunt.

166

‹ Правда, правда, › отвечала она, ‹ я буду весела ! ›

И она стала громко смеяться, танцовать и прыгать по комнате. Но это не долго продолжалось : она опять упала[1] на кровать, и закрыла лицо руками.

Что было мне с нею делать? Я, знаете, с женщинами никогда дела не имел.[2] Думал я, думал, что ей сказать, но ничего не придумал. Мы молчали.

Наконец, я сказал : ‹ Послушай, Бэла, ты всё сидишь в комнате. Выйдем-ка из дома, подышем свежим воздухом. ›

Мы вышли и стали ходить взад и вперёд[3] по крепостной[4] стене, молчали. Наконец, она села на землю, я сел возле неё. Ходил я за нею, как мать за ребёнком, даже вспоминать смешно.[5]

Крепость наша стояла на высоком месте, и картина открывалась прекрасная. С одной стороны широкое поле, на краю его лес, который продолжался до самых гор. С другой стороны бежала

---

[1] упасть (*perf. of* падать), fall. [2] иметь дело с, deal with. [3] взад и вперёд, to and fro. [4] [крепостной] *adj.*, fortress. [5] смешно (*cf.* смеяться), funny.

ма́ленькая ре́чка, а за ней — то́же лес и
опя́ть го́ры.

Вот смотрю́: из ле́са выезжа́ет кто-то
на се́рой ло́шади, подъезжа́ет всё бли́же
5 и бли́же; наконе́ц, останови́лся [1] на дру-
го́й стороне́ ре́чки и на́чал как-то стра́нно
кружи́ться на свое́й ло́шади.

‹ Посмотри́-ка, Бэ́ла, › сказа́л я, ‹ у
тебя́ глаза́ молоды́е, кто э́то там на ло́-
10 шади? ›

Она́ посмотре́ла и закрича́ла: ‹ Э́то
Казби́ч! ›

‹ Ах, он разбо́йник! Смея́ться прие́хал
над на́ми? ›

15 ‹ Э́то ло́шадь моего́ отца́, › сказа́ла Бэ́ла
и схвати́ла меня́ за́ руку.

‹ Подойди́-ка сюда́, › сказа́л я солда́ту,
кото́рый стоя́л с ружьём недалеко́ от нас.
‹ Ви́дишь э́того челове́ка верхо́м на ло́-
20 шади? Вы́стрели-ка в него́. Дам рубль,
е́сли попадёшь. ›

‹ Тру́дно, › отвеча́л солда́т, ‹ он всё
кру́жится, не стои́т на ме́сте. ›

‹ А ты постара́йся, прикажи́. [2] ›

[1] останови́ться (*perf. of* остана́вливаться), stop.
[2] приказа́ть (*perf. of* прика́зывать), order, command.

‹ Эй ты, остановись. › крикнул солдат Казбичу, ‹ что ты всё кружишься? ›

Казбич остановился и стал слушать. Мой солдат выстрелил . . . бах . . . не попал. Казбич крикнул нам что-то по- 5 чеченски и ускакал.

‹ Ах ты, › сказал я солдату, ‹ стрелять не умеешь. ›

‹ Да такой уж народ проклятый, › отвечал солдат, ‹ не убьёшь никак.[1] › » 10

IX. МНЕ СКУЧНО

« Через некоторое время вернулся и Печорин с охоты. Бэла бросилась к нему на шею, счастливая, весёлая, будто и не плакала всего только час тому назад.

Но я на него был сердит. 15

‹ Послушайте, › говорил я, ‹ ведь вот сейчас здесь был за речкой Казбич, мы стреляли в него. А что если бы он вас встретил? Вы думаете, он не знает, что это вы помогли Азамату украсть его ло- 20 шадь? Может быть он и приехал сюда, чтобы отомстить за Карагёза? А вот сегодня он, наверно, узнал и Бэлу . . . ›

[1] никак, by no means, in no way.

169

Тут Печо́рин заду́мался.

‹ Да, › отвеча́л он, ‹ э́то пло́хо ! Слу́-
шай, Бэ́ла, ты бо́льше не должна́ ходи́ть
на крепостну́ю сте́ну, сиди́ в свое́й ко́м-
5 нате. ›

Ве́чером я до́лго с ним говори́л. Я
уже́ да́вно серди́лся на него́ за то, что
он так перемени́лся к бе́дной Бэ́ле. Он
ведь не то́лько уходи́л на це́лые дни на
10 охо́ту, он тепе́рь и с ней был не тот[1] :
говори́л с не́ю хо́лодно, не́ было в го́лосе
той не́жности, той любви́, как в пе́рвое
вре́мя. Жа́лко мне её бы́ло. Она́ то́же
была́ не та: ли́чико ста́ло ма́ленькое,
15 бле́дное, больши́е чёрные глаза́ её как
тума́ном покры́лись. А ведь горе́ли
ра́ньше, как звёзды.

Я ча́сто спра́шивал её:

‹ О чём ты заду́малась, Бэ́ла? Ты
20 печа́льна? ›

‹ Нет. ›

‹ Ты хо́чешь домо́й? ›

‹ У меня́ нет[2] до́ма. ›

Случа́лось, по це́лым дням от неё кро́ме
25 ‹ да › и ‹ нет › ничего́ не услы́шишь.

---

[1] не тот, not the same.   [2] у меня нет, I do
not have.

Вот об э́том-то я и стал ему́ говори́ть. И вот что он мне отве́тил.

‹ Послу́шайте, Макси́м Макси́мыч, › отвеча́л он мне, ‹ у меня́ несча́стный хара́ктер. Я приношу́ лю́дям несча́стье, 5 но и сам я не ме́нее несча́стлив. Когда́ я был совсе́м молоды́м, я гна́лся[1] за всем, что мо́жно купи́ть за де́ньги. Я ду́мал, что я да́же сча́стье могу́ купи́ть за де́ньги, но я ско́ро узна́л, что э́то не 10 так. Тогда́ я бро́сился в большо́й свет, но и там я сча́стья не нашёл. Я иска́л его́ в любви́ . . . но нет, и в любви́ сча́стья не бы́ло, и се́рдце моё остава́лось пу́сто.[2] Кни́ги? Я на́чал чита́ть, 15 учи́ться . . . Но я ско́ро узна́л, что са́мые счастли́вые лю́ди те, кото́рые ничего́ не зна́ют. Тогда́ мне ста́ло ску́чно.

Пото́м меня́ посла́ли на Кавка́з. Э́то бы́ло са́мое счастли́вое вре́мя мое́й жи́з- 20 ни. Я ду́мал: под чече́нскими пу́лями ску́чно не бу́дет! Но че́рез ме́сяц я к пу́лям привы́к, сме́рти я не бою́сь, — и мне ста́ло ещё скучне́е. . . .

Когда́ я уви́дел Бэ́лу в своём до́ме, ког- 25

[1] [гнаться за] (cf. гнать), run after.　[2] пусто, empty.

171

да я в первый раз целовал её чёрные волосы, я, глупый человек, подумал, что она ангел, который принесёт мне, наконец, счастье. Но любовь дикой чеченки ничём не лучше любви богатой барыни. . . . .

Если вы хотите, я её ещё люблю, она дала мне несколько довольно [1] счастливых минут, я отдам за неё жизнь, но мне с нею скучно.

Одно мне остаётся — уехать. Куда? Куда-нибудь, где опасно и трудно. Может быть, я умру где-нибудь на дороге. Хорошо-бы ! [2] ›

Так он говорил долго, и я запомнил [3] каждое его слово. Ведь я в первый раз в жизни слышал такие вещи, да ещё от двадцатипятилетнего [4] человека; и, дай Бог, [5] в последний. . . . »

Капитан опустил голову и задумался.

« А скажите, пожалуйста, » вдруг спросил он меня. « Много есть теперь таких молодых людей в городах? »

---

[1] довольно, rather.   [2] хорошо бы, this would be fine.   [3] запомнить (*perf. of* помнить), remember.   [4] двадцатипятилетний, a twenty-five-year-old.   [5] дай Бог, Heaven help me.

Я отве́тил, что есть мно́го люде́й, кото́рые говоря́т о себе́ то же са́мое, что Печо́рин, и что не́которые из них говоря́т пра́вду.

Капита́н покача́л голово́й, улыбну́лся 5 и отве́тил:

« Пьют, наве́рно, мно́го. »

X. НЕ СТРЕЛЯ́ЙТЕ!

Капита́н продолжа́л свой расска́з:

« Казби́ч по́сле э́того не приезжа́л. То́лько, не зна́ю почему́, мне всё каза- 10 лось, что у него́ недо́брое на уме́, и что мы ско́ро его́ уви́дим.

Вот раз стал Печо́рин проси́ть меня́ пое́хать с ним на охо́ту. Мне о́чень не хоте́лось, но он так до́лго проси́л, что я, 15 наконе́ц, согласи́лся. Мы уе́хали ра́но у́тром.

До десяти́ часо́в е́здили мы по́ лесу и вдоль реки́ — но ничего́ не нашли́.

‹ Эй, не верну́ться ли? › говори́л я. 20

Бы́ло жа́рко, и мы все о́чень уста́ли, но Печо́рин не хоте́л ещё е́хать домо́й, и пришло́сь продолжа́ть охо́ту.

Наконе́ц, и Печо́рин уви́дел, что пора́

173

вернуться. Домой мы éхали óчень мéд-
ленно, молчáли. До крéпости бы́ло ужé
недалекó, тóлько небольшóй лес закры-
вáл её от нас.

5   Вдруг — вы́стрел. . . . Мы посмотрéли
друг на дрýга — и поскакáли к крéпости.
Смóтрим: на крепостнóй стенé стоя́т сол-
дáты и покáзывают на пóле, а там скáчет
кто-то верхóм на конé и дéржит чтó-то
10 бéлое пéред собóю. Григóрий Алексáндрович закричáл, схватил ружьё и брóсился тудá; я — за ним.

Я кричý Печóрину: ‹ Ѳто Казби́ч! ›

Он посмотрéл на меня́ и удáрил своегó
15 коня́. Вот мы ужé совсéм бли́зко. ‹ Ну, ›
дýмаю, ‹ вспóмнил тепéрь Казби́ч своегó
Карагéза! ›

Смотрю́, Печóрин дéржит ружьё, хóчет
стреля́ть. ‹ Не стреля́йте, › кричý я.
20 Но Печóрин вы́стрелил, пýля рáнила
лóшадь Казбичá. Онá пры́гнула в стóрону и упáла нá землю.

Казби́ч соскочи́л [1] нá землю, и тогдá мы
уви́дели, что он в рукáх свои́х держáл жéн-
25 щину. Ѳто былá Бэ́ла . . . бéдная Бэ́ла!

[1] соскочить (*perf. of* соскакивать), jump down,
off.

174

Он что́-то закрича́л нам по-чече́нски и
по́днял над не́ю кинжа́л. . . . Тогда́ и я
вы́стрелил. Пу́ля попа́ла ему́ наве́рно в
плечо́, потому́ что он вдруг опусти́л ру́ку.
Че́рез не́сколько секу́нд ви́дим: на земле́ 5
лежи́т ло́шадь, во́зле неё Бэ́ла, а Казби́ч
бро́сил ружьё и бы́стро убега́ет в лес.

Мы соскочи́ли с лошаде́й и бро́сились
к Бэ́ле. Бе́дная, она́ лежа́ла, как мёртвая, на земле́, а кровь лила́сь¹ из 10
ра́ны.² . . . Тако́й разбо́йник, хоть бы в
се́рдце уда́рил, одни́м ра́зом бы ко́нчил,
но он уда́рил в спи́ну. . . .

Печо́рин опусти́лся к ней, целова́л её
холо́дные гу́бы, но она́ не приходи́ла в 15
себя́.

Тогда́ Печо́рин сел верхо́м, я по́днял
её с земли́ и посади́л ³ к нему́. Он кре́пко
держа́л её руко́й, и мы пое́хали в кре́-
пость.   20

У кре́пости нас ожида́ло мно́го наро́да.
Мы посла́ли за до́ктором. До́ктор пришёл, посмотре́л ра́ну и сказа́л, что бо́ль-
ше дня она́ жить не бу́дет. Но она́. . . . »

¹ ли́ться (*cf.* нали́ть), flow, run. ² ра́на (*cf.*
рани́ть), wound. ³ посади́ть (*perf. of* сади́ть),
seat.

« Не умерла́? » закрича́л я и схвати́л капита́на за́ руку.

« Нет, она́ умерла́ че́рез два дня. »

« Да расскажи́те, как это всё случи́лось? » попроси́л я.

« А вот как: Печо́рин ведь приказа́л Бэ́ле, что́бы она́ никогда́ из кре́пости не выходи́ла. Но, вы зна́ете, она́ была́ всё это у́тро одна́, бы́ло о́чень жа́рко, — и она́ вы́шла из кре́пости к ре́чке. Се́ла там на ка́мень, а но́ги опусти́ла в во́ду. Вот Казби́ч и подошёл тихо́нько сза́ди, схвати́л её, сел на коня́ и ускака́л.

Она́ закрича́ла, солда́ты услы́шали, вы́стрелили, но не попа́ли, — а тут и мы подъе́хали. »

XI. СМЕРТЬ БЭ́ЛЫ

« И Бэ́ла умерла́? » спроси́л я.

« Умерла́. Тяжело́ это бы́ло. Ве́чером часо́в в де́сять пришла́ в себя́. Мы сиде́ли у её крова́ти. Как то́лько откры́ла глаза́, начала́ звать Печо́рина.

‹ Я здесь, во́зле тебя́, моя́ ми́лая, › сказа́л он и взял её за́ руку.

‹ Я умру́, › сказа́ла она́.

176

Мы на́чали ей говори́ть, что она́ бу́дет жить, что до́ктор обеща́л; но она́ покача́ла голо́вкой [1] и закры́ла глаза́: ей не хоте́лось умира́ть. . . .

Но́чью ей ста́ло ху́же. Голова́ горе́ла, [5] и она́ вся дрожа́ла. Всё что-то говори́ла об отце́, о бра́те: ей хоте́лось в го́ры, домо́й. Пото́м она́ говори́ла о Печо́рине, говори́ла что он её бо́льше не лю́бит. [10]

Он опусти́л го́лову на́ руки, слу́шал её, не отвеча́л ни сло́ва. Но он не пла́кал. А я . . . я в жи́зни ничего́ печа́льнее не ви́дел.

К у́тру ей ста́ло как бу́дто лу́чше. Она́ [15] начала́ сно́ва говори́ть, но о чём, вы ду́маете, начала́ она́ говори́ть? То́лько пе́ред сме́ртью мо́жет тако́е притти́ челове́ку в го́лову! Начала́ она́ говори́ть, как э́то печа́льно, что она́ не христиа́нка, [20] и что на том све́те [2] не она́, а друга́я же́нщина встре́тится с Печо́риным.

Тогда́ я поду́мал: ‹ Мо́жет быть она́ хо́чет стать христиа́нкой? › — и спроси́л её об э́том. [25]

[1] голо́вка, little head. [2] на том свете, in the other world.

Она́ посмотре́ла на меня́ и до́лго не отвеча́ла, как бу́дто не могла́ реши́ть. Но, наконе́ц, сказа́ла, что она́ хо́чет уме́реть в той ве́ре, в како́й у́мерли её оте́ц
5 и мать.

Так прошёл це́лый день. Как она́ перемени́лась за э́тот день! Лицо́ — ма́ленькое, бе́лое, как снег, глаза́ сде́лались больши́е, больши́е, а гу́бы горе́ли, как
10 ого́нь.

Пришла́ втора́я ночь. Мы, коне́чно, не закрыва́ли глаз, не отходи́ли от неё. Ей бы́ло о́чень пло́хо, но как то́лько ей станови́лось немно́го ле́гче, она́ говори́ла,
15 что ей лу́чше, что́бы он шёл спать, целова́ла его́ ру́ку и проси́ла, что́бы он не оставля́л её.

Пото́м она́ ста́ла проси́ть Печо́рина, что́бы он её поцелова́л. Он по́днял её
20 го́лову и поцелова́л её. Она́ кре́пко прижа́ла свои́ уже́ почти́ холо́дные гу́бы к его́ губа́м, как бу́дто хоте́ла в э́том поцелу́е отда́ть ему́ свою́ ду́шу. . . .

Нет, она́ хорошо́ сде́лала, что умерла́.
25 Ну, что бы с не́ю ста́ло, е́сли бы Печо́рин от неё уе́хал? А ведь это бы случи́лось, — ра́но и́ли по́здно.

Пришло́ у́тро. Она́ была́ тиха́, всё мол-
ча́ла. Пото́м ей захоте́лось пить.

‹ Воды́, воды́, › проси́ла она́.

Печо́рин, бле́дный, как смерть, схва-
ти́л стака́н, нали́л воды́ и дал ей. Я 5
закры́л лицо́ рука́ми и стал чита́ть мо-
ли́тву, не по́мню каку́ю.

Да, друг мой, мно́го раз я вида́л, как
лю́ди умира́ют, но э́то не то, совсе́м не
то. . . . А зна́ете, она́ пе́ред сме́ртью ни 10
ра́зу не вспо́мнила обо мне́; а ведь люби́л
я её, как оте́ц. . . . Ну, да Бог её про-
сти́т ! . . .

Она́ вы́пила воды́, ей ста́ло ле́гче, а
че́рез мину́ты три она́ умерла́.   15

Я вы́вел Печо́рина из ко́мнаты, мы
пошли́ на крепостну́ю сте́ну. Мы до́лго
ходи́ли взад и вперёд, но не говори́ли ни
сло́ва. На лице́ Печо́рина ничего́ не́ было
ви́дно, как бу́дто ничего́ не случи́лось. 20
‹ Как э́то стра́нно, › поду́мал я. Мне
каза́лось, что я бы у́мер на его́ ме́сте.

Тогда́ я на́чал говори́ть, — я ду́мал,
ему́ бу́дет ле́гче; он по́днял го́лову и
засмея́лся.[1] . . . Мне ста́ло хо́лодно от 25
э́того сме́ха. . . . Я пошёл в дом.

[1] засмея́ться (*perf. of* смея́ться), begin to laugh.

179

На другой день рано утром мы отнесли [1] бедную Бэлу в могилу. Положили мы её возле речки, у того места, где она в последний раз сидела. Кругом её мо-
5 гилы теперь белые цветы и молодые деревья. Я хотел поставить крест, но не поставил: всё же она была не христианка. ...»

« А что Печорин? » спросил я.

10 « Печорин долго болел, очень переменился, бедный, похудел, побледнел. Но мы с ним о Бэле никогда с тех пор не говорили. Я видел, что ему будет неприятно, так зачем же?

15 Месяца через три начальство послало его в другое место, и он уехал на юг. С тех пор я его больше не видел. Говорят, он вернулся в Россию, но я не знаю, правда ли это. »

20 Тут капитан стал долго говорить о том, как неприятно ничего не слышать о самых близких друзьях.

Я курил трубку и больше не слушал его.

25 Через час буря прошла, небо прояснилось, и мы могли ехать дальше.

---

[1] отнести (*perf. of* относить), carry.

Но мы ехали вместе только до станции. Там мы попрощались. Мы думали, что никогда больше не встретимся,[1] но мы встретились через несколько дней.

Это целая история и, если хотите, я расскажу вам её в другой раз.

---

[1] встретиться (*perf. of* встречаться), meet.

EXERCISES

I. Select the correct word to complete each of these sentences; check,[1] translate, and pronounce the completed sentence aloud.

1. Позади тележки шёл (её, им, нас) хозяин.
2. Он посмотрел на (меня, мне, моего) и улыбнулся.
3. Казаки (всех, всё, всему) это видели, но не пошли (мне, моего, меня) искать.
4. « Хочешь я украду (моей, моя, мою) сестру? »
5. Он теперь снова скачет на (своему, своих, своём) коне.

II. Select the word in parentheses that most suitably completes the sense of the sentence, pronounce the completed sentence, and give the English equivalent:

1. Между тем наш (чай, кофе, вода) был готов.
2. Нам придётся (пойти, стрелять, остаться) здесь на ночь.
3. Раз приезжает к нам старый князь (убивать, приглашать, искать) нас на свадьбу.

[1] In this and the following exercises, "check" indicates that the vocabulary is to be consulted to insure accuracy.

4. Продай мне Бэлу, а я (уеду, захочу, заплачу) тебе Карагезом.
5. Наши извозчики (гнали, крали, видали) лошадей, но лошади стояли на месте.

III. In the following sentences the verbs in parentheses should be used in their perfective aspect. This is to be done by prefixing one of the prepositions в (вы), за, по, при, раз (рас), с, у. Select the correct preposition, and form the perfective verb in the tense which best fits the meaning of the sentence.

1. Я подошел к нему и (кланяться).
2. Я (платить) горцам, но они не уходили.
3. Иногда он целый день молчит, слова не (слышать) от него.
4. Женщины, как только нас увидели, (бежать).
5. Отдай мне твою лошадь, и я (делать) всё, что ты (хотеть).
6. Мы сели на лошадей и (скакать) домой.
7. « Где мой конь? » (кричать) он.
8. За то что вы (делать), вы будете отвечать.
9. Нам нужно (стараться), чтобы всё хорошо кончилось.
10. Она сказала, что с того дня, как она (видеть) Печорина, она часто видела его во сне.
11. « (Слушать) Бэла, выйдем-ка из дома (дышать) свежим воздухом. »
12. Он знает, что вы помогли Азамату (красть) его лошадь.
13. Печорин долго болел, очень переменился: (худеть), (бледнеть).

183

14. Мы ехали вместе только до станции. **Там** мы (прощаться).
15. Казбич схватил ружьё и (стрелять).
16. « Скажи, неужели ты меня никогда не (любить)? »
17. Мы сели на землю у огня, (курить) трубки, а скоро и чайник наш весело (шуметь).
18. Долго молчал Казбич; наконец, вместо ответа он (петь) старую песню казаков.
19. Я (сказать) Печорину всё, что я слышал за забором.
20. Он бросился на землю и (плакать), как ребёнок.
21. Отец Бэлы (ехать) куда-то на несколько дней.
22. Редко-редко (бегать) холодный ветерок с востока.
23. Она (пить) немного воды и ей стало легче.

IV. In the following sentences the verbs in parentheses should be used in their perfective aspect. Find the correct form and complete the sentence. Check, and pronounce the completed sentence aloud.

1. Вам и шестнадцать лошадей не (помогать).
2. Наш разговор этим (кончаться); мы шли рядом и курили трубки.
3. Капитан им что-то сердито (кричать) и они убежали вниз.
4. « Что (случаться)? » подумал я.
5. Луна бледнела на западе и готова **была** (опускаться) в свои чёрные тучи.

184

6. « Он ушёл вчера, » наконец сказала она и тяжело (вздыхать).
7. Она стала о чём то думать; потом она (улыбаться).

V. Complete the following sentences with the proper noun, derived from the same stem as the verb in parentheses. Supply the correct case and number, check, and pronounce the completed sentence aloud.

1. В голосе Казбича слышалась нежность и (любить).
2. Казбич запел старую (петь) горцев.
3. Такой (жениться) нет у самого султана.
4. Из дома приходил (шуметь) песен.
5. А что было, когда вы сказали Бэле о (умереть) отца?
6. Так и решили это (делать).
7. Бэла хотела умереть в той (верить), в какой умерли её отец и мать.
8. Вдруг мы услышали (выстрелить).
9. Мне хотелось услышать от капитана (рассказать) об его (жить) среди горцев.
10. Печорин любил ходить на (охотиться).
11. Она крепко прижала свои губы к его губам, как будто хотела в этом (поцеловать) отдать ему свою душу.
12. Она лежала, как мёртвая, на земле, а кровь лилась из (ранить).

VI. Idiomatic Expressions. Each of the following sentences contains an idiomatic expression used in this book.   Give the correct English equivalent for the sentence, check, and pronounce aloud.

1. « Нам с вами, кажется, по дороге. »
2. Горцы кричали, шумели и просили на водку.
3. « Нечего их жалеть: глупый народ. »
4. Иногда дождь, холод на дворе, а он целый день на охоте.
5. Он сказал это, конечно, в шутку.
6. Но, к несчастью, из этого окна двора видно не было.
7. В том то и дело, что старого князя дома не было.
8. Его наверно убили: ну что же, туда ему и дорога.
9. Ну и дела, наделал мне Печорин забот.
10. « Я все знаю », сказал я.   « Ну что же », отвечал он, « тем лучше ».
11. « Ты хочешь домой? »   « У меня нет дома », отвечала она.
12. Я, знаете, никогда с женщинами дела не имел.
13. Между тем, тучи спустились и пошёл снег.
14. Жалко мне её стало: её личико было белее снега.
15. Дай Бог никогда этих слов больше не слышать.
16. Она грустила о том, что на том свете не она, а другая женщина встретится с Печориным.
17. Он теперь с ней был не тот: не было той любви и нежности, как в первое время.

Three
Short Stories

By I. S. TURGENEV

Adapted and Edited by
REASON ALVA GOODWIN
and
GEORGE V. BOBRINSKOY
The University of Chicago

BOOK FOUR

ПЕРЕД ОГНЕМ СИДЕЛА МЕЛЬНИЧИХА И
РАЗГОВАРИВАЛА С МОИМ ОХОТНИКОМ

FOREWORD

FOR THE fourth book of the series of Graded Russian Readers we have chosen three short stories from I. S. Turgenev's well-known *A Sportsman's Sketches*. Virtually all the stories found in the *Sportsman's Sketches* deal with the life of the Russian peasants in the period preceding their liberation from serfdom in 1861. There is no doubt that the publication of Turgenev's book, providing as it did a realistic picture of the peasant's grim life, was greatly influential in accelerating the abolition of serfdom.

The vocabulary of the stories selected, aside from words used in the earlier books of this series, offers 167 new basic words, 164 derivatives (the great majority of which are formed through the addition of a particle), 16 special, non-basic story-telling words (which are placed in brackets), and 41 new idiomatic expressions. The rather large number of idioms is due to the considerable amount of dialogue in the stories. For the first time in these stories we have introduced, though sparingly, the adjectival and adverbial participles.

As in the earlier books, we have annotated and explained at the bottom of each page the new words and expressions introduced on the page. The end vocabulary contains all words and expressions used in the book.

THE EDITORS

БИРЮ́К [1]

I. Я Е́ДУ ДОМО́Й С ОХО́ТЫ

Я е́хал с охо́ты, ве́чером, оди́н, на дро́жках.[2] До до́ма бы́ло ещё далеко́; моя́ до́брая ло́шадь жи́во бежа́ла по ти́хой доро́ге; уста́лая соба́ка ни на шаг не удаля́лась от колёс[3] мои́х дро́жек.

Гроза́[4] приближа́лась. Больша́я тёмная ту́ча 5 ме́дленно поднима́лась из-за ле́са; надо мно́ю несли́сь дли́нные, се́рые облака́[5]; дере́вья тре- во́жно шуме́ли. Жара́[6] вдруг прошла́; ста́ло хо́лодно и темно́.

Доро́га передо мно́ю шла ме́жду куста́ми,[7] уже́ 10 совсе́м тёмными; я е́хал вперёд с трудо́м. Дро́ж- ки пры́гали[8] по корня́м[9] ста́рых дере́вьев и глубо́ким следа́м колёс. Ло́шадь моя́ уста́ла и бежа́ла всё ме́дленнее.

Си́льный ве́тер вдруг зашуме́л, пошёл дождь, 15 сверкну́ла[10] мо́лния[11] и гроза́ начала́сь. Я пое́хал ша́гом[12] и ско́ро до́лжен был останови́ться; я ничего́ не ви́дел. Во́зле доро́ги нашёл я широ́кий

---

[1] [бирюк], wolf (*man's nickname*). [2] дрожки, droshky; sulky. [3] колесо, wheel. [4] гроза, thunderstorm. [5] облако, cloud. [6] жара, heat. [7] куст, bush. [8] прыгать (*perf.* прыгнуть), jump, bound. [9] корень, root. [10] сверк- нуть (*perf. of* сверкать), flash, gleam. [11] молния, light- ning, flash of lightning. [12] шагом (*cf.* шаг), at a walk, slowly.

куст, под которым, я думал, можно ожидать конца грозы́.

Вдруг, при све́те мо́лнии, я уви́дел на доро́ге высо́кую фигу́ру. Я стал смотре́ть в ту сто́рону,[1]
5 и ско́ро та же фигу́ра показа́лась уже́ во́зле мойх дро́жек.

— Кто э́то? — спроси́л прия́тный, си́льный го́-
лос.

— А ты кто сам?

10 — Я зде́шний лесни́к.[2]

Я назва́л[3] себя́.

— А,[4] зна́ю! Вы домо́й е́дете?

— Домо́й. Да ви́дишь, кака́я гроза́. . . .

— Да, гроза́, — отвеча́л го́лос.

15 Бе́лая мо́лния освети́ла[5] лесника́ с головы́ до ног; дождь поли́л[6] с ещё бо́льшей[7] си́лой.

— Не ско́ро пройдёт, — продолжа́л лесни́к.

— Что де́лать!

— Я вас в свою́ избу́ поведу́, — сказа́л он 20 про́сто.

— Благодарю́ тебя́.

Он подошёл к голове́ ло́шади и взял её за во́жжи.[8] Мы пое́хали. Я держа́лся за дро́жки, кото́рые кача́лись[9] « как ло́дка в мо́ре », и звал 25 мою́ соба́ку. Бе́дная моя́ ло́шадь с трудо́м двига-

---

[1] в ту сто́рону, to that side, in that direction. [2] лесник (*cf.* лес), forester. [3] назва́ть (*perf. of* называ́ть) (*cf.* звать), call, name; назва́ть себя́, give (mention) one's name. [4] а, ah. [5] освети́ть (*perf. of* освеща́ть), light up, illuminate. [6] поли́ть (*perf. of* лить), pour. [7] бо́ль-ший (*cf.* бо́льше, большо́й), bigger, greater. [8] во́жжа, rein. [9] кача́ться (*cf.* покача́ть [голово́й]), rock, swing.

лась [1] вперёд, а лесни́к шёл перед дро́жками чуть
ви́дный. Мы е́хали дово́льно до́лго; наконе́ц
лесни́к останови́лся.

II. ИЗБА́ БИРЮКА́

— Вот, мы и до́ма, ба́рин, — сказа́л он свои́м
прия́тным го́лосом. Мы въе́хали[2] во двор, не́- 5
сколько соба́к гро́мко зала́яли.[3] Я по́днял го́-
лову и, при све́те мо́лнии, уви́дел ма́ленькую
избу́шку посреди́ большо́го двора́. Из одного́
окна́ свети́л огонёк.[4] Лесни́к подошёл к две́ри
и стал стуча́ть. « Сейча́с, сейча́с! » послы́шался [5] 10
то́нкий го́лос. Я услы́шал, как в избу́шке кто́-то
бежи́т к две́ри; дверь откры́лась [6] и де́вочка [7]
лет двена́дцати, с фонарём [8] в руке́, вы́шла на
двор.

— Дай ба́рину свет, — сказа́л он ей: — а я 15
ва́ши дро́жки во дворе́ поста́влю.

Де́вочка посмотре́ла на меня́ и пошла́ в избу́.
Я пошёл за ней. Мы вошли́ в ни́зкую, пусту́ю
ко́мнату. Ста́рый кафта́н [9] висе́л [10] на стене́. На
ла́вке [11] лежа́ло ружьё, в углу́ лежа́ла гря́зная 20
оде́жда; два больши́х мешка́ [12] стоя́ли во́зле пе́чи.

---

[1] двигаться, move.   [2] въехать (*perf. of* въезжать), go
(drive, ride) in, enter.   [3] залаять (*perf. of* лаять) (*cf.*
лай), begin to bark.   [4] огонёк (*cf.* огонь), light.   [5] послы́-
шаться (*perf. of* слышаться) (*cf.* слышать), be heard.
[6] открыться (*perf. of* открываться) (*cf.* открыть), open, be
opened.   [7] девочка (*cf.* девушка), little girl, girl.   [8] [фо-
нарь], lantern.   [9] [кафтан], kaftan (*peasant's coat*).   [10] висеть, hang.   [11] лавка, bench.   [12] мешок, bag, sack.

На столе́ печа́льно горе́ла лучи́на.[1] На са́мой середи́не[2] избы́ висе́ла лю́лька.[3] Де́вочка погаси́ла[4] фона́рь, се́ла на ма́ленькую скаме́йку и начала́ пра́вой руко́й кача́ть лю́льку, ле́вой по-
5 правля́ть[5] лучи́ну. Я посмотре́л круго́м; печа́льно ста́ло моему́ се́рдцу, — не ве́село войти́ но́чью в избу́ мужика́.[6] Ребёнок в лю́льке дыша́л тяжело́ и ско́ро.

— Ты ра́зве одна́ здесь? — спроси́л я де́вочку.
10 — Одна́, — сказа́ла она́ чуть слы́шно.
— Ты дочь лесника́?
— Лесника́, — шепну́ла[7] она́.
Дверь откры́лась и вошёл лесни́к. Он по́днял фона́рь с по́ла, подошёл к столу́ и зажёг[8] его́.
15 — Вы, наве́рно, не привы́кли к лучи́не? — заме́тил он.

Я посмотре́л на него́. Ре́дко мне случа́лось[9] ви́деть тако́го молодца́. Он был высо́кого ро́ста,[10] с широ́кими плеча́ми. Из-под[11] мо́крой руба́шки[12]
20 видны́ бы́ли си́льные ру́ки. Чёрная борода́[13] покрыва́ла[14] до полови́ны[15] его́ лицо́, из-под широ́ких брове́й[16] смотре́ли небольши́е све́тлые глаза́. Он подошёл и останови́лся пе́редо мно́ю.
Я поблагодари́л его́ и спроси́л его́ и́мя.

[1] [лучина], (pine) splinter. [2] середина, middle. [3] [лю́ль-ка], cradle. [4] погасить (*perf. of* гасить), put out (a light). [5] поправлять, mend, adjust. [6] мужик, peasant. [7] шепнуть (*perf. of* шептать), whisper. [8] зажечь (*perf. of* зажигать), light. [9] случаться (*perf.* случиться), happen. [10] рост, stature, growth. [11] из-под (*cf.* из; под), from under. [12] рубашка, shirt. [13] борода, beard. [14] покрывать (*perf.* покрыть), cover. [15] половина, half. [16] бровь, eyebrow.

— Меня́ зову́т Фомо́й,[1] — отвеча́л он: — а обыкнове́нно, Бирю́к. (Бирюко́м называ́ется[2] у нас челове́к одино́кий[3] и угрю́мый.[4])

— А, ты Бирю́к?

Я с больши́м любопы́тством[5] посмотре́л на него́. От моего́ Ермола́я[6] и от други́х я ча́сто слы́шал расска́зы о леснике́ Бирюке́, кото́рого все мужики́ боя́лись, как огня́. По их слова́м, не быва́ло ещё на све́те тако́го ма́стера[7] своего́ де́ла: ни одного́ де́рева никому́ не даёт укра́сть; в каку́ю бы ни́ бы́ло[8] по́ру, хоть по́здно но́чью, всё равно́ найдёт тебя́, и ты не ду́май боро́ться, — си́лен, говоря́т, и ло́вок, как чорт .... И ниче́м его́ взять[9] нельзя́: ни вино́м, ни деньга́ми; ничего́ с ним не сде́лаешь! Уж не раз[10] до́брые лю́ди стара́лись уби́ть его́, — да нет, всё ещё жив.

Вот как говори́ли други́е мужики́ о Бирюке́.

— Так ты Бирю́к, — повтори́л[11] я: — я, брат, слы́шал о тебе́. Говоря́т, ты никому́ ворова́ть[12] не даёшь.

— Де́ло своё де́лаю, — отвеча́л он угрю́мо: — хлеб ба́рина да́ром[13] есть не прихо́дится.

Он взял топо́р,[14] сел на́ пол и на́чал де́лать лучи́ну.

---

[1] Фома, Thomas. [2] называться (*cf.* назвать), be called. [3] одинокий, solitary. [4] угрюмый, morose, sullen. [5] любопытство, curiosity. [6] Ермолай, Yermolay (*man's name*). [7] мастер, master. [8] какой бы ни был, whatever, no matter what, any. [9] взять, (take) get at, bribe. [10] не раз, more than once, many times. [11] повторить (*perf. of* повторять) (*cf.* второй), repeat. [12] воровать, steal. [13] даром, for nothing, gratis. [14] топор, axe.

— А у тебя хозяйки нет? — спросил я его.

— Нет, — отвечал он и сильно махнул[1] топором.

— Значит,[2] умерла?

5 — Нет . . . . да . . . . умерла, — прибавил[3] он и замолчал.

— С проезжим купцом[4] убежала, — сказал он с жестокой улыбкой.[5] Девочка опустила глаза; ребёнок проснулся[6] и закричал; девочка по-
10 дошла к люльке. — Дай ему, — сказал Бирюк, положив ей в руку грязный рожок.[7] — Вот, и его бросила, — продолжал он тихо, указывая[8] на ребёнка. Он подошёл к двери, остановился и повернулся.[9]

15 — Вы, наверно, барин, — начал он: — нашего хлеба есть не будете, а у меня кроме[10] хлеба . . . .

— Я не голоден.

— Ну, как знаете. Самовар бы я вам поставил, да чаю у меня нет. Пойду, посмотрю, как ваша
20 лошадь.

Он вышел и хлопнул[11] дверью. Я в другой раз посмотрел кругом. Изба показалась мне ещё печальнее, чем раньше. От горького дыма[12] трудно было дышать. Девочка не двигалась с

[1] махнуть (*perf. of* махать), wave, swing. [2] значит (*cf.* значить), so then, that is. [3] прибавить (*perf. of* прибавлять), add [4] купец (*cf.* купить), merchant. [5] улыбка (*cf.* улыбнуться), smile. [6] проснуться (*perf. of* просыпаться) (*cf.* уснуть), wake up. [7] [рожок], nursing bottle. [8] указывать (*cf.* показывать), indicate, point (at, out). [9] повернуться (*perf. of* поворачиваться), turn (around). [10] кроме, besides, except. [11] хлопнуть (*perf. of* хлопать), bang, slam. [12] дым, smoke.

196

ме́ста и не поднима́ла глаз; и́зредка[1] толка́ла она́ лю́льку, поправля́ла на плече́ спуска́вшуюся руба́шку; её но́ги висе́ли, не шевели́сь.[2]

— Как тебя́ зову́т? — спроси́л я.

— Ули́той,[3] — отве́тила она́, еще бо́лее опу- 5
сти́в своё печа́льное лицо́.

Лесни́к вошёл и сел на ла́вку.

— Гроза́ прохо́дит, — заме́тил он, по́сле не-
большо́го молча́ния: — е́сли прика́жете, я вас
из ле́са провожу́.[4]   10

III. В ЛЕСУ́ ВОРУ́ЮТ

Я встал. Бирю́к взял ружьё и осмотре́л[5] его́.

— Э́то заче́м? — спроси́л я.

— А в лесу́ вору́ют . . . . У овра́га[6] де́рево
ру́бят,[7] — приба́вил он.

— А ра́зве отсю́да слы́шно?   15

— Со двора́ слы́шно.

Мы вы́шли. Дождь переста́л.[8] Вдали́ ещё
несли́сь тяжёлые ту́чи, и́зредка сверка́ли[9] дли́н-
ные мо́лнии; но над на́шими голова́ми уже́ ви́дно
бы́ло си́нее не́бо, звёзды пока́зывались[10] сквозь[11] 20
высо́кие, бы́стро лете́вшие облака́. Дере́вья, мо́к-
рые от дождя́, начина́ли пока́зываться из тем-

---

[1] изредка (cf. редко), rarely, from time to time.   [2] шевелиться, move, stir.   [3] Улита, Ulita (girl's name).
[4] проводить (perf. of провожать), accompany.   [5] осмотреть (perf. of осматривать), examine, inspect.   [6] овраг,
ravine.   [7] рубить, cut down, chop.   [8] перестать (perf. of
переставать) (cf. стать), stop, cease.   [9] сверкать (perf.
сверкнуть), flash, gleam.   [10] показываться (perf. показаться), appear.   [11] сквозь, through.

ноты. Мы ста́ли слу́шать. Лесни́к снял ша́пку
и нагну́л[1] го́лову. — Вот . . . . вот, — сказа́л
он вдруг и махну́л руко́й: — вот в каку́ю ночь
вору́ет. — Я ничего́ не слы́шал, кро́ме шу́ма
5 ли́стьев.[2]

Бирю́к вы́вел ло́шадь со двора́.

— Мне на́до итти́, — сказа́л Бирю́к, — а то[3]
он уйдёт.

— А я с тобо́й пойду́ . . . . хо́чешь?

10 — Хорошо́, — отвеча́л он, — мы его́ сейча́с
пойма́ем,[4] а пото́м я вас провожу́. Пойдёмте.

Мы пошли́: Бирю́к впереди́,[5] я за ним. Бог
его́ зна́ет,[6] как он узнава́л[7] доро́гу, но он остана́вливался то́лько и́зредка, и то для того́,
15 чтобы[8] слу́шать стук[9] топора́. — « Вот, — говори́л он: — слы́шите? слы́шите? » — « Да где? »
— Бирю́к пожима́л плеча́ми.[10] Мы спусти́лись[11]
в овра́г, ве́тер зати́х[12] на мину́ту — я́сно тепе́рь
услы́шал я стук топора́. Бирю́к посмотре́л на
20 меня́ и покача́л голово́й. Мы пошли́ да́льше по
мо́крой траве́.[13] Вдруг послы́шался глухо́й[14] шум.

— Де́рево сруби́л[15] . . . . — сказа́л Бирю́к.

---

[1] нагну́ть (*perf. of* нагиба́ть), bend, incline. [2] лист, leaf.
[3] а то, or else, otherwise. [4] пойма́ть (*perf. of* лови́ть),
catch. [5] впереди́ (*cf.* вперёд), in front, ahead. [6] Бог
его́ зна́ет, God knows. [7] узнава́ть (*perf.* узна́ть), find
out, recognize. [8] для того́, чтобы, in order to. [9] стук
(*cf.* стуча́ть), knocking, thumping, noise. [10] пожима́ть
плеча́ми (*cf.* пожа́ть), shrug one's shoulders. [11] спусти́ться (*perf. of* спуска́ться), descend. [12] зати́хнуть
(*perf. of* затиха́ть) (*cf.* ти́хий), quiet down. [13] трава́,
grass. [14] глухо́й, dull, indistinct; deaf. [15] сруби́ть
(*perf. of* руби́ть), cut down, fell.

Между тем, небо становилось всё яснее, и в лесу было немного светлее. Мы поднялись, наконец, из оврага. — «Подождите здесь », — шепнул мне лесник, нагнулся и, подняв ружьё выше,[1] ушёл между кустами.

Я стал слушать с большим любопытством. Сквозь шум ветра я слышал, не очень далеко, разные звуки[2]: топор стучал, лошадь фыркала[3] .... « Куда? Стой! »[4] — послышался вдруг громкий голос Бирюка. — Другой голос закричал тревожно, печально .... началась борьба.[5] « Нет, не-ет! — повторял,[6] дыша с трудом, Бирюк: — не уйдёшь .... » Я бросился вперёд и прибежал,[7] спотыкаясь[8] на каждом шагу, на место борьбы.

У срубленного дерева, на земле, боролся лесник; он держал под собою вора[9] и вязал[10] ему руки на́ спину. Я подошёл. Бирюк поднялся и поставил вора на́ ноги. Я увидел мужика мокрого, плохо одетого, с длинной, редкой[11] бородой. Лошадь мужика стояла тут же с телегой возле срубленного дерева. Лесник не говорил ни слова; мужик тоже молчал и только качал головой.

5

10

15

20

---

[1] выше (*cf.* высокий), higher. [2] звук, sound. [3] [фыркать], snort. [4] стой! (*impv. of* стоять), stop! [5] борьба (*cf.* бороться), struggle. [6] повторять (*perf.* повторить), repeat. [7] прибежать (*perf. of* прибегать), come running, run up. [8] спотыкаться, stumble. [9] вор (*cf.* воровать), thief. [10] вязать, tie. [11] редкий (*cf.* редко), thin, sparse.

IV. ОТПУСТИ[1] ЕГО

— Отпусти его, — шепнул я на ухо[2] Бирюку:
— я заплачу́ за де́рево.   Бирю́к мо́лча[3] взял
ло́шадь за во́жжи ле́вой руко́й; пра́вой он держа́л
во́ра.   — « Ну, бы́стро, бы́стро, вор! » — сказа́л
5 он угрю́мо.   — « Топо́р-то, там, возьми́те », —
сказа́л мужи́к.   — « Возьмём! » — сказа́л лесни́к
и по́днял топо́р.   Мы пошли́.   Я шёл позади́ . . . .
Дождь на́чал опя́ть стуча́ть по ли́стьям и ско́ро
поли́л о́чень си́льно.   С трудо́м дошли́ мы до
10 избы́.   Бирю́к бро́сил по́йманную ло́шадь посреди́
двора́, повёл мужика́ в ко́мнату и посади́л его́ в
у́гол.   Де́вочка, кото́рая засну́ла[4]-было[5] во́зле
пе́чи, вскочи́ла и ста́ла мо́лча смотре́ть на нас.
Я сел на ла́вку.
15 — Ах, ба́рин, како́й опя́ть дождь поли́л, —
заме́тил лесни́к: — придётся подожда́ть конца́.
Не хоти́те ли лечь[6] на мину́ту?
— Спаси́бо.
— Я бы его́ на дворе́ оста́вил, — продолжа́л он,
20 ука́зывая на мужика́: — да, бою́сь, убежи́т . . . .
— Оста́вь его́ тут, — бы́стро отве́тил я Бирюку́.
Мужи́к посмотре́л на меня́ с любопы́тством.   Он
сиде́л на ла́вке, не шевеля́сь.   При све́те фонаря́
я мог осмотре́ть его́ печа́льное лицо́, жёлтые[7]
25 бро́ви, ма́ленькие глаза́ . . . .   Де́вочка легла́ на

[1] отпусти́ть (*perf. of* отпуска́ть), let go.   [2] ухо, ear.
[3] мо́лча (*cf.* молча́ть), silently.   [4] засну́ть (*perf. of* засы-
па́ть), fall asleep.   [5] -было (*cf.* быть), had just, was on
the point of.   [6] лечь (*perf. of* ложи́ться), lie down.
[7] жёлтый, yellow.

полу́, у са́мых его́ ног, и опя́ть засну́ла.   Бирю́к
сиде́л во́зле стола́, опусти́в го́лову на́ руки.
Дождь стуча́л по кры́ше и по о́кнам; мы все
молча́ли.

— Фома́ Кузьми́ч,[1] — сказа́л вдруг мужи́к глу-   5
хи́м го́лосом: — а Фома́ Кузьми́ч!

— Чего́ тебе́?[2]

— Отпусти́.

Бирю́к не отвеча́л.

— Отпусти́ . . . . э́то я де́лал с го́лоду[3] 10
отпусти́ . . . .

— Зна́ю я вас, — угрю́мо отве́тил лесни́к: —
ва́ша вся дере́вня така́я — вор на во́ре.

— Отпусти́, — повторя́л мужи́к: — мы бе́дные
. . . . нам есть не́чего . . . . отпусти́!   15

— Бе́дные . . . . а ворова́ть никому́ не прихо́-
дится.

— Отпусти́, Фома́ Кузьми́ч . . . . у меня́ де́ти
ма́ленькие . . . . голо́дные . . . .

Бирю́к отверну́лся.[4]   Мужика́ трясло́,[5] как 20
больно́го.   Он дыша́л тяжело́, с трудо́м.

— Отпусти́, — повтори́л он уны́ло[6]: — отпусти́,
Фома́ Кузьми́ч, отпусти́! Я заплачу́, вот-как,[7]
заплачу́. С го́лоду . . . . де́ти пла́чут, сам зна́-
ешь   25

— А ты, всё же, ворова́ть не ходи́.

— Ло́шадь, — продолжа́л мужи́к: — ло́шадь-

---

[1] Кузьмич, Kuzmich (*patronymic from* Кузьма).   [2] чего
тебе? what do you want?   [3] голод (*cf.* голодный), hunger.
[4] отвернуться (*perf. of* отворачиваться) (*cf.* повернуться), turn away.   [5] трясти, shake.   [6] уныло, dejectedly,
sadly, gloomily.   [7] вот-как, really, that is so.

то, хоть её-то . . . . она́ у нас то́лько одна́[1] . . . .
отпусти́!

— Говорю́, нельзя́. Я то́же челове́к не сво-
бо́дный: у меня́ своё де́ло. Вам ворова́ть не даю́.

5 — Отпусти́! Го́лод, Фома́ Кузьми́ч, го́лод . . . .
де́ти крича́т . . . . отпусти́!

— Зна́ю я вас!

— Да отпусти́!

— Ах, да что с тобо́й говори́ть; сиди́, не кричи́!
10 Ба́рина не ви́дишь?

Бе́дный мужи́к опусти́л го́лову . . . . Бирю́к от-
верну́лся и положи́л го́лову на стол. Дождь всё
не переставал.[2] Я ждал, что бу́дет.

Мужи́к вдруг рассерди́лся[3]. . . . Глаза́ у него́
15 горе́ли, лицо́ покрасне́ло.[4] « Ну, бей,[5] бей », —
на́чал он, почти́ закры́в глаза́ и опусти́в углы́
губ: — бей, уби́йца[6] прокля́тый, пей на́шу кровь,
пей . . . . »

Лесни́к поверну́лся.

20 — Тебе́ говорю́, уби́йца, тебе́!

— Пьян[7] ты, что руга́ться[8] стал! — сказа́л с
удивле́нием[9] лесни́к. — С ума́ сошёл?[10]

— Пьян! . . . не на твои́ ли де́ньги, уби́йца
прокля́тый, зверь,[11] зверь, зверь!

---

[1] она у нас только одна, it is the only one we have.
[2] переставать (*perf.* перестать), stop, cease. [3] рассердиться (*perf. of* сердиться), become angry. [4] покраснеть (*perf. of* краснеть) (*cf.* красный), grow red. [5] бить,
beat, strike. [6] убийца (*cf.* убить), murderer. [7] пьяный,
drunk. [8] ругаться, curse, scold. [9] удивление, surprise,
astonishment. [10] сойти (*perf. of* сходить), go down, go off,
leave; сойти с ума, go mad. [11] зверь, wild animal, beast.

— Ах, ты . . . . да я тебя . . . .

— А мне что? Один конец — пропадать[1]; куда я без лошади пойду? Убей — один конец: или с голоду, или так — всё равно. Пропадай всё: жена, дети — умирай всё . . . . А мы тебя, 5 подожди . . . .

Бирюк поднялся.

— Бей, бей, — продолжал мужик унылым голосом: — бей, бей . . . . (Девочка тут вскочила с пола и смотрела на него.) Бей, бей! 10

— Молчать! — громко закричал лесник и сделал два шага вперёд.

— Довольно, довольно, Фома, — закричал я: — оставь его . . . . Бог с ним.

— Не буду я молчать, — продолжал несчаст- 15 ный: — Всё равно — умирать-то. Убийца ты, зверь, конца тебе нет . . . . Да подожди, недолго[2] тебе нас бить!

Бирюк схватил его за плечо . . . . Я бросился на помощь[3] мужику. 20

— Не троньте,[4] барин! — крикнул на меня лесник.

Я бы не побоялся[5] его слов и уже протянул-было руку, но, к большому моему удивлению, он быстро развязал[6] мужику руки, открыл дверь и 25 вытолкнул его на двор.

— Иди к чёрту с своей лошадью! — закричал

[1] пропадать, be lost, perish.   [2] недолго, not long.
[3] помощь (cf. помогать), help, assistance.   [4] тронуть (perf. of трогать), touch.   [5] побояться (perf. of бояться), be afraid.   [6] развязать (perf. of развязывать) (cf. вязать), untie.

он ему вслед: — да смотри, в другой раз я тебя . . . .

Он вернулся в избу и стал осматривать ружьё.

— Ну, Бирюк, — заметил я наконец: — уди-
5 вил[1] ты меня: ты, я вижу, добрый малый.[2]

— Ах, барин, — сказал он с досадой[3]: — лучше не говорить об этом. Да уж я лучше вас провожу, — прибавил он: — видно дождь ещё долго итти будет.

10 На дворе застучали[4] колёса телеги нашего мужика.

— Вот, уехал! — пробормотал Бирюк: — да я его . . . .

— Через полчаса[5] он попрощался со мной на
15 краю леса.

СТУЧИТ

I. ПОШЛИТЕ МЕНЯ В ТУЛУ![6]

— Что я вам должен сказать, — начал Ермолай, входя ко мне в избу, — а я только-что пообедал и лёг на кровать, чтоб отдохнуть[7] немного после дня охоты — дело было в середине лета и
20 была страшная[8] жара . . . . — что я вам должен сказать: у нас больше нет дроби.[9]

---

[1] удивить (*perf. of* удивлять) (*cf.* удивление), surprise, astonish. [2] малый, fellow (little). [3] досада, vexation, annoyance. [4] застучать (*perf. of* стучать), (begin to) knock, pound. [5] полчаса, half an hour. [6] Тула, Tula (*a town*). [7] отдохнуть (*perf. of* отдыхать), rest. [8] страшный, terrible, dreadful. [9] [дробь], (small) shot.

204

Я вскочи́л с крова́ти.

— Дро́би нет? Как же так? Ведь мы с тобо́й из дере́вни, по́мнишь, фу́нтов[1] три́дцать взя́ли! це́лый мешо́к!

— Э́то так: и мешо́к был большо́й: на́ две не- 5 де́ли дово́льно. Да я уж не зна́ю! Мо́жет-быть, кто́-то укра́л; а то́лько как хоти́те, нет дро́би . . . . так, не бо́льше чем на день оста́лось!

— Что же мы ста́нем[2] тепе́рь де́лать? Са́мые лу́чшие места́ впереди́ — на за́втра нам обеща́ли 10 са́мую лу́чшую охо́ту!

— А пошли́те меня́ в Ту́лу. Тут недалеко́: то́лько со́рок[3] пять вёрст.[4] Ско́ро съе́зжу[5] и дро́би доста́ну,[6] е́сли прика́жете, це́лый мешо́к.

— Вот что мне говори́л мой слуга́[7] и охо́тник[8] 15 Ермола́й.

— Да когда́ же ты пое́дешь?

— А вот хоть сейча́с. Чего́ же ждать? То́лько вот что: лошаде́й на́до бу́дет наня́ть.[9]

— Как лошаде́й наня́ть? А свой-то на что? 20

— На свои́х е́хать[10] нельзя́. — Коренни́к[11] хро- ма́ет[12] . . . . стра́шно!

— Э́то с каки́х пор?[13]

— А вот, неда́вно.[14] Тепе́рь да́же на́ ногу сту-

[1] фунт, pound. [2] стать, will, shall. [3] со́рок, forty.
[4] верста́, verst (⅔ of a mile). [5] съе́здить (perf. of е́здить),
go (ride, drive) (there and back). [6] доста́ть (perf.
of доставать), get. [7] слуга́ (cf. служа́нка), servant.
[8] охо́тник (cf. охо́та), hunter. [9] наня́ть (perf. of нани-
ма́ть), hire, rent. [10] е́хать на свои́х, drive one's own
(horses). [11] [коренни́к] (cf. ко́рень), shaft horse. [12] хро-
ма́ть, limp, be lame. [13] с каки́х пор? since when?
[14] неда́вно (cf. давно́), not long ago, recently.

пить [1] не мо́жет. Пере́дняя [2] нога́. Так и несёт её .... как соба́ка.

Я позва́л ку́чера. Оказа́лось, [3] что Ермола́й сказа́л пра́вду: коренни́к действи́тельно [4] стра́ш-
5 но хрома́л.

— Что́-же? лошаде́й наня́ть в Ту́лу прика́жете? — спроси́л Ермола́й.

— Да ра́зве мо́жно в э́той дере́вне найти́ лоша-де́й? — спроси́л я с доса́дой.

10 Дере́вня, в кото́рой мы находи́лись, [5] была́ одино́кая и небольша́я: все мужики́ в ней каза́-лись бе́дными; мы с трудо́м нашли́ одну́ — не то что [6] чи́стую, — а дово́льно большу́ю избу́.

— Мо́жно, — отве́тил Ермола́й с удово́ль-
15 ствием. [7] — Про [8] зде́шнюю дере́вню вы сказа́ли пра́вду; а то́лько в э́том са́мом ме́сте жил оди́н мужи́к .... у́мный! бога́тый! Де́вять лошаде́й име́л. Са́м-то он у́мер, и ста́рший сын тепе́рь всему́ хозя́йству [9] голова́. Челове́к он о́чень глу́-
20 пый, но стара́ется бере́чь [10] то, что от отца́ полу-чи́л. [11] — Мы у него́ лошаде́й доста́нем. — Прика́жете, я его́ приведу́. — Бра́тья у него́, говоря́т, у́мные .... а всё же, он им голова́.

— Почему́ же э́то так?

---

[1] ступить (*perf. of* ступать), step. [2] пере́дний (*cf.* перед), front. [3] оказа́ться (*perf. of* оказываться), turn out, appear. [4] действительно, really, actually, indeed. [5] находи́ться (*cf.* находи́ть), be, be located. [6] не то что, not exactly. [7] удово́льствие (*cf.* доволен), satisfaction, pleasure. [8] про, about, of. [9] хозя́йство (*cf.* хозяин), household; farm. [10] бере́чь, take care of, look after. [11] получить (*perf. of* получать), receive.

— А потому́ — ста́рший! Зна́чит, мла́дшие должны́ его́ во всём слу́шаться![1] — Тут Ермола́й стал си́льно руга́ться, говоря́ о мла́дших бра́тьях вообще́.[2] — Я его́ приведу́. Он просто́й ма́лый. С ним легко́ торгова́ться.[3]   5

Пока́[4] Ермола́й ходи́л за « просты́м ма́лым », мне пришло́ в го́лову: не лу́чше ли мне самому́ съе́здить в Ту́лу? Мне уже́ ра́ньше не раз приходи́лось посыла́ть Ермола́я в го́род, одного́, и всегда́ выходи́ло пло́хо; я посла́л его́ одна́жды в 10 го́род купи́ть мне ра́зных веще́й; он обеща́л всё сде́лать в оди́н день — и пропада́л це́лую неде́лю, — истра́тил[5] все мои́ де́ньги на во́дку и вино́ — да и верну́лся пешко́м, а пое́хал в го́род на мои́х дро́жках. И я то́же поду́мал, у меня́ был в Ту́ле 15 купе́ц знако́мый[6]; я мог купи́ть у него́ ло́шадь на ме́сто хромо́го[7] коренника́.

« Не́чего и ду́мать! »[8] — реши́л я. « Съе́зжу сам в Ту́лу; а спать мо́жно и в доро́ге — хорошо́, что теле́жка у меня́ хоро́шая и в ней да́же спать мо́ж- 20 но.»

II. Я ТОРГУ́ЮСЬ С « ПРОСТЫ́М МА́ЛЫМ ».

— Привёл! — гро́мко сказа́л че́рез че́тверть[9] часа́ Ермола́й, возвраща́ясь в избу́. Вслед за ним

---

[1] слу́шаться (*cf.* слу́шать), obey.   [2] вообще́, generally, in general.   [3] торгова́ться, trade, bargain.   [4] пока́, while, meanwhile.   [5] истра́тить (*perf. of* тра́тить), spend.   [6] знако́мый, acquainted, acquaintance.   [7] хромо́й (*cf.* хрома́ть), lame.   [8] не́чего и ду́мать! there is no need to hesitate! that settles it!   [9] че́тверть, quarter.

вошёл высо́кий мужи́к в бе́лой руба́шке, с бе́лыми
бровя́ми, сла́быми[1] глаза́ми, ре́дкой бородо́й,
дли́нным, то́лстым[2] но́сом[3] и откры́тым ртом.[4]
Он, действи́тельно, каза́лся, по слова́м Ермола́я,
5 « просты́м ».

— Вот, — сказа́л Ермола́й, — ло́шади у него́
есть[5] — и он согла́сен.

— То́-есть[6] зна́чит, я . . . . сказа́л мужи́к,
встря́хивая свои́ ре́дкие во́лосы и держа́ ша́пку в
10 рука́х. — А, зна́чит . . . .

— Как тебя́ зову́т? — спроси́л я.

Мужи́к опусти́л глаза́ и, каза́лось, заду́-
мался.

— Как меня́ зову́т-то?

15 — Да; как твоё и́мя?

— А и́мя моё — Филофе́й.[7]

— Ну, вот что, брат Филофе́й; у тебя́, я слы́-
шал, есть ло́шади. Приведи́-ка[8] свою́ тро́йку, —
мы их запряжём[9] в мою́ теле́жку, — она́ у меня́
20 лёгкая, и мы с тобо́й съе́здим в Ту́лу. Тепе́рь
но́чью луна́, светло́ и е́хать прия́тно. Доро́га у
вас тут кака́я?

— Доро́га? Доро́га — ничего́.[10] До большо́й
доро́ги[11] вёрст два́дцать бу́дет всего́.[12] Одно́ есть
25 ме́сто . . . . плохо́е; а то ничего́.

— Како́е тако́е ме́сто плохо́е?

---

[1] сла́бый, weak. [2] то́лстый, thick, fat. [3] нос, nose.
[4] рот, mouth. [5] есть, there is, there are; у него́ есть,
he has. [6] то-есть, that is. [7] Филофе́й, Filofey (*man's
name*). [8] -ка, adds emphasis to an imperative; just. [9] за-
пря́чь (*perf. of* запряга́ть), harness. [10] ничего́, not bad, all
right. [11] больша́я доро́га, highway. [12] всего́, in all, only.

208

— А ре́ку переезжа́ть на́до.

— Да ра́зве вы са́ми в Ту́лу пое́дете? — спроси́л Ермола́й.

— Да, сам.

— Ну! — сказа́л мой ве́рный [1] слуга́ и тряхну́л [2] головой. Н-н-у — повтори́л он, и вы́шел из ко́мнаты. 5

Пое́здка в Ту́лу, каза́лось, уже́ не име́ла для него́ ничего́ интере́сного; она́ ста́ла совсе́м нева́жным [3] де́лом. 10

— Ты доро́гу хорошо́ зна́ешь? — спроси́л я Филофе́я.

— Как нам доро́ги не знать! — то́лько я, зна́чит, то́-есть не могу́ . . . . как же так вдруг . . . .

Я то́лько тут по́нял,[4] что Ермола́й, нанима́я [5] 15 Филофе́я, сказа́л ему́, что ему́, дураку́,[6] запла́тят . . . . и то́лько![7] Филофе́й, хотя́ и дура́к — по слова́м Ермола́я — не дово́лен был одни́ми э́тими слова́ми. Он попроси́л снача́ла пятьдеся́т [8] рубле́й, — цену́ высо́кую; я предложи́л [9] ему́ де́сять 20 рубле́й, — цену́ ни́зкую. На́чали мы торгова́ться; Филофе́й снача́ла повторя́л « пятьдеся́т рубле́й » — пото́м стал проси́ть ме́ньше. Вошѐдший на мину́ту Ермола́й на́чал мне говори́ть ещё раз, что « э́тот дура́к » (вот понра́вилось 25 сло́во — заме́тил ти́хо Филофе́й) — « э́тот дура́к

---

[1] ве́рный, faithful; truthful. [2] тряхну́ть (*perf. of* трясти́), shake. [3] нева́жный, unimportant. [4] поня́ть (*perf. of* понима́ть), understand. [5] нанима́ть (*perf.* наня́ть), hire, engage. [6] дура́к, fool. [7] и то́лько! and that was all! [8] пятьдеся́т (*cf.* пять; де́сять), fifty. [9] предложи́ть (*perf. of* предлага́ть), offer.

совсе́м счёта деньга́м не зна́ет » — и стал расска́зы-
вать о друго́м знако́мом мужике́, кото́рый дей-
стви́тельно не знал счёта деньга́м.

— Эх,[1] ты, Филофе́й, уж пра́вда, что Филофе́й!
5 сказа́л, наконе́ц, Ермола́й — и уходя́, си́льно
хло́пнул две́рью.

Филофе́й ничего́ ему́ не отве́тил, как бы согла-
ша́ясь,[2] что называ́ться Филофе́ем, действи́-
тельно, не совсе́м ло́вко, и что за тако́е и́мя да́же
10 руга́ть[3] мо́жно челове́ка, хотя́ винова́ты[4] тут
свяще́нник[5] да роди́тели.

Наконе́ц мы одна́ко[6] согласи́лись с ним на
двадцати́ рубля́х. — Он пошёл за лошадьми́ и
че́рез час привёл их пять на вы́бор.[7] С Фило-
15 фе́ем пришло́ дво́е[8] его́ бра́тьев, ниско́лько на
него́ не похо́жих.[9] Ма́ленького ро́ста, с чёрными
глаза́ми и то́нкими, прямы́ми носа́ми, они́, дей-
стви́тельно, каза́лись « ребя́тами[10] у́мными », по
слова́м Ермола́я. Они́ говори́ли мно́го и ско́ро, но
20 ста́ршего слу́шались. Они́ ста́ли запряга́ть[11] ло-
шаде́й в мою́ теле́жку, кото́рая стоя́ла на дворе́.
Оббим бра́тьям хоте́лось, чтобы коренни́ком был
« се́рый », но Филофе́й реши́л « кудла́стый »![12]
— Так кудла́стого и запрягли́ коренни́ком.

---

[1] эх! oh! hey!   [2] соглаша́ться (*perf.* согласи́ться), agree.
[3] руга́ть (*cf.* руга́ться), scold, abuse.   [4] винова́т, guilty, at
fault;   (я) винова́т, it is (my) fault.   [5] свяще́нник,
priest.   [6] одна́ко, however, nevertheless.   [7] вы́бор, choice,
selection.   [8] дво́е (*cf.* два), two.   [9] похо́жий, like,
similar, resembling.   [10] ребя́та (*pl. of* ребёнок), lads.
[11] запряга́ть (*perf.* запря́чь), harness.   [12] [кудла́стый],
shaggy.

В телѐжку положи́ли се́на,[1] чтобы ле́гче бы́ло сиде́ть; положи́ли то́же хому́т[2] с моего́ хромо́го коренника́, — э́то на слу́чай,[3] е́сли бы я успе́л купи́ть в Ту́ле но́вую ло́шадь. . . . Филофе́й, успе́вший побежа́ть домо́й и верну́ться в дли́нном, 5 бе́лом кафта́не, высо́кой ша́пке и но́вых сапога́х,[4] сел впереди́. — Я сел, посмотре́в на часы́[5]: — бы́ло че́тверть оди́ннадцатого.[6] — Ермола́й да́же не попроща́лся со мно́ю, он на́чал бить свою́ соба́ку; Филофе́й взял во́жжи, закрича́л то́нким- 10 то́нким го́лосом: « Эх, вы, ма́ленькие! » — и телѐжка тро́нулась,[7] вы́ехала[8] на у́лицу — кудла́-стый хоте́л-бы́ло[9] поверну́ть[10] к себе́ на двор, но Филофе́й дал ему́ не́сколько уда́ров[11] кнута́,[12] — и вот, мы уже́ вы́ехали из дере́вни и пое́хали по 15 дово́льно хоро́шей доро́ге, ме́жду густы́ми, высо́-кими куста́ми.

Ночь была́ ти́хая, прекра́сная, са́мая лу́чшая для пое́здки. Ве́тер то зашуми́т в куста́х, зака-ча́ет[13] ли́стья, то совсе́м зати́хнет; но на не́бе 20 ко́е-где[14] висе́ли лёгкие, све́тлые облака́; луна́ стоя́ла высоко́ и освеща́ла доро́гу и поля́. — Я лёг на се́не и уже́ засну́л-бы́ло . . . . да вспо́м-

---

[1] сено, hay.   [2] [хомут], horse collar.   [3] случай (*cf.* случиться), case, occasion.   [4] сапог, boot.   [5] часы (*cf.* час), watch.   [6] одиннадцатый (*cf.* одиннадцать), eleventh.   [7] тронуться (*perf. of* трогаться) (*cf.* тронуть), start, move.   [8] выехать (*perf. of* выезжать), go (ride, drive) out.   [9] хотел-было, wanted to, was about to.   [10] повернуть (*perf. of* поворачивать) (*cf.* повернуться), turn.   [11] удар (*cf.* ударить), blow, stroke.   [12] кнут, whip.   [13] закачать (*perf. of* качать), (begin to) rock, swing, shake.   [14] кое-где, here and there.

нил о « плохо́м ме́сте » — и спроси́л моего́ ку́-
чера :

— А что, Филофе́й? До реки́ далеко́?

— До реки́-то? Вёрст во́семь бу́дет.

5 « Во́семь вёрст, » поду́мал я. — « Ра́ньше ча́са
не дое́дем.[1] Спать пока́ мо́жно. » — Ты, Фило-
фе́й, доро́гу хорошо́ зна́ешь? — спроси́л я опя́ть.

— Да как её не зна́ть-то, доро́гу-то? Не в
пе́рвый раз е́дем.

10 Он еще что́-то приба́вил, но я уже́ не слу́шал
его́ . . . . Я спал.

III. МЫ ПЕРЕЕЗЖА́ЕМ РЕ́КУ

Разбуди́ло[2] меня́ не со́бственное[3] наме́рение[4]
просну́ться че́рез час, как э́то ча́сто случа́ется,
— а како́й-то стра́нный, хоть и сла́бый, шум под
15 са́мым мои́м у́хом. Я по́днял го́лову . . . .

Что тако́е?[5] Лежу́ я в теле́жке, как ра́ньше, а
вокру́г теле́жки — и совсе́м бли́зко от её кра́я,
— дрожи́т вода́, освещённая луно́й. Я посмотре́л
вперёд : там, опусти́в го́лову, нагну́в спи́ну, сиди́т
20 Филофе́й, — а ещё да́льше — над дрожа́щей во-
до́ю, — го́ловы и спи́ны лошаде́й. — И всё так
неподви́жно,[6] нигде́ ни зву́ка, — как бу́дто в
ска́зке[7] и́ли во сне . . . . Что случи́лось? Я

---

[1] дое́хать (*perf. of* доезжа́ть), reach, arrive.   [2] разбу-
ди́ть (*perf. of* буди́ть), wake up.   [3] со́бственный, own.
[4] наме́рение, intention.   [5] что тако́е? what is the matter?
[6] неподви́жный (*cf.* дви́гаться), motionless.   [7] ска́зка (*cf.*
сказа́ть), tale, fairy tale.

посмотре́л наза́д . . . . Да мы на са́мой середи́не реки́ . . . . бе́рег от нас шаго́в на три́дцать.

— Филофе́й! — кри́кнул я.

— А что? — отве́тил он.

— Как что? Да где же э́то мы?   5

— В реке́.

— Я ви́жу, что в реке́.   — Да мы э́так[1] сейча́с потóнем.[2]   — Та́к-то ты ре́ку переезжа́ешь? А?

— Да ты спишь, Филофе́й! Отвеча́й же!

— Немнóго оши́бся,[3] — сказа́л Филофе́й: — в 10 стóрону, зна́чит, взял по оши́бке, а тепéрь подожда́ть на́до.

— Как: ждать на́до?   — Чегó же мы бу́дем ждать?

— А вот, пуска́й[4] кудла́стый посмóтрит кру- 15 гóм: куда́ пойдёт, — туда́, зна́чит, и е́хать на́до.

Я подня́лся на се́не.   — Головá коренника́ не шевели́лась над водóй.   — Тóлько и мóжно бы́ло ви́деть при я́сном свéте луны́, как однó егó у́хо чуть дви́галось то взад, то вперёд.   20

— Да он тóже спит, твой кудла́стый!

— Нет, — отвеча́л Филофе́й: — он тепéрь вóду ню́хает.[5]

И всё опя́ть зати́хло, тóлько как ра́ньше сла́бо шумéла водá.   — Я тóже сидéл неподви́жно.   25

Луна́, да ночь, да река́, да мы в ней . . . .

А кудла́стый всё ню́хал вóду.   Вдруг головá

---

[1] э́так (cf. э́тот; так), this way.   [2] потону́ть (perf. of тону́ть), drown, be drowned.   [3] ошиби́ться (perf. of ошиба́ться) (cf. оши́бка), make a mistake, be mistaken.   [4] пуска́й, let.   [5] ню́хать, smell, sniff.

коренника́ шевельну́лась,[1] он переста́л дви́гать уша́ми, зафы́ркал[2] и ступи́л вперёд.

— Ну-ну-ну-нуу! — вдруг закрича́л во всё го́рло Филофе́й, и подня́лся, и замаха́л[3] кнуто́м.
5 Теле́жка то́тчас же[4] тро́нулась с ме́ста, она́ дви́нулась[5] вперёд, и пошла́, трясясь[6] и кача́ясь, че́рез ре́ку . . . . Снача́ла мне показа́лось, что мы действи́тельно пото́нем, идём в глубо́кую во́ду, одна́ко, по́сле двух-трёх мину́т, вода́ как бу́дто
10 вдруг пони́зилась[7] . . . . Она́ понижа́лась[8] всё бо́льше и бо́льше, теле́жка поднима́лась из неё, — вот уже́ показа́лись колёса и хвосты́[9] лошаде́й — и вот теле́жка подняла́сь на ни́зкий бе́рег и ло́шади пошли́ вперёд по доро́ге.

15 — Что — пришло́ мне в го́лову — ска́жет тепе́рь Филофе́й: а ведь я был прав! — и́ли что́-нибудь в э́том ро́де.[10] Но он ничего́ не сказа́л. Поэ́тому и я не счита́л[11] за ну́жное упрекну́ть[12] его́ в оши́бке и, лёгши спать на се́не, опя́ть поста-
20 ра́лся засну́ть.

---

[1] шевельну́ться (*perf. of* шевели́ться), move, stir.
[2] [зафы́ркать] (*perf. of* фы́ркать), begin to snort. [3] зама́хать (*perf. of* маха́ть), (begin to) wave, flourish. [4] то́тчас же, immediately, at once. [5] дви́нуться (*perf. of* дви́гаться), move. [6] трясти́сь (*cf.* трясти́), shake.
[6] пони́зиться (*perf. of* понижа́ться) (*cf.* ни́зкий), fall, go down (be lowered). [8] понижа́ться (*perf.* пони́зиться), fall, go down (be lowered). [9] хвост, tail. [10] род, kind; в э́том ро́де, like that; (*cf.* вро́де). [11] счита́ть, consider, (count). [12] упрекну́ть (*perf. of* упрека́ть), reproach.

IV. СТУЧИТ!... СТУЧИТ!

Но я не мог заснуть, не потому, что не устал от
охоты — и не из-за [1] тревоги, которую мы только-что испытали, [2] — а уж очень красивыми местами нам приходилось ехать. То были большие,
богатые, покрытые травой луга, [3] со многими 5
небольшими озёрами, [4] ручьями, [5] заросшими [6]
кустами, — прямо [7] русские, русским народом любимые места. Жёлтой лентой вилась [8] ровная [9]
дорога, лошади бежали легко — и я не мог закрыть глаза, — прекрасно! И всё это так спо- 10
койно [10] и красиво плыло мимо, под светлой
луной. Филофей тоже осматривал всё это.

— Эти у нас луга Святогеоргиевскими [11] назы-
ваются, — заметил он. — А за ними — так Ве-
ликокняжеские [12] пойдут: других таких лугов по 15
всей России нет .... Уж так красиво! — Коренник фыркнул [13] и встряхнулся [14]. ... — Господь [15] с тобой! ... — сказал Филофей медленно
и спокойно. — Уж так красиво! — повторил он.
и вздохнул. — Вот, скоро начнут косить [16] се- 20
но, и сколько тут этого самого сена возьмут — и

---

[1] из-за, on account of; from behind.   [2] испытать (*perf.*
of испытывать), feel, experience.   [3] луг, meadow.   [4] озеро,
lake.   [5] ручей, brook.   [6] заросший, overgrown.   [7] прямо,
really, genuinely; straight.   [8] виться, wind.   [9] ровный, even, level, flat; ровно, exactly.   [10] спокойно,
quietly, calmly.   [11] [Святогеоргиевский], St. George's.
[12] [Великокняжеский], the Grand Duke's.   [13] [фыр-
кнуть] (*perf. of* фыркать), snort.   [14] встряхнуться (*perf.
of* встряхиваться) (*cf.* встряхивать), shake oneself.   [15] Господь, the Lord.   [16] косить, cut, mow.

сказа́ть нельзя́! — А в ручья́х и озёрах ры́бы [1] то́же мно́го, — приба́вил он. — Одно́ сло́во: умира́ть не на́до.

Так мы е́хали, е́хали . . . . Но вот, уж и коне́ц 5 подошёл луга́м, показа́лись леса́ и поля́; дере́вня в стороне́ сверка́ла двумя́-тремя́ огонька́ми, — до большо́й доро́ги остава́лось всего́ вёрст пять. — Я засну́л.

Сно́ва я не сам собо́й просну́лся. На э́тот раз 10 меня́ разбуди́л го́лос Филофе́я.

— Ба́рин . . . . а, ба́рин!

Я подня́лся на се́не. — Теле́жка стоя́ла на ро́вном ме́сте, по са́мой середи́не большо́й доро́ги; поверну́вшись ко мне лицо́м, широко́ откры́в 15 глаза́ — (я да́же удиви́лся, [2] я не знал, что они́ у него́ таки́е больши́е) — Филофе́й шепта́л [3]:

— Стучи́т! . . . Стучи́т!

— Что ты говори́шь?

— Я говорю́: стучи́т! — Нагни́тесь-ка и по- 20 слу́шайте. Слы́шите?

Я вы́сунул [4] го́лову из теле́жки, послу́шал: — и действи́тельно, услы́шал где́-то [5] далеко́ — далеко́ за на́ми — сла́бый, неро́вный [6] стук, как бы [7] от колёс.

25 — Слы́шите? — повтори́л Филофе́й.

— Ну, да, — отве́тил я. — Е́дет кака́я-то те- ле́га.

---

[1] рыба, fish. [2] удивиться (*perf. of* удивляться) (*cf.* удивить), be surprised. [3] шептать (*perf.* шепнуть), whisper. [4] высунуть (*perf. of* высовывать), put out, thrust out. [5] где-то, somewhere. [6] неровный, uneven. [7] как бы, as if.

216

— А не слы́шите .... послу́шайте! Вот ....
бубенцы́ [1] .... и свист [2] то́же .... Слы́шите?
Да ша́пку-то сними́те .... слышне́й бу́дет.

Я ша́пки не снял, но ещё бо́льше нагну́лся.

— Ну да .... мо́жет быть. — Да что-ж из 5
э́того?

Филофе́й поверну́лся лицо́м к лошадя́м.

— Теле́га е́дет .... пуста́я, — сказа́л он и
по́днял во́жжи. — Э́то, ба́рин, недо́брые лю́ди
е́дут; здесь ведь, под Ту́лой .... мно́го плохи́х 10
люде́й.

— Како́й вздор! [3] Почему́ ты ду́маешь, что э́то
недо́брые лю́ди?

— Ве́рно говорю́. — С бубенца́ми .... да в
пусто́й теле́ге .... Кому́ быть? 15

— А что — до Ту́лы ещё далеко́?

— Да вёрст ещё пятна́дцать бу́дет, и домо́в тут
никаки́х нет.

— Ну, так поезжа́й скоре́е, не́чего здесь ждать-
то. 20

Филофе́й махну́л кнуто́м, и теле́жка опя́ть бы́-
стро пое́хала.

V. ФИЛОФЕ́Й ГО́НИТ ЛОШАДЕ́Й

Хотя́ я не дал ве́ры Филофе́ю, одна́ко засну́ть
уже́ не мог. — А что, е́сли в са́мом де́ле? [4]
— Неприя́тные мы́сли шевельну́лись во мне. 25
— Я сел в теле́жке — до тех пор я лежа́л — и

[1] [бубенец], bell. [2] свист, whistle, whistling. [3] вздор,
nonsense. [4] в самом деле, indeed, in fact, really.

стал гляде́ть [1] по сторона́м. Пока́ я спал, то́нкий тума́н покры́л — не зе́млю, а не́бо; он стоя́л высоко́, луна́ в нём пови́сла [2] бе́лым кру́гом, как бы в ды́ме; но над са́мой землёю бы́ло видне́е.

5 — Круго́м — дово́льно уны́лые места́: поля́, всё поля́, ко́е-где́ кусты́, овра́ги — и опя́ть поля́, и бо́льше всего́ пусты́е поля́, то́лько с ре́дкой тра-во́й. Пу́сто . . . мёртво!

Е́хали мы с полчаса́. — Филофе́й ча́сто маха́л [3] 10 кнуто́м и де́лал зву́ки губа́ми, но ни он, ни я, мы не говори́ли ни сло́ва. — Вот, подняли́сь мы на высо́кое ме́сто в доро́ге . . . . Филофе́й останови́л тро́йку — и то́тчас же сказа́л:

— Стучи́т . . . . Стучи́-ит, ба́рин!

15 — Я опя́ть вы́сунул го́лову из теле́жки; но я мог бы оста́ться на ме́сте, так тепе́рь я́сно, хотя́ ещё и́здали, услы́шал я стук колёс, свист люде́й, звук бубенцо́в и да́же шум копы́т [4]; мне да́же каза́лось, что слы́шу пе́нье [5] и смех. Ве́тер, пра́в-20 да, дул отту́да, но бы́ло соверше́нно я́сно, что прое́зжие в теле́ге на це́лую версту́, — а мо́жет быть, и на́ две — ста́ли к нам бли́же.

Мы с Филофе́ем посмотре́ли друг на дру́га, он то́тчас же нагну́лся над вожжа́ми и на́чал гнать 25 лошаде́й. Они́ поскака́ли, но до́лго скака́ть не могли́ и опя́ть побежа́ли ры́сью. [6] — Филофе́й продолжа́л гнать их. На́до-ж бы́ло уходи́ть!

Я не мог поня́ть, почему́ в э́тот раз я, хотя́

[1] гляде́ть, look.   [2] пови́снуть (*perf. of* висе́ть), hang.
[3] маха́ть, wave, brandish.   [4] копы́то, hoof.   [5] пе́нье (*cf.* петь), singing.   [6] ры́сью, at a trot.

снача́ла ничего́ не боя́лся, вдруг пове́рил,[1] что
э́то е́хали, в са́мом де́ле, недо́брые лю́ди . . . .
Ничего́ но́вого не услы́шал я: те же бубенцы́, тот
же стук пусто́й теле́ги, тот же свист люде́й, тот
же шум лошаде́й . . . . Но я тепе́рь уже́ знал.   5
— Филофе́й не мог ошиби́ться!

И вот, опя́ть прошло́ мину́т два́дцать . . . . За
после́дние из э́тих двадцати́ мину́т сквозь стук
и шум со́бственного экипа́жа[2] нам уже́ слы́шался[3]
друго́й стук и друго́й шум. . . .   10

— Останови́сь, Филофе́й, — сказа́л я: — всё
равно́ — оди́н коне́ц!

Филофе́й натяну́л[4] во́жжи. Ло́шади то́тчас
останови́лись, как бу́дто они́ бы́ли ра́ды слу́чаю
отдохну́ть!   15

Ба́тюшки![5] бубенцы́ про́сто греми́т[6] за са́мой
на́шей спино́ю, теле́га гро́мко шуми́т, лю́ди сви-
стя́т,[7] крича́т и пою́т, ло́шади фы́ркают и бьют
копы́тами зе́млю . . . .

Догна́ли![8]   20

VI. РАЗБО́ЙНИКИ ЛИ Э́ТО?

— Беда́, — ме́дленно, ти́хо, сказа́л Филофе́й.
— В э́тот са́мый миг[9] больша́я теле́га, запряжён-

---

[1] пове́рить (*perf. of* ве́рить), believe.   [2] экипа́ж, carriage, vehicle.   [3] слы́шаться (*perf.* послы́шаться) (*cf.*
слы́шать), be heard.   [4] натяну́ть (*perf. of* натя́гивать),
pull, stretch, tighten.   [5] ба́тюшки! Saints alive!   [6] гре-
ме́ть (*cf.* гром), thunder.   [7] свисте́ть (*cf.* свист), whistle.
[8] догна́ть (*perf. of* догоня́ть) (*cf.* гнать), catch, overtake.
[9] миг, instant.

ная тройкой худы́х [1] коне́й, бы́стро прое́хала ми́мо нас, поскака́ла вперёд и то́тчас пошла́ ша́гом.

— Вот, так всегда́ разбо́йники де́лают, — шепну́л Филофе́й.

5 Пра́вду сказа́ть, у меня́ на се́рдце ста́ло хо́лодно . . . . На́чал я гляде́ть сквозь тума́н. В теле́ге, пе́ред на́ми, не то [2] сиде́ло, не то [2] лежа́ло челове́к шесть в руба́шках, в откры́тых кафта́нах, у двои́х на голова́х не́ было ша́пок; больши́е 10 но́ги в сапога́х висе́ли с теле́ги, ру́ки поднима́лись, па́дали . . . . тела́ [3] трясли́сь . . . . я́сное де́ло: пья́ный наро́д. Одни́ крича́ли во всё го́рло; оди́н свисте́л о́чень гро́мко и чи́сто, друго́й руга́лся; на краю́ теле́ги сиде́л како́й-то велика́н [4] 15 в дли́нном кафта́не и пра́вил. [5] — Е́хали они́ ша́гом, как бу́дто нас не ви́дели.

Что бы́ло де́лать? Мы пое́хали за ни́ми то́же ша́гом . . . .

Так дви́гались мы с че́тверть версты́. — Мы 20 не зна́ли, чего́ ожида́ть . . . . Спаса́ться, [6] боро́ться . . . . да как же боро́ться? Их ше́стеро [7]; а у меня́ никако́го ору́жия! Поверну́ть наза́д? но они́ то́тчас дого́нят. Вспо́мнился [8] мне стих [9] Жуко́вского [10] (там, где он говори́т об уби́йстве [11] 25 фельдма́ршала [12] Ка́менского [13]):

---

[1] худой (*cf.* худеть; хуже), thin; bad, poor.   [2] не то . . . не то, either . . . or.   [3] тело, body.   [4] великан, giant.   [5] править (*cf.* правый), guide, direct, drive.   [6] спасаться (*cf.* спасти), save oneself.   [7] шестеро (*cf.* шесть), six.   [8] вспомниться (*perf. of* помниться and вспоминаться), come to mind.   [9] стих, verse.   [10] Жуковский, Zhukovsky (*19th-century poet*).   [11] убийство (*cf.* убить), murder.   [12] фельдмаршал, field marshal.   [13] Каменский, Kamensky.

«Топо́р разбо́йника презре́нный [1]. . . .»

А не то [2] — го́рло сда́вят [3] гря́зной верёвкой [4]
. . . . да в ре́ку . . . .

Эх, пло́хо!

А они́, как и ра́ньше, е́дут ша́гом и на нас да́же   5
не смо́трят.

— Филофе́й! — шепну́л я: — постара́йся, возьми́
праве́е, поезжа́й бу́дто ми́мо.

Филофе́й постара́лся, — взял напра́во . . . . но
те то́тчас то́же взя́ли напра́во . . . . нельзя́ бы́ло   10
прое́хать.

Филофе́й постара́лся ещё: взял нале́во . . . . Но
и тут ему́ не да́ли прое́хать ми́мо. — Да́же за-
смея́лись. [5] Зна́чит, не хотя́т, чтобы мы прое́хали.

— Э́то уж разбо́йники, — шепну́л мне Филофе́й   15
че́рез плечо́.

— Да чего́ же они́ ждут? — спроси́л я, то́же шепча́.

— А вот там, впереди́, — над ручьём, мост [6]. . . .
Они́ нас там! Они́ всегда́ э́так . . . . во́зле мо-
сто́в. На́ше де́ло, ба́рин, пло́хо! — приба́вил он,   20
и вздохну́л: — вря́д ли [7] живы́х отпу́стят; по-
тому́, они́ всегда́: концы́ в во́ду. [8] — Об одно́м
я жале́ю, ба́рин: пропа́ла [9] моя́ бе́дная тро́йка,
— и бра́тьям она́ не доста́нется. [10]

---

[1] презренный, contemptible, despicable.   [2] не то, or
else, otherwise.   [3] сдавить (*perf. of* сдавливать), squeeze,
compress.   [4] верёвка, rope, string.   [5] засмеяться (*perf.
of* смеяться), (begin to) laugh, burst out laughing.   [6] мост,
bridge.   [7] вряд ли, hardly, it is doubtful that.   [8] концы
в воду, (dispose of) the remains in the water, *i.e.* remove
all traces.   [9] пропасть (*perf. of* пропадать), be lost, perish;
disappear.   [10] достаться (*perf. of* доставаться) (*cf.* достать), fall to, go to, come to.

Удиви́лся бы я тут тому́, как э́то Филофе́й в
таку́ю мину́ту мо́жет ду́мать ещё о свои́х лошадя́х,
— да, пра́вду сказа́ть, мне самому́ бы́ло не до
него́[1]. . . . Неуже́ли же убью́т? повторя́л я са-
5 мому́ себе́. — За что? Ведь я им всё отда́м, что
у меня́ есть.

А мост всё приближа́лся, всё станови́лся вид-
не́й да видне́й.

Вдруг раздали́сь[2] гро́мкие кри́ки, тро́йка пе́ред
10 на́ми как бу́дто полете́ла, понесла́сь[3] и, дое́хав
до мо́ста, то́тчас останови́лась, немно́го в стороне́
от доро́ги. — Се́рдце во мне так и[4] упа́ло.

— Ах, брат, Филофе́й, — сказа́л я: — е́дем мы
с тобо́ю на смерть. — Прости́ меня́, е́сли я тебя́
15 погуби́л.[5]

— Ты в э́том не винова́т, ба́рин! От свое́й
судьбы́[6] не уйдёшь! Ну, кудла́стый, — сказа́л
Филофе́й коренику́: — ступа́й, брат, вперёд!
— Всё равно́ . . . . Го́споди поми́луй![7]
20 И тро́йка пое́хала ры́сью.

Ста́ли мы приближа́ться к мо́сту, — к той не-
подви́жной, стра́шной теле́ге . . . . На ней всё
зати́хло. Ни зву́ка! Так затиха́ет[8] вся́кий[9]
хи́щный[10] зверь, когда́ приближа́ется добы́ча.[11]

---

[1] мне было не до него, I could not think of him; I was pre-
occupied with something else.   [2] раздаться (*perf. of* раздава́-
ться), resound, be heard.   [3] понестись (*perf. of* нестись),
rush along, tear along.   [4] так и (*introducing a figurative expression*), simply, fairly, just.   [5] погубить (*perf. of* губить),
ruin, destroy.   [6] судьба, fate.   [7] помиловать (*perf. of*
миловать), have mercy, pardon.   [8] затихать, quiet down,
become quiet.   [9] всякий, every, any.   [10] хищный, predatory; хищный зверь, beast of prey.   [11] добыча, booty, prey.

— Вот, подъéхали мы к телéге .... вдруг великáн в кафтáне прыгнул с неё нá землю — и прямо к нам!

Ничегó-то он не сказáл Филофéю, но тот сам тóтчас натянýл вóжжи .... Телéжка остановилась. 5

Великáн положил óбе руки на телéжку и, нагнýвшись вперёд и глýпо улыбáясь,[1] сказáл тихим, рóвным гóлосом:

— Господин проéзжий, éдем мы с чéстного весéлья,[2] со свáдьбы; нáшего молодцá, знáчит, женили[3]; совсéм уложили[4]; ребята у нас все молодыe, гóловы живыe, — выпито бы́ло мнóго, — а ещё пить хóчется; — то не бýдет ли вáша такáя милость,[5] не подáрите нам дéнег хоть немнóго? 15

— Выпили бы мы за вáше здорóвье[6]; — а не бýдет вáшей к нам милости — ну, прóсим не рассердиться!

« Что э́то такóе? » — подýмал я. — « Шýтка? Угрóза?[7] » 20

Великáн продолжáл стоять, опустив гóлову. В сáмый э́тот миг лунá показáлась из тумáна и осветила емý лицó. Онó улыбáлось, э́то лицó — и глазáми, и губáми. А угрóзы на нём не видáть .... тóлько как бýдто чегó-то ожидáло .... и 25 зýбы[8] такие бéлые, да большиe.

— Я с удовóльствием .... возьмите .... бы-

[1] улыбаться (*perf.* улыбнуться), smile. [2] веселье (*cf.* весёлый), merriment, merrymaking, good time. [3] женить (*cf.* жениться), marry. [4] уложить (*perf. of* укладывать), put to bed. [5] милость (*cf.* милый), favor, mercy, kindness. [6] здоровье, health. [7] угроза, threat. [8] зуб, tooth.

стро сказа́л я — и, доста́в де́ньги из карма́на,[1] взял два сере́бряных рубля́. — Вот, е́сли э́того дово́льно.

— Вас благодари́м! — кри́кнул велика́н — и

5 то́лстые его́ па́льцы[2] в оди́н миг схвати́ли у меня́ — не все де́ньги — а то́лько те два рубля́. — Вас благодари́м! Он встряхну́л[3] волоса́ми, подбежа́л[4] к теле́ге.

— Ребя́та! — кри́кнул он: — два рубля́ дари́т[5]

10 нам господи́н прое́зжий! Те все вдруг как засмея́лись . . . . Велика́н опя́ть сел на краю́ теле́ги.

— Сча́стливо остава́ться!

И то́лько мы их и ви́дели! Ло́шади побежа́ли, теле́га застуча́ла по доро́ге, — вот, ещё раз по-

15 каза́лась она́ на тёмной черте́[6] ме́жду землёй и не́бом, — и пропа́ла.

Вот, уж и сту́ка, и кри́ка, и бубенцо́в не слы́шно . . . .

Ста́ла тишина́[7] мёртвая.

VII. «О́ЧЕНЬ ВЕСЁЛЫЙ ЧЕЛОВЕ́К . . . .»

20 Мы с Филофе́ем не вдруг пришли́ в себя́.

— Ах, ты, шутни́к[8] тако́й! — сказа́л он наконе́ц, и, сняв ша́пку, на́чал крести́ться.[9] — Пра́во,

---

[1] карман, pocket.   [2] палец, finger.   [3] встряхнуть (*perf. of* встряхивать) (*cf.* встряхнуться), shake, shake up.   [4] подбежать (*perf. of* подбегать), run up.   [5] дарить (*perf.* подарить), give.   [6] черта, line.   [7] тишина (*cf.* тихий), quiet.   [8] шутник (*cf.* шутить), joker, wag.   [9] креститься, cross oneself.

шутни́к, приба́вил он и поверну́лся ко мне, улы-
ба́ясь. — А хоро́ший до́лжен быть челове́к,
пра́во! — Ну-ну-ну, ма́ленькие! ступа́йте —
Це́лы[1] бу́дете! Все це́лы бу́дем! Ведь э́то он
прое́хать не дава́л; он лошадьми́-то пра́вил. Ах, 5
како́й шутни́к. Ну-ну-ну! — с Бо́гом!

Я молча́л, но и у меня́ хорошо́ ста́ло на душе́.

«Це́лы бу́дем!» повтори́л я про себя́ и лёг на
се́не. «Хорошо́ вы́шло!»

Мне да́же не совсе́м прия́тно ста́ло, зачем э́то я 10
стих Жуко́вского вспо́мнил.

Вдруг пришла́ мне в го́лову мысль:

— Филофе́й?

— Чего́?

— Ты жена́т?[2]   15

— Жена́т.

— И де́ти есть?

— Есть и де́ти.

— Как же ты о них не вспо́мнил? О лошадя́х
пожале́л, — а о жене́, о де́тях?   20

— Да чего́ их жале́ть-то? Ведь вора́м в ру́ки
они́ бы не доста́лись. — А в уме́ я их всё вре́мя
держа́л, и тепе́рь держу́ . . . . вот-как. — Фи-
лофе́й помолча́л.[3] — Мо́жет быть . . . . из-за
них Госпо́дь Бог нас с тобо́й поми́ловал.   25

— Да е́сли то не́ были разбо́йники?

— А как нам знать? — Ду́шу друго́го ра́зве
поймёшь? — Душа́ друго́го — са́ми зна́ете —

---

[1] целый, safe, sound; whole. [2] жена́тый (*cf.* жениться),
married. [3] помолчать (*perf. of* молчать), be silent (a
while).

темнота́. А с Бо́гом-то всегда́ лу́чше. — Не-ет
. . . . я свою́ семью́ всегда́ . . . . Ну-ну-ну, ма́-
ленькие, с Бо́гом!

Ра́но у́тром мы ста́ли подъезжа́ть к Ту́ле. Я
5 лежа́л на се́не . . . . и то́лько-что просну́лся.

— Ба́рин, — сказа́л мне вдруг Филофе́й: —
посмотри́те-ка: вон они́ стоя́т у кабака́[1] . . . . их
теле́га-то.

Я по́днял го́лову . . . . пра́вда, они́: и теле́га
10 их, и ло́шади. На поро́ге кабака́ вдруг показа́лся
знако́мый велика́н в дли́нном кафта́не.

— Господи́н! — кри́кнул он, маха́я ша́пкой: —
ва́ши де́ньги пропива́ем![2] — А что, ку́чер, —
приба́вил он, качну́в[3] голово́й на Филофе́я —
15 ка́жется, побоя́лся э́тот, — а?

— О́чень весёлый челове́к, — заме́тил Фило-
фе́й, когда́ мы уже́ прое́хали ми́мо кабака́.

Прие́хали мы, наконе́ц, в Ту́лу; купи́л я дро́би,
а то́же ча́ю да вина́ — и да́же ло́шадь у купца́
20 знако́мого взял. — По́здно у́тром мы пое́хали
наза́д. Проезжа́я тем ме́стом, где в пе́рвый раз
мы услы́шали за собо́ю стук теле́ги, Филофе́й, ко-
то́рый, вы́пив в Ту́ле немно́го вина́, оказа́лся
о́чень разгово́рчивым[4] челове́ком, — он мне да́же
25 ска́зки расска́зывал, — проезжа́я тем ме́стом,
Филофе́й вдруг засмея́лся.

— А по́мнишь, ба́рин, как я тебе́ всё говори́л:
стучи́т . . . . стучи́т, говорю́, стучи́т!

---

[1] [каба́к], tavern.   [2] пропива́ть (cf. пить), drink up,
spend on drink.   [3] качну́ть (perf. of кача́ть), shake.
[4] разгово́рчивый (cf. разгово́р), talkative.

Он не́сколько раз махну́л руко́й . . . . О́чень уж
ему́ э́то сло́во понра́вилось.

В тот же ве́чер мы верну́лись в его́ дере́вню.

Я рассказа́л бы́вший с на́ми слу́чай Ермола́ю.
Бу́дучи тре́звым,[1] он никако́го отве́та не предло- 5
жи́л, и то́лько качну́л голово́ю. Но дня че́рез
два он с удово́льствием рассказа́л мне, что в ту
са́мую ночь, когда́ мы с Филофе́ем е́здили в Ту́лу,
— и на той же са́мой доро́ге, — како́го-то купца́
разбо́йники уби́ли. Я снача́ла не пове́рил ему́; 10
но пото́м пришло́сь пове́рить: то же са́мое мне
рассказа́л прое́зжий офице́р. — Уж не с э́той ли
« сва́дьбы » возвраща́лись на́ши ребя́та и не э́того
ли « молодца́ » они́, по слова́м шутника́-велика́на,
« уложи́ли »? Я в дере́вне Филофе́я остава́лся 15
ещё дней пять. — Быва́ло,[2] как то́лько встре́чу
его́, ка́ждый раз говорю́ ему́: — А? стучи́т?

— Весёлый челове́к, — отве́тит он мне ка́ждый
раз и сам засмеётся.

---

[1] тре́звый, sober.   [2] быва́ло (*cf.* быва́ть), *with present,
usually perfective, denotes repeated acts, e.g.* быва́ло, как
то́лько встре́чу его, as soon as I would meet him.

ЕРМОЛА́Й И МЕ́ЛЬНИЧИХА [1]

I. ПУСТИ́ [2] НАС ПЕРЕНОЧЕВА́ТЬ [3]

Одна́жды, по́здно ве́чером, я возвраща́лся домо́й с охо́ты с мои́м слуго́й и охо́тником Ермола́ем. До дере́вни, где ждал нас мой ку́чер с лошадьми́, бы́ло ещё далеко́ и мы реши́ли переночева́ть в
5 ближа́йшей [4] ме́льнице. [5]

Бы́ло уже́ темно́, когда́ мы подошли́ к воро́там. [6] Мы ста́ли стуча́ть и на дворе́ зала́яли соба́ки. «Кто тут?» разда́лся со́нный [7] го́лос. — «Охо́тники: пусти́ нас переночева́ть.» От-
10 ве́та не́ было. — «Мы запла́тим!» — «Пойду́ скажу́ хозя́ину . . . . Эх вы, прокля́тые!» закрича́л тот же го́лос на соба́к. Мы слы́шали, как рабо́тник [8] вошёл в избу́; он ско́ро верну́лся к воро́там. — «Нет,» говори́т: «хозя́ин не хо́чет
15 пуска́ть [9].» — «Отчего́ не хо́чет?» — «Да бои́тся, вы охо́тники, ещё ме́льницу зажжёте, ведь у вас ру́жья.» — «Да что за вздор!» — «У нас и

---

[1] мельничиха, miller's wife.   [2] пустить (*perf. of* пускать) (*cf.* пускай), let; let (someone) come in.   [3] переночевать (*perf. of* ночевать) (*cf.* ночь), spend (pass) the night.   [4] ближайший (*cf.* близко, ближе), nearest, closest.   [5] мельница (*cf.* мельничиха), mill.   [6] ворота, gate.   [7] сонный (*cf.* сон), sleepy.   [8] работник (*cf.* работа), worker.   [9] пускать (*perf.* пустить) (*cf.* пускай), let; let (someone) come in.

228

так в прошлом [1] году мельница сгорела [2]: проéзжие купцы переночевáли, да, вѝдно, кáк-нибудь [3] и зажглѝ. » — « Да как же, брат, не ночевáть [4] же нам на дворé! » — « Как знáете . . . . »
Он ушёл, стучá сапогáми.   5

Ермолáй стал грóмко ругáться. « Пойдёмте в
деревню, » сказáл он наконéц со вздóхом. [5] Но
до дерéвни бѝло версты̀ две . . . . « Переночýем
здесь, » сказáл я: « на дворé ночь тёплая, мéльник [6] за дéньги даст нам сéна! » Ермолáй   10
согласѝлся. Мы опя̀ть стáли стучáть. « Да что
вам нýжно? » раздáлся снóва гóлос рабóтника:
« уж сказáл вам, нельзя̀! » Мы объяснѝли [7] емý,
чего мы хотéли. Он пошёл посовéтоваться [8] с
хозя̀ином и вмéсте с ним вернýлся. Ворóта от- 15
ворѝлись. [9] К нам вы̀шел мéльник, человéк высóкого рóста и óчень тóлстый. Мы сказáли емý,
чего мы хотéли, и он тóтчас же согласѝлся. В
ста шагáх от мéльницы находѝлся мáленький, со
всех сторóн откры̀тый, навéс. [10] Нам принеслѝ 20
тудá сéна; рабóтник на травé вóзле рекѝ постáвил самовáр. Мéльник побежáл за женóй, предложѝл мне сам, наконéц, переночевáть в избé;
но я отказáлся, так как мне хотéлось остáться на

---

[1] прошлый, past, last; в прошлом году, last year.
[2] сгореть (*perf. of* гореть), burn (down).   [3] как-нибудь,
somehow, anyhow.   [4] ночевать (*perf.* переночевать),
spend (pass) the night.   [5] вздох (*cf.* вздохнуть), sigh.
[6] мельник (*cf.* мельница), miller.   [7] объяснить (*perf. of*
объяснять) (*cf.* ясный), explain.   [8] посоветоваться (*perf.
of* советоваться), consult.   [9] отвориться (*perf. of* отворяться), open.   [10] [навес], shed.

открытом воздухе. Мельничиха принесла нам
молока,[1] картофель,[2] хлеба. Скоро самовар был
готов, и мы стали пить чай. Мы зажгли небольшой огонь на земле и Ермолай стал варить
5 картофель. Между тем я лежал на сене и, кажется, даже заснул.

II. МЕЛЬНИЧИХА

Вдруг меня разбудил лёгкий звук голосов. Я
поднял голову. Перед огнём сидела мельничиха и разговаривала с моим охотником. Я уже
10 раньше, по её платью и разговору, узнал в ней
дворовую[3] женщину а не деревенскую[4] бабу; но
только теперь я хорошо рассмотрел[5] её лицо.
Ей было, кажется, лет тридцать; на её бледном
и худом лице оставались ещё следы красоты[6];
15 особенно[7] мне понравились глаза, большие и
грустные.

Мельничиха вздохнула и спросила:

— С кем вы это?

— С барином.

20 Оба опять помолчали.

— Отчего же твой муж нас в избу не пустил? —
спросил Ермолай.

— Да он боится.

---

[1] молоко, milk. [2] картофель, potato(es). [3] [дворовый]
(*cf.* двор), house servant. [4] деревенский (*cf.* деревня),
adj., village, country. [5] рассмотреть (*perf. of* рассматри-
вать) (*cf.* смотреть), examine, look at. [6] красота (*cf.*
красивый), beauty. [7] особенно, especially, particularly.

— Эх! — да чего же боя́ться? . . . Ну, ми́лая, принеси́ мне хоть стака́н во́дки!

Ме́льничиха вста́ла и исче́зла[1] в темноте́. Ермола́й стал негро́мко[2] петь:

> Эх, как к ми́лой я ходи́л,　　　　　　**5**
> Все сапо́жки[3] износи́л[4] . . . .

Ме́льничиха верну́лась со стака́ном во́дки. Ермола́й встал и вы́пил весь стака́н в оди́н миг. «Люблю́!» приба́вил он.

Ме́льничиха опя́ть се́ла.　　　　　　**10**

— А что, всё боле́ешь,[5] Ири́на[6] Тимофе́евна?[7]

— Боле́ю.

— Что так?

— Да вот всё ка́шляю[8] по ноча́м, спать не могу́.　　　　　　**15**

— Ба́рин-то, ка́жется, засну́л, — сказа́л Ермола́й по́сле небольшо́го молча́ния. — Ты к до́ктору не ходи́, Ири́на: ху́же бу́дет.

— Я и то не хожу́.

— А ко мне приходи́ в го́сти.　　　　　　**20**

Ири́на ничего́ не отве́тила.

— Я свою́ жену́ прогоню́[9] на тот слу́чай, — продолжа́л Ермола́й. — Приходи́!

---

[1] исче́знуть (*perf. of* исчеза́ть), disappear. [2] негро́мко, low, softly. [3] сапожки́ (*cf.* сапоги́), shoes, boots. [4] износи́ть (*perf. of* изна́шивать), wear out. [5] боле́ть, be sick; hurt. [6] Ири́на, Irene. [7] Тимофе́евна, Timofeyevna (*woman's patronymic, from* Тимофе́й, Timothy). [8] ка́шлять, cough. [9] прогна́ть (*perf. of* прогоня́ть) (*cf.* гнать), drive out, drive away.

231

— Вы бы лу́чше ба́рина разбуди́ли, Ермола́й Петро́вич[1]: ви́дите, карто́фель гото́в.

— А пусть спит,[2] — споко́йно заме́тил мой ве́рный слуга́: — весь день бе́гал, так и спит.

5 Тут я стал поднима́ться с се́на. Ермола́й встал и подошёл ко мне.

— Карто́фель гото́в.

Я встал и вы́шел из-под наве́са; ме́льничиха подняла́сь и хоте́ла уйти́. Но я стал разгова́ри-
10 вать с ней.

— Давно́ вы на э́той ме́льнице живёте?

— Да вот уже́ второ́й[3] год.

— А твой муж отку́да?

Ири́на, ка́жется, не слы́шала моего́ вопро́са.[4]

15 — Отку́да твой муж? — повтори́л гро́мким го́лосом Ермола́й.

— Из Белёва.[5] Он там жил.

— А ты то́же из Белёва?

— Нет, я дворо́вая . . . . была́ дворо́вая.

20 — Чья?

— Зверко́ва[6] господи́на. Тепе́рь я во́льная.[7]

— Како́го Зверко́ва?

— Алекса́ндра[8] Ива́новича.[9]

— Не была́ ли ты у его́ жены́ го́рничной?[10]

25 — А вы почему́ зна́ете? Была́.

Я с ещё бо́льшим любопы́тством посмотре́л на Ири́ну.

---

[1] Петро́вич, Petrovich (*patron. from* Пётр).   [2] пусть спит (*cf.* пусти), let (him) sleep.   [3] второй, second.   [4] вопрос (*cf.* спросить), question.   [5] Белёв, Belyov.   [6] Зверков, Zverkov.   [7] вольный, free.   [8] Александр, Alexander.   [9] Иванович, Ivanovich (*patron. from* Иван, John).   [10] горничная, maid.

III. ГОСПОДИ́Н ЗВЕРКО́В

— Я твоего́ ба́рина зна́ю, — продолжа́л я.

— Зна́ете? — отвеча́ла она́ ти́хо и опусти́ла го́лову.

На́до сказа́ть чита́телю, почему́ я с таки́м любопы́тством посмотре́л на Ири́ну. Когда́ я жил в 5 Петербу́рге я случа́йно [1] познако́мился [2] с господи́ном Зверко́вым. У него́ бы́ло о́чень ва́жное [3] ме́сто и о нём говори́ли, как о зна́ющем челове́ке. У него́ была́ жена́, — то́лстая же́нщина, люби́вшая пла́кать при вся́ком [4] удо́бном [5] слу́чае, и 10 о́чень зла́я; был и сын — о́чень глу́пый ма́льчик. Раз как-то [6] пришло́сь мне е́хать с господи́ном Зверко́вым за́ город. [7] Мы ста́ли разгова́ривать. Зверко́в, как ста́рший и как челове́к ва́жный и зна́ющий, то́тчас же на́чал мне говори́ть о том, 15 как глу́по себя́ веду́т [8] тепе́рь молоды́е лю́ди.

— Позво́льте [9] вам заме́тить, — сказа́л он наконе́ц: — вы все, молоды́е лю́ди, сли́шком мно́го говори́те и сли́шком ма́ло ду́маете; вы ведь Росси́и свое́й совсе́м не зна́ете, — вот что! Вы всё 20 то́лько неме́цкие [10] кни́ги чита́ете. Вот, тепе́рь, вы мне говори́те о дворо́вых лю́дях . . . . Хорошо́,

---

[1] случа́йно (*cf.* случай), accidentally, by chance.   [2] познако́миться (*perf. of* знако́миться) (*cf.* знако́мый), get acquainted with.   [3] ва́жный, important.   [4] *see note on p. 32.*   [5] удо́бный, convenient.   [6] как-то раз, once, one day.   [7] за́ город, out of town, to the country.   [8] вести́ себя́, behave.   [9] позво́лить (*perf. of* позволя́ть), allow, permit; позво́льте . . . . permit me to . . . .   [10] неме́цкий, German.

всё это хорошо, но вы их не знаете, совсем их не
знаете. Позвольте мне вам рассказать один маленький случай: вам, я думаю, это будет инте-
ресно. (Тут господин Зверков стал кашлять).
5 Вы ведь знаете, какая у меня жена: кажется,
женщину добрее её найти трудно, согласитесь
сами. Горничным её не жизнь, — а просто рай.[1]
Но у моей жены есть одно правило[2]: горничных,
которые замужем,[3] она не держит. Да вы сами
10 подумайте, как такой горничной работать?[4] муж,
дети — ну, как ей думать о работе? Вот, проезжаем мы раз через нашу деревню, — было это
лет пятнадцать тому назад, — смотрим, у одного
из мужиков девочка, дочь, такая красивая и
15 даже манеры[5] замечательные.[6] Жена моя и говорит мне: « Александр, возьмём эту девочку в
Петербург; она мне нравится . . . . » Я говорю:
возьмём, с удовольствием. Отец девочки, конечно, такого счастья, вы понимаете, и ожидать не
20 мог. Ну, девочка, конечно, сначала много плакала. Ведь, вы понимаете, жила она только в
деревне с родителями и вдруг, только подумайте,
— Петербург! Удивительного[7] тут ничего нет.
Но, всё же, она к нам скоро привыкла; учили
25 мы ее, конечно. Что же вы думаете? Девочка
становится всё умнее и умнее; моей жене она нравится всё больше и больше и вот, наконец, жена

---

[1] рай, paradise.   [2] правило (*cf.* правый), rule.   [3] замужем (*cf.* замуж), married.   [4] работать (*cf.* работа),
work.   [5] манеры, manners.   [6] замечательный (*cf.* замечать), remarkable.   [7] удивительный (*cf.* удивить), surprising.

моя берёт её к себе горничной! Сами подумайте, берёт её к себе горничной! И надо сказать: не было ещё такой горничной у моей жены, действительно не было; умная, красивая, всегда готова работать, ну, одним словом — всё что нужно! 5 Но и жена моя её даже, надо вам сказать, слишком баловала[1]: платья ей давала самые хорошие, ела она то же самое что и мы, даже чай пить ей жена давала .... Одним словом, не жизнь, а рай! Вот так она лет десять у моей жены слу- 10 жила.[2] Вдруг, в одно прекрасное утро, только подумайте, входит Ирина — её Ириной звали — ко мне в комнату, и, — понимаете, — падает к моим ногам .... Я этого, скажу вам прямо, очень не люблю. Человек никогда не должен 15 этого делать, не правда ли? — «Что тебе нужно?» — «Барин, Александр Иванович, позвольте мне выйти замуж.» — Я, скажу вам, сначала не знал, что и сказать ей! — «Да ты знаешь, глупая, что у барыни другой горничной 20 нет?» — «Я буду служить барыне как и раньше.» — «Вздор! вздор! у барыни правило, горничных, которые замужем, не держать!» — «Маша может быть горничной.» — «Это вздор, это не твоё дело!» Я, правду сказать, 25 был очень удивлён! Ничто меня так не удивляет,[3] как неблагодарность[4]. ... Ведь вам говорить нечего, — вы знаете мою жену: это прямо

---

[1] баловать, spoil.　[2] служить (*cf.* слуга), serve.　[3] удивлять (*perf.* удивить), surprise, astonish.　[4] неблагодарность (*cf.* благодарить), ingratitude.

а́нгел, добре́е её же́нщины нигде́ не найдёте . . . .
Поду́майте то́лько о том, что она́ сде́лала для
Ири́ны . . . . И вдруг така́я неблагода́рность! Я
прогна́л Ири́ну. Ду́маю, мо́жет быть, э́та глу́-
5 пость пройдёт. Не хо́чется, зна́ете ли, ве́рить
чёрной неблагода́рности в челове́ке. Что же вы
ду́маете? Ме́сяцев че́рез шесть прихо́дит она́ ко
мне и опя́ть про́сит о то́м же! . . . Тут я уж сов-
се́м рассерди́лся, прогна́л её опя́ть и обеща́л обо
10 всём сказа́ть жене́ . . . . И вот, поду́майте то́лько,
как я был удивлён: че́рез не́сколько дней при-
хо́дит ко мне моя́ жена́, в слеза́х. — « Что тако́е
случи́лось? » — « Ири́на . . . . вы понима́ете . . . .
мне да́же сты́дно¹ сказа́ть . . . . » — « Быть не
15 мо́жет! . . . кто же? » — « Пётр,² лаке́й! » — Тут
я совсе́м вы́шел из себя́.³ Я, зна́ете, челове́к ре-
ши́тельный!⁴ Пётр . . . . не винова́т. Наказа́ть⁵
его́ мо́жно, но он, по-мо́ему,⁶ не винова́т. Ири́на
. . . . ну, что-ж, ну, ну, что-ж тут ещё говори́ть?
20 Я, коне́чно, сейча́с же приказа́л посла́ть её в
дере́вню. Жена́ моя́ оста́лась без го́рничной, но
де́лать бы́ло не́чего: я ненави́жу беспоря́док⁷ в
до́ме. В таки́х слу́чаях ну́жно быть реши́тель-
ным! Ну, ну, поду́майте са́ми, ведь вы зна́ете
25 мою́ жену́, ведь э́то, э́то, э́то . . . . наконе́ц, а́нгел!
Ведь она́ так привы́кла к Ири́не, и Ири́на э́то
зна́ла и, всё же, ей не сты́дно бы́ло . . . . А? нет,

¹ стыдно, shameful; мне стыдно, I am ashamed.   ² Пётр
(cf. Петрович), Peter.   ³ выйти из себя, lose one's (my,
etc.) temper.   ⁴ решительный (cf. решить), decisive, reso-
lute.   ⁵ наказать (perf. of наказывать), punish.   ⁶ по-
моему, in my opinion.   ⁷ беспорядок, disorder.

скажи́те . . . . а? Да что тут говори́ть! Во вся́ком слу́чае де́лать бы́ло не́чего. Я же до́лго не мог забы́ть неблагода́рности э́той де́вушки. Что ни [1] говори́те . . . . се́рдца, благода́рности [2] — в э́тих лю́дях не ищи́те . . . . Да, молодо́й челове́к, 5 вы совсе́м не зна́ете э́тих люде́й, совсе́м их не зна́ете!

IV. ВИ́ДНО ПОНРА́ВИЛАСЬ

Чита́тель тепе́рь, наве́рно, понима́ет, почему́ я с таки́м интере́сом [3] посмотре́л на Ири́ну.

— Давно́ ты за́мужем за ме́льником? — спро- 10
си́л я её наконе́ц.

— Два го́да.

— Что-ж, ра́зве тебе́ ба́рин позво́лил?

— Меня́ купи́ли у него́.

— Кто же тебя́ купи́л? 15

— Мой муж. (Ермола́й улыбну́лся про себя́).

— А ра́зве вам ба́рин говори́л обо мне? — приба́вила Ири́на по́сле небольшо́го молча́ния.

Я не знал, что отвеча́ть на её вопро́с. «Ири́на!» — закрича́л и́здали ме́льник. Она́ вста́ла 20
и ушла́.

— Хоро́ший челове́к её муж? — спроси́л я Ермола́я.

— Да ничего́.

— А де́ти у них есть? 25

---

[1] что ни (*cf.* как ни), whatever, no matter what.   [2] благода́рность (*cf.* неблагода́рность), gratitude.   [3] интере́с (*cf.* интере́сный), interest.

— Был оди́н, да у́мер.

— Что же, она́ понра́вилась ме́льнику, наве́р-
но? Мно́го ли он за неё заплати́л?

— А не зна́ю. Она́ гра́мотная,[1] а в их де́ле э́то
5 хорошо́. Ви́дно понра́вилась.

— А ты с ней давно́ знако́м?

— Давно́. Я господи́на Зверко́ва ра́ньше знал.
Его́ дере́вня отсю́да недалеко́.

— И Петра́ лаке́я зна́ешь?

10   — Петра́ Алекса́ндровича?[2] Коне́чно, знал.

— Где он тепе́рь?

— А в солда́тах[3] слу́жит.

Мы помолча́ли.

— Что она́, ка́жется, больна́? — спроси́л я на-
15 коне́ц Ермола́я.

— Да, больна́, всё ка́шляет .... А за́втра, ка́-
жется, охо́та хоро́шая бу́дет. Вам тепе́рь спать
пора́.[4]

Бы́ло уже́ совсе́м темно́ и станови́лось холод-
20 не́е. Мы легли́ на се́не и засну́ли.

---

[1] гра́мотный, literate; она́ гра́мотная, she can read and
write.   [2] Алекса́ндрович, Aleksandrovich (*patronymic from*
Алекса́ндр, Alexander).   [3] в солда́тах, as a soldier, in
the army.   [4] пора́ (*cf.* с тех пор), it is time.

EXERCISES

БИРЮК

I

1. По каким знакам охотник знал, что гроза приближается? 2. Отчего охотнику было всё труднее ехать вперёд? 3. Где думал охотник ожидать конца грозы? 4. Какую помощь дал охотнику лесник?

II

5. Какая была комната, в которую охотник вошёл? 6. Почему охотнику стало печально? 7. Почему лесника звали Бирюком? 8. Почему считали Бирюка хорошим лесником? 9. Почему надо было девочке ходить за ребёнком? (Что стало с женой лесника?)

III

10. Почему Бирюк взял с собой ружьё? 11. Когда мог охотник услышать стук топора? 12. Что сделал Бирюк для того, чтобы вор не ушёл?

IV

13. Что сделал Бирюк с вором, когда они дошли до избы? Почему он его не оставил на дворе? 14. Почему надеялся мужик, что Бирюк

239

его отпустит? (Как он объяснял то, что он воровал?) 15. Почему Бирюк не отпустил его? 16. Почему барин попросил Бирюка отпустить его? 17. Как удивил Бирюк барина?

СТУЧИТ

I

1. Почему Ермолай хотел, чтобы его послали в Тулу? 2. Почему надо было нанять лошадей? 3. Почему барин решил сам съездить в Тулу?

II

4. Когда потерял Ермолай интерес к поездке в Тулу? 5. Почему поездка в Тулу сначала имела для Филофея так мало интереса? 6. Почему думал Ермолай, что легко будет торговаться с Филофеем? 7. Почему кудластого, а не серого, запрягли коренником? 8. Как показал Ермолай, что поездка барина ему не нравится? 9. Какая была ночь? 10. Долго-ли думал барин спать?

III

11. Что разбудило барина? 12. Какую ошибку сделал Филофей? 13. Почему надо было ждать, по Филофею, на середине реки? 14. Почему барину казалось, что вода понижается?

IV

15. Почему барин после этого не мог заснуть? 16. Почему « не надо умирать » (по словам Филофея) в той части России? 17. Почему знал

Филофей, что едет пустая телега? 18. Почему он боялся, что в телеге едут недобрые люди?

V

19. Почему барин опять не мог спать? 20. Почему барин приказал Филофею остановиться?

VI

21. Что думали барин и Филофей, когда проехавшая телега тотчас пошла шагом? 22. Какие люди ехали в телеге? Что они делали? 23. Что они сделали, когда Филофей постарался проехать мимо? 24. Как удивил Филофей барина? 25. Что случилось, когда телега и тележка приехали к мосту?

VII

26. Почему Филофей назвал великана шутником? 27. Что неприятно было барину? 28. Почему Филофей жалел не о семье а о лошадях? 29. Где они ещё раз увидели великана с товарищами? 30. Когда оказался Филофей разговорчивым человеком? 31. Как объяснял Ермолай бывший с барином случай? 32. Как шутил барин с Филофеем?

ЕРМОЛАЙ И МЕЛЬНИЧИХА

I

1. Почему хотели барин и Ермолай переночевать в мельнице? 2. Почему хозяин не хотел, чтобы ночевали в мельнице? 3. На что согласились охотники с хозяином? 4. Почему отказался барин переночевать в избе?

II

5. Отчего можно думать, что Ермолай и мельничиха уже знакомы друг с другом? 6. Что Ермолай обещает сделать, если Ирина придёт к нему в гости? 7. Почему барин разговаривает с Ириной с таким интересом?

III

8. Почему Тургенев нам рассказывает тут случай с господином Зверковым? 9. Какое было правило у жены Зверкова? 10. Почему у неё было такое правило? 11. Как стала Ирина горничной у Зверковой? 12. Почему Зверкову казалось, что жизнь горничной — « просто рай »? 13. О чём попросила Ирина барина? 14. Почему он отказался? 15. Когда он совсем рассердился? 16. Почему думал Зверков, что Пётр не виноват? 17. Что случилось с Ириной?

IV

18. Как стала Ирина женой мельника? 19. Почему мельник женился на ней? 20. Что стало с лакеем Петром?

B. Use of cases. Supply the proper endings in place of the dashes:

1. Надо подождать конц– грозы. 2. Лесник хлопнул двер–. 3. Бирюк пожимал плеч–. 4. Я шепнул на ухо Бирюк–. 5. Он положил девочк– в руку грязный рожок. 6. Филофей вс– хозяйств– голова. 7. Он повернулся ко мне лиц–. 8. Друг– так– луг– по всей России нет. 9. По-

дошёл конец луг–. 10. Лошади рады были случа– отдохнуть. 11. Возьмите, если эт– довольно. 12. Филофей правил лошад–. 13. Сначала я не верил мо– товарищ–. 14. С этими людьми надо быть решительн–. 15. Бирюк махнул топор–. 16. Все мужики казались бедн–. 17. Поездка стала для Ермолая неважн– дел–. 18. Филофей встряхнул волос–. 19. Она так– счасть– ожидать не могла. 20. Я буду служить барын– как и раньше.

C. PREPOSITIONS. Replace each dash with the Russian preposition which in the context translates the English preposition; or, if no preposition is needed, indicate that fact by a check mark:

from: 1. Я ехал домой — охоты. 2. Лесник поднял фонарь — пола. 3. — горького дыма трудно было дышать. 4. Он старается беречь то, что — отца получил. 5. Мы достанем лошадей — мужика. 6. Едем мы — свадьбы. 7. Я достал деньги — кармана. 8. Мы вернулись — Тулы. 9. Я купил лошадь — купца. 10. В ста шагах — мельницы находился навес. 11. Я поднялся — сена.

to: 1. Лесник подошёл — двери. 2. Изба показалась — мне ещё печальнее. 3. Я прибежал — место борьбы. 4. Я бросился — помощь мужику. 5. Пошлите меня — Тулу. 6. Я тихо шептал — Филофею. 7. Мы бы выпили — ваше здоровье. 8. Филофей повернулся — мне. 9. « Целы будем! » повторил я — себя. 10. Мы вернулись — его деревню. 11. Она — нам скоро привыкла.   12. Я не знал, что отвечать — её вопрос.

in: 1. — углу лежала грязная одежда. 2. — самой середине избы висела люлька. 3. Дело было — середине лета. 4. Тележка стояла на ровном месте, — самой середине дороги. 5. Не бывало ещё — свете такого лесника. 6. Он обещал всё сделать — один день. 7. Он поехал в город — моих дрожках. 8. Они казались « ребятами умными », — словам Ермолая. 9. Филофей закричал — тонким голосом. 10. Я хотел проснуться — час. 11. Мне хотелось остаться — открытом воздухе.

on: 1. Старый кафтан висел — стене. 2. Спать можно — дороге. 3. Купца убили — той же дороге. 4. Мы согласились — двадцати рублях. 5. Она плакала — всяком удобном случае. 6. Дождь стучал — крыше. 7. Мы постучали — дверь.

at: 1. Девочка посмотрела — меня. 2. Я спотыкался — каждом шагу. 3. Девочка лежала — самых его ног. 4. Ирина падает — моим ногам. 5. Лесник крикнул — меня. 6. Мы были — свадьбе. 7. Тройка поехала — рысью. 8. Мой сын теперь — школе.

by: 1. — свете молнии я увидел высокую фигуру. 2. — срубленного дерева боролся лесник. 3. Бирюк схватил его — плечо. 4. Филофей взял в сторону — ошибке. 5. То были — русским народом любимые места. 6. Великан стоит — кабака. 7. — её платью я узнал дворовую женщину.

of: 1. Он был — высокого роста. 2. Ермолай ругался, говоря — младших братьях вообще. 3. За последние — этих двадцати минут, я слышал другой шум. 4. — их шестеро. 5. Ты — этом не виноват. 6. У одного — мужиков красивая дочь. 7. Подумайте — том, что она сделала.

for: 1. Ветер затих — минуту. 2. Я заплатил — дерево. 3. Я — вам поставлю самовар. 4. Поездка стала — Ермолая неважным делом. 5. Разве — такое имя можно ругать человека? 6. Филофей пошёл — лошадьми. 7. Не нужно упрекнуть его — ошибке. 8. Что она сделала — Ирины? 9. Она попросила — том же.

with: 1. Дождь полил — ещё большей силой. 2. Девочка качала люльку — правой рукой. 3. Я смотрел — большим любопытством. 4. Ничего — ним не сделаешь! 5. Легко торговаться — мужиком. 6. Филофей не доволен — одними этими словами. 7. Горло сдавят — грязной верёвкой.

about: 1. Я вспомнил — « плохом месте ». 2. Филофей думал — лошадях. 3. До большой дороги осталось вёрст — пять. 4. Так двигались мы — четверть версты. 5. Я буду здесь — десяти минут.

through: 1. Мы проезжаем — нашу деревню. 2. Я глядел — туман. 3. — шум ветра я слышал разные звуки. 4. Мы ехали — очень красивыми местами.

after: 1. Я пошёл — ней. 2. — — ним вошёл высокий мужик. 3. — двух–трёх минут, вода понизилась.

D. Conditional (the particle **бы**). Translate into Russian, using a form of the verb given:

1. I would leave (оставить) him outdoors, but I am afraid he will get away. 2. I would not have been afraid (побояться) of his words. 3. We would drink (выпить) to your health. 4. I would have been surprised (удивится) at Filofey's words. 5. I also took the horse collar, in case I should succeed (успеть) in buying a new horse. 6. They put some hay into the cart, so that it would be (быть) easier sitting (to sit). 7. You had better wake up (разбудить) the master. 8. I had better accompany (проводить) you.[1] 9. Both brothers wanted the grey to be (быть) the shaft horse. 10. They did not want us to pass (проехать).

E. Participles.

a) *Present active* (*adjectival*). Replace the English with the proper Russian form of the verb given:

1. <u>знать</u>: Господина Зверкова все считали (a learned — *translate* "knowing") человеком. 2. <u>приближаться</u>: Охотники боялись (the approaching) грозы. 3. <u>качать</u>: Я увидел девочку, (rocking) люльку. 4. <u>дрожать</u>: Луна освещала (the quivering) воду. 5. <u>лежать</u>: Девочка, (lying) на полу, скоро заснула. 6. <u>висеть</u>: Кроме кафтана, (hanging) на стене, ничего не было в комнате. 7. <u>трястись</u>: Я сел на (the shaking) дрожки.

[1] *In this sentence use perf. fut. (for contrast with sentence 7).*

246

b) Present adverbial. Replace the English with the proper Russian form of the verb given:

1. нанимать: Ермолай, (in hiring) Филофея, сказал, что ему заплатят. 2. спотыкаться: Я прибежал, (stumbling) на каждом шагу, на место борьбы. 3. соглашаться: Филофей ничего не ответил, как бы (agreeing), что он дурак. 4. шептать: Я тотчас ответил, тоже (whispering). 5. держать: Мужик стоял, (holding) шапку в руках. 6. ходить: Ермолай, (going away), хлопнул дверью. 7. шевелиться: Он сидел на лавке, не (stirring). 8. трястись: Тележка пошла, сильно (shaking), через реку. 9. быть: (Being) трезвым, Ермолай ничего не говорил.

c) Past active (adjectival). Replace the relative clause with a participle (with change of word order if needed or desired):

1. Она поправляла рубашку, (которая спускалась) на плече. 2. Звёзды показывались сквозь высокие облака, (которые быстро летели). 3. Филофей, (который успел) побежать домой, сел впереди. 4. У него была жена, (которая любила) плакать. 5. Я рассказал Ермолаю случай, (который был) с нами. 6. Ермолай, (который вошёл) на минуту, стал ругаться.

d) Past adverbial. Replace the first verb in each sentence by a participle and rewrite the sentence in this fashion:

Я (достал) деньги из кармана и взял два рубля.
Достав деньги из кармана, я взял два рубля.

247

1. Тройка (доехала) до моста и тотчас остановилась. 2. Бирюк (поднял) ружьё выше и ушёл между кустами. 3. Филофей (снял) шапку и начал креститься. 4. Я (посмотрел) на Ермолая и засмеялся. 5. Великан (опустил) голову и продолжал стоять. 6. Он (остановился) у двери и повернулся. 7. Мужик (нагнул) спину и сидит тихо на лавке. 8. Великан (нагнулся) вперёд и взял деньги. 9. Филофей (повернулся) ко мне и улыбнулся. 10. Я (закрыл) глаза и скоро заснул. 11. Я (лёг) на сене и опять постарался заснуть.

e) Present passive. Supply the correct form of любить.

То были поля, (loved) русским народом.

f) Past passive. According to the models given below, form the past passive participle from the infinitives listed:

1. *Inf. in* –**ать.** поймáть — пóйманный

обещáть	назвáть	послáть
показáть	услы́шать	прогнáть
	развязáть	

2. *Inf. in* –**ить.** (Second conj.) освети́ть (освещу́, освети́шь) — освещённый; сруби́ть (срублю́, сру́бишь) — сру́бленный; удиви́ть (удивлю́, удиви́шь) — удивлённый.

спроси́ть (спрошу́, спрóсишь)
постáвить (постáвлю, постáвишь)
отпусти́ть (отпущу́, отпу́стишь)
посади́ть (посажу́, посáдишь)

схвати́ть (схвачу́, схва́тишь)
купи́ть (куплю́, ку́пишь)
заплати́ть (залачу́, запла́тишь)
подари́ть (подарю́, подари́шь)

3. *Inf. in* **ить.** (First conj.) вы́пить — вы́шитый

убить

4. *Inf. in* **ыть.** закры́ть — закры́тый

забы́ть

5. *Consonant stems.* запря́чь (запрягу́, запря-
жёшь) — запряжённый

зажéчь (зажгу́, зажжёшь)
привести́ (приведу́, приведёшь)
принести́ (принесу́, принесёшь)

In the following sentences, supply the correct
form of the verb given:

освети́ть: Вокруг тележки дрожит вода, (il-
luminated) луной. сруби́ть: Лесник подошёл к
(the cut-down) дереву. привести́: Мне нравились
лошади, (brought) Филофеем на выбор. обеща́ть:
Барин ехал на (the promised) охоту. покры́ть:
Луны не видно было на небе, (covered) тума́ном.
уби́ть: Мы знали кушца, (killed) разбо́йниками.

The Provincial Lady

By I. S. TURGENEV

Adapted and edited by
REASON ALVA GOODWIN
and
GEORGE V. BOBRINSKOY
The University of Chicago

BOOK FIVE

ЛЮБИН ПОЁТ В ИТАЛЬЯНСКОМ ВКУСЕ

FOREWORD

For the fifth book of the series of Graded Russian Readers we have chosen I. S. Turgenev's comedy *The Provincial Lady* (*The Country Woman*). Like other plays of Turgenev this is not a work of great significance, but it is, we hope, reasonably amusing. The dialogue, moreover, provides an unusual amount of repetition, which is not a bad thing at this stage of learning.

The vocabulary load of the fifth book is relatively light. Aside from the words used in the earlier books of this series, we used 137 new basic words, 153 derivatives (the great majority of which are formed through the addition of a particle), and 61 new idiomatic expressions. The large number of idioms is due to the fact that plays, as a rule, are richer in idioms than other forms of literature. As in Book Four we have used no restrictions in the matter of grammatical forms.

As in the earlier books, we have annotated and explained at the bottom of each page the new words and expressions introduced on the page. The end vocabulary contains all words and expressions used in the book.

THE EDITORS

ДЕ́ЙСТВУЮЩИЕ [1] ЛИ́ЦА [2]

Алексе́й Ива́нович Ступе́ндьев,
провинциа́льный [3] чино́вник, [4] пятьдеся́т лет.

Да́рья Ива́новна,
жена́ его́, два́дцать во́семь лет.

Ми́ша,
да́льний [5] ро́дственник [6] Да́рьи Ива́новны,
восемна́дцать лет.

Граф Влади́мир Никола́евич Лю́бин,
со́рок во́семь лет.

Лаке́й гра́фа.

А́нна,
куха́рка, [7] пятьдеся́т лет.

Васи́лий,
слуга́ Ступе́ндьева.

Де́йствие [8] происхо́дит [9] в провинциа́льном
го́роде в до́ме Ступе́ндьева.

---

[1] действовать, act, operate. [2] лицо, person; действующие лица, *dramatis personae*, cast of characters. [3] провинциальный, provincial. [4] чиновник, official, civil servant. [5] дальний, distant. [6] родственник, relative.
[7] кухарка, cook. [8] действие, action, act. [9] происходить,
take place, occur.

ПРОВИНЦИА́ЛКА [1]

**На сце́не гости́ная [2] в до́ме небога́того [3] чино́вника.
Пря́мо дверь в пере́днюю, [4] напра́во — в кабине́т. [5]
Нале́во два окна́ и дверь в сад. [6]**

ЯВЛЕ́НИЕ [7] ПЕ́РВОЕ

**Да́рья Ива́новна сиди́т и шьёт. Она́ оде́та о́чень про́сто,
но со вку́сом. [8] Ми́ша чита́ет кни́гу.**

Да́рья Ива́новна [не поднима́я глаз и продол-
жа́я шить]: Ми́ша! Вы . . . ходи́ли в ма-
гази́н? [9]

Ми́ша. Да, ходи́л.

Да́рья Ива́новна. Что вам там сказа́ли?　　　　5

Ми́ша. Мне сказа́ли, что всё бу́дет при́слано,
как сле́дует. [10]　Я осо́бенно проси́л о кра́сном
вине́ . . . Позво́льте узна́ть, Да́рья Ива́новна,
вы кого́-нибудь ожида́ете?

Да́рья Ива́новна. Жду.　　　　　　　　　　10

Ми́ша [опя́ть помолча́в]: Мо́жно узна́ть, кого́?

Да́рья Ива́новна. Вы любопы́тны. [11]　Но вы
не разгово́рчивы и я могу́ вам сказа́ть, кого́ я
жду.　Гра́фа Лю́бина.

Ми́ша. Как, э́того бога́того господи́на, кото́рый 15
неда́вно прие́хал к себе́ в име́ние? [12]

---

¹ провинциа́лка, provincial (woman, lady).　² гости́ная,
parlor, drawing room.　³ небогатый, poor, not wealthy, in
modest circumstances.　⁴ передняя, (entrance) hall.
⁵ кабинет, study.　⁶ сад, garden.　⁷ явление, scene.
⁸ вкус, taste.　⁹ магазин, store.　¹⁰ следовать, follow;
следует, (it) is fitting, proper, necessary.　¹¹ любопытный,
curious.　¹² имение, estate.

255

Да́рья Ива́новна. Его́.

Ми́ша. Его́, действи́тельно, сего́дня ожида́ют в здешней гости́нице.¹ Но позво́льте узна́ть, ра́зве вы с ним знако́мы?

5 Да́рья Ива́новна. Тепе́рь нет.

Ми́ша. А пре́жде² вы с ним бы́ли знако́мы?

Да́рья Ива́новна. Вы меня́ расспра́шиваете?³

Ми́ша. Извини́те.⁴ [Помолча́в]: Ах, как я глуп. Ведь он, должно́ быть, сын Екатери́ны

10 Ива́новны, ва́шей благоде́тельницы?⁵

Да́рья Ива́новна [посмотре́в на него́]: Да, он сын мое́й благоде́тельницы. [За сце́ной слы́шен го́лос Ступе́ндьева « не приказа́ла? почему́ не приказа́ла? »]

Вхо́дят Ступе́ндьев и куха́рка А́нна. Они́ выхо́дят из две́ри кабине́та.

15 Ступе́ндьев. Да́ша,⁶ пра́вда ли, ты приказа́ла . . . [Ми́ша встаёт и кла́няется⁷]. А, здра́вствуй, Ми́ша, здра́вствуй. Пра́вда ли, ты приказа́ла э́той же́нщине [пока́зывает⁸ на А́нну] не дава́ть мне сего́дня моего́ хала́та,⁹ а?

20 Да́рья Ива́новна. Я ей не прика́зывала.¹⁰

Ступе́ндьев [обраща́ясь¹¹ к куха́рке]: А? Чтѡ?

Да́рья Ива́новна. Я то́лько сказа́ла ей, чтоб

---

¹ гости́ница, hotel, inn.   ² пре́жде, before, previously, formerly.   ³ расспра́шивать, quiz, interrogate.   ⁴ извини́ть (*perf. of* извиня́ть), excuse.   ⁵ благоде́тельница, benefactress.   ⁶ Да́ша, Dasha (*woman's name, from* Да́рья, Dorothy).   ⁷ кла́няться, bow.   ⁸ пока́зывать, indicate, point (на, at).   ⁹ хала́т, dressing gown, robe.   ¹⁰ прика́зывать, command, order.   ¹¹ обраща́ться, turn; (*with* к), speak to, address.

она́ тебя́ попроси́ла не надева́ть¹ сего́дня твоего́ хала́та.

Ступе́ндьев. А чем же мой хала́т плох? Ты же мне сама́ его́ подари́ла.

Да́рья Ива́новна. Да ведь ско́лько вре́мени 5 тому́ наза́д!

А́нна. Ну, надева́йте, надева́йте сюрту́к,² Алексе́й Ива́нович . . . Хоро́ш ваш хала́т! . . . впереди́ почти́ совсе́м изно́шен, а сза́ди так и гляде́ть нехорошо́. 10

Ступе́ндьев [надева́я сюрту́к]: А кто тебя́ про́сит на меня́ сза́ди гляде́ть? Ти́ше,³ ти́ше! Ра́зве ты не слыха́ла?⁴ Ты меня́ проси́ть должна́.

А́нна. Ну, да, уж вы . . . [Ухо́дит]. 15

Ступе́ндьев [ей вслед]: Не рассужда́й,⁵ же́нщина!

ЯВЛЕ́НИЕ ВТОРО́Е

Те же, кро́ме А́нны.

Ступе́ндьев [обраща́ясь к Да́рье Ива́новне]: Да́ша, я не понима́ю, почему́ мне на́до надева́ть сюрту́к; тепе́рь же ско́ро двена́дцать, на слу́ж 20 бу⁶ итти́ пора́, и без того́⁷ фо́рму придётся наде́ть.⁸

Да́рья Ива́новна. У нас, мо́жет быть, го́сти бу́дут.

¹ надевать, put on. ² сюртук, frock coat. ³ тише, quieter, more quietly; тише! keep quiet! ⁴ слыхать, hear. ⁵ рассуждать, reason; discuss; argue. ⁶ служба, service, work. ⁷ и без того, even without that, anyhow, in any event. ⁸ надеть (*perf. of* надевать), put on.

Ступе́ндьев. Го́сти? Каки́е го́сти?

Да́рья Ива́новна. Граф Лю́бин. Ведь ты его́ зна́ешь?

Ступе́ндьев. Лю́бина? Ещё бы![1] Так ты его́
5 и ожида́ешь?

Да́рья Ива́новна. Да, я его́ ожида́ю. [По-
смотре́в на него́]: Что-ж тут удиви́тельного?

Ступе́ндьев. В э́том ничего́ нет удиви́тельного,
я соверше́нно[2] с тобо́ю согла́сен; но позво́ль
10 тебе́ заме́тить, друг мой, э́то соверше́нно не-
возмо́жно![3]

Да́рья Ива́новна. Почему́ же?

Ступе́ндьев. Невозмо́жно, соверше́нно невоз-
мо́жно. Почему́ он сюда́ придёт?

15 Да́рья Ива́новна. Ему́ ну́жно бу́дет с тобо́ю
переговори́ть.[4]

Ступе́ндьев. Поло́жим,[5] поло́жим, но э́то ни-
чего́ не дока́зывает,[6] соверше́нно ничего́ не до-
ка́зывает. Он меня́ к себе́ позовёт. Позовёт,
20 вот и всё.

Да́рья Ива́новна. Мы с ним бы́ли знако́мы:
он вида́л меня́ в до́ме свое́й ма́тери.

Ступе́ндьев. И э́то ничего́ не дока́зывает. Как
ты ду́маешь, Ми́ша?

25 Ми́ша. Я? Я ничего́ не ду́маю.

Ступе́ндьев. Ну, вот ви́дишь?... Он не
придёт.

---

[1] ещё бы! I should say so!   [2] соверше́нно, perfectly,
completely, absolutely.   [3] невозмо́жный, impossible.
[4] переговори́ть (*perf. of* переговаривать), talk, talk over,
discuss.   [5] поло́жим, let's suppose, suppose so.   [6] дока́-
зывать, demonstrate, prove.

Да́рья Ива́новна. Ну, мо́жет быть, мо́жет быть; то́лько ты не снима́й [1] сюртука́.

Ступе́ндьев [помолча́в]: Впро́чем,[2] я соверше́нно с тобо́ю согла́сен. [Хо́дит по ко́мнате]. То́-то[3] сего́дня с утра́ здесь таку́ю подня́ли 5 пыль[4] . . . И как ты сего́дня хорошо́ оде́та!

Да́рья Ива́новна. Алексе́й, пожа́луйста, без замеча́ний.[5]

Ступе́ндьев. Ну, да, да. Коне́чно, без замеча́ний. Вот, говоря́т, граф э́тот потеря́л[6] своё 10 бога́тство,[7] вот и прие́хал к нам поправля́ть свои́ дела́. Что, он мо́лод?

Да́рья Ива́новна. Он моло́же[8] тебя́.

Ступе́ндьев. Да. Соверше́нно, я соверше́нно с тобо́й согла́сен. То́-то вчера́ на фортепиа́но[9] 15 ты так до́лго игра́ла . . . [Хо́дит по ко́мнате]. Да, да.

Ми́ша. Я сего́дня заходи́л в зде́шнюю гости́ницу. Там ждут гра́фа.

Ступе́ндьев. Ждут? Ну, так пусть ждут. 20 [Обраща́ясь к жене́]: Как же э́то я его́ никогда́ у Екатери́ны Ива́новны не вида́л?

Да́рья Ива́новна. Он тогда́ в Петербу́рге служи́л.

Ступе́ндьев. У него́, говоря́т, тепе́рь кака́я-то 25 ва́жная слу́жба. И ты ду́маешь, что он придёт? Неуже́ли?

---

[1] снима́ть, take off, remove. [2] впро́чем, however, but then, anyhow. [3] то-то, so that's why. [4] пыль, dust. [5] замеча́ние, remark, observation. [6] потеря́ть (*perf. of* теря́ть), lose. [7] бога́тство, wealth, fortune. [8] моло́же, younger. [9] фортепиа́но, fortepiano.

ЯВЛЕ́НИЕ ТРЕ́ТЬЕ[1]

Те же; из пере́дней выхо́дит А́нна.

А́нна [Ступе́ндьеву]: Како́й-то господи́н вас спра́шивает.

Ступе́ндьев [волну́ясь[2]]: Како́й господи́н?

А́нна. Не зна́ю, но он о́чень хорошо́ оде́т.

5 Ступе́ндьев. Проси́ его́ войти́. [Си́льно волну́ясь]: Неуже́ли граф?

**Из пере́дней вхо́дит лаке́й гра́фа,
в шля́пе[3] и действи́тельно хорошо́ оде́тый.**

Лаке́й [с неме́цким акце́нтом[4]]: Здесь живёт господи́н Ступе́ндьев, чино́вник?

Ступе́ндьев. Здесь. Что вам уго́дно?[5]

10 Лаке́й. Вы господи́н Ступе́ндьев?

Ступе́ндьев. Я. Что вам уго́дно?

Да́рья Ива́новна. Алексе́й Ива́нович!

Лаке́й. Граф Лю́бин прие́хал и приказа́л вас проси́ть к себе́.

15 Ступе́ндьев. А вы от него́?

Да́рья Ива́новна [подойдя́ к му́жу]: Алексе́й Ива́нович, скажи́те ему́, что́бы он шля́пу снял.

Ступе́ндьев. Ты ду́маешь? Да, да . . . [Подходя́ к лаке́ю]: Вы не нахо́дите, что здесь

20 как бу́дто жа́рко? . . . [Пока́зывает руко́й на шля́пу].

Лаке́й. Здесь не жа́рко. И так, вы сейча́с придёте?

---

[1] третий, third.   [2] волноваться, be excited, agitated.
[3] шляпа, hat.   [4] акцент, accent.   [5] угодно, pleasing,
desirable; что вам угодно? what do you wish? what can I
do for you?

Ступе́ндьев. Я . . . [Да́рья Ива́новна де́лает знак]. Да позво́льте узна́ть, кто вы тако́й?

Лаке́й. Я лаке́й гра́фа.

Ступе́ндьев [гро́мким и серди́тым го́лосом]: Сними́ шля́пу, сними́ шля́пу, сними́ шля́пу, **5** говоря́т тебе́![1] [Лаке́й ме́дленно снима́ет шля́пу]. А гра́фу скажи́, что я сейча́с . . .

Да́рья Ива́новна. Скажи́те гра́фу, что мой муж тепе́рь за́нят[2] и не мо́жет вы́йти из до́му. А что, е́сли граф жела́ет его́ ви́деть, так пусть **10** придёт сам. Ступа́йте.

[Лаке́й выхо́дит].

Ступе́ндьев. Одна́ко, Да́ша, мне ка́жется, ты сли́шком . . . [Да́рья Ива́новна не отвеча́ет]. Впро́чем, я соверше́нно с тобо́ю согла́сен. А **15** как я его́ отде́лал,[3] а? Ведь хорошо́ я его́ отде́лал — а, Ми́ша?

Ми́ша. Хорошо́, Алексе́й Ива́нович, о́чень хорошо́.

Ступе́ндьев. Ита́к,[4] Да́ша, ты действи́тельно **20** ду́маешь, что граф тепе́рь придёт?

Да́рья Ива́новна. Ду́маю.

Ступе́ндьев. Я в волне́нии.[5] Он мо́жет рассерди́ться. Я в волне́нии.

Да́рья Ива́новна. Пожа́луйста, будь как мо́ж- **25** но споко́йнее.

Ступе́ндьев. Да, я в волне́нии. Да́ша, а заче́м ты не пусти́ла меня́ к нему́?

---

[1] говоря́т тебе́! I tell you!   [2] за́нятый, occupied, busy.
[3] отде́лать (*perf. of* отде́лывать), finish; dress down, tell off.
[4] ита́к, and so.   [5] волне́ние, agitation, excitement.

Да́рья Ива́новна. Уж э́то моё де́ло. Вспо́мни, что ты ему́ ну́жен.

Ступе́ндьев. Я ему́ ну́жен . . . Я волну́юсь . . . кто э́то? . . .

ЯВЛЕ́НИЕ ЧЕТВЁРТОЕ [1]

5 [За сце́ной го́лос Лю́бина]. Что-ж э́то зна́чит? Никого́ нет, что ли? [2] Эй, челове́к!

Ступе́ндьев [с отча́янием [3] Да́рье Ива́новне]: А́нна, должно́ быть, в ку́хню [4] ушла́.

Да́рья Ива́новна. Ми́ша, пожа́луйста, отво-
10 ри́те. [5]

**Ми́ша отворя́ет [5] дверь. Вхо́дит Лю́бин,
элега́нтно [6] оде́тый.**

Лю́бин. Господи́н Ступе́ндьев здесь?

Ступе́ндьев [смуща́ясь [7]]: Я . . . Ступе́ндьев.

Лю́бин. О́чень рад. Я граф Лю́бин. Я присла́л к вам моего́ челове́ка; но вам не уго́дно бы́ло [8]
15 притти́ ко мне!

Ступе́ндьев [всё ещё смуща́ясь]: Извини́те меня́, граф. Я . . .

Лю́бин [обора́чиваясь, [9] хо́лодно кла́няется Да́рье Ива́новне, кото́рая отошла́ не́сколько [10] в
20 сто́рону]. Моё почте́ние. [11] Призна́юсь, [12] я

---

[1] четвёртый, fourth. [2] что ли? (*implying doubt or disbe-lief*) is it possible? is that true? [3] отча́яние, despair, desperation. [4] ку́хня, kitchen. [5] отвори́ть (*perf. of* отворя́ть), open. [6] элега́нтно, elegantly, smartly. [7] сму-ща́ться, be confused, be embarassed. [8] вам не уго́дно бы́ло, you did not choose, you did not see fit, it was not your pleasure. [9] обора́чиваться, turn. [10] не́сколько, some-what, rather, a little. [11] почте́ние, respect, respects. [12] признава́ться, confess, acknowledge.

262

был удивлён. Должно быть, вы были заняты, заняты?

Ступендьев. Да, да, граф, я был занят.

Любин. Может быть, не спорю[1]; но мне кажется, что для некоторых[2] людей можно оставить своё занятие,[3] особенно когда . . . вас просят. 5

Ступендьев. Простите меня, граф . . . А вот, позвольте, я вам представлю[4] мою жену . . .

Любин [почти не глядя на неё, холодно кланяется]. А? Очень рад. 10

Ступендьев. Жена моя, Дарья Ивановна.

Любин [так же холодно]: Очень рад, очень приятно; но я пришёл . . .

Дарья Ивановна [скромным[5] голосом]: Вы не узнали меня, граф? 15

Любин. Позвольте, да, да. Конечно! Дарья Ивановна. Вот неожиданная[6] встреча![7] Сколько лет прошло с тех пор, как мы с вами встречались![8] 20

Дарья Ивановна. Да, граф, давно мы не видались[9] . . . Видно, я много переменилась с тех пор.

Любин. Но, позвольте заметить, вы только похорошели![10] Вот я, это другое дело. 25

---

[1] спорить, dispute, argue. [2] некоторый, some, (a) certain. [3] занятие, occupation. [4] представить (*perf. of* представлять), present, introduce. [5] скромный, modest, demure. [6] неожиданный, unexpected. [7] встреча, meeting, encounter. [8] встречаться, meet. [9] видаться, see one another, meet. [10] похорошеть (*perf. of* хорошеть), grow prettier.

Да́рья Ива́новна [неви́нно[1]]: Вы ниско́лько не перемени́лись, граф.

Лю́бин. Ну, что́ вы![2] Но тепе́рь мне о́чень прия́тно, что ва́шему му́жу нельзя́ бы́ло притти́
5   ко мне; э́то мне даёт слу́чай возобнови́ть[3] знако́мство[4] с ва́ми. Ведь мы ста́рые друзья́.

Ступе́ндьев. А ведь э́то, граф, она́ . . .

Да́рья Ива́новна [бы́стро перебива́я[5] его́]: Да, мы ста́рые друзья́ . . . Вы, граф, должно́
10   быть, во всё вре́мя не вспо́мнили о . . . об ва́ших ста́рых друзья́х?

Лю́бин. Я? . . . Напро́тив,[6] напро́тив. Призна́юсь, я не по́мнил хорошо́, за кого́ вы вы́шли за́муж. О, да, я по́мню, моя́ мать мне писа́ла
15   об э́том пе́ред свое́й сме́ртью . . . но . . .

Да́рья Ива́новна. Да и как же, в Петербу́рге, в большо́м све́те,[7] вы могли́ не забы́ть о нас. Вот мы, бе́дные, провинциа́льные жи́тели[8] — мы не забыва́ем,[9] [с лёгким вздо́хом]: мы
20   ничего́ не забыва́ем.

Лю́бин. Нет, я вас уверя́ю[10] . . . Пове́рьте, я всегда́ вас по́мнил и ва́ша судьба́ всегда́ име́ла для меня́ большо́й интере́с, и я о́чень рад тепе́рь ви́деть вас . . . [и́щет сло́ва] в тако́м
25   соли́дном[11] положе́нии.[12]

---

[1] неви́нно, innocently.   [2] что вы! what are you saying? you don't say so! what do you mean?   [3] возобнови́ть (*perf. of* возобновля́ть), renew.   [4] знако́мство, acquaintance.   [5] перебива́ть, interrupt.   [6] напро́тив, opposite; on the contrary.   [7] большо́й свет, high society.   [8] жи́тель, inhabitant; dweller.   [9] забыва́ть, forget.   [10] уверя́ть, assure.   [11] соли́дный, solid, sound.   [12] положе́ние, position, situation, condition, circumstances.

Ступе́ндьев [кла́няясь с благода́рностью]: Соверше́нно, соверше́нно соли́дном, граф, благодарю́ вас. Вот то́лько одна́ беда́ — жа́лованья [1] ма́ло.

Лю́бин. Ну, да, ну, да. Одна́ко, [обраща́ясь к [5] Ступе́ндьеву]: позво́льте узна́ть ва́ше и́мя и о́тчество? [2]

Ступе́ндьев [кла́няясь]: Алексе́й Ива́нович, граф, Алексе́й Ива́нович.

Лю́бин. Дорого́й Алексе́й Ива́нович, мне ну́жно [10] с ва́ми переговори́ть о де́ле. Я ду́маю, э́тот разгово́р не мо́жет быть интере́сным для ва́шей жены́ . . . так не лу́чше ли нам, зна́ете . . . оста́ться одни́м на не́которое вре́мя?

Ступе́ндьев. Как вам уго́дно, граф . . . Да́ша [15] . . . [Да́рья Ива́новна хо́чет уйти́].

Лю́бин. О, нет, пожа́луйста, не беспоко́йтесь, [3] оста́ньтесь . . . Мы с Алексе́ем Ива́новичем мо́жем вы́йти, мы в ва́шу ко́мнату пойдём, Алексе́й Ива́нович, хоти́те? [20]

Ступе́ндьев. В мою́ ко́мнату . . . в мой кабине́т, то есть . . .

Лю́бин. Да, да, в ваш кабине́т . . .

Ступе́ндьев. Как вам уго́дно, граф.

Лю́бин. А мы, Да́рья Ива́новна, ещё с ва́ми [25] уви́димся [4] . . . я наде́юсь [5] . . . До свида́ния. [6] [Лю́бин и Ступе́ндьев иду́т в кабине́т. Да́рья Ива́новна о чём-то ду́мает и улыба́ется].

---

[1] жа́лованье, salary.   [2] о́тчество, patronymic.   [3] беспоко́ить, trouble, bother, disturb; не беспоко́йтесь, don't trouble yourself, don't bother.   [4] уви́деться (*perf. of* ви́деться), see one another, meet.   [5] наде́яться, hope.   [6] свида́ние, meeting, appointment; до свида́ния, au revoir.

ЯВЛЕ́НИЕ ПЯ́ТОЕ[1]

Вхо́дит Ми́ша.

Ми́ша. Да́рья Ива́новна!

Да́рья Ива́новна. Что вам, Ми́ша?

Ми́ша. Позво́льте узна́ть, давно́ вы ви́делись с гра́фом Лю́биным?

5 Да́рья Ива́новна. Давно́, я с ним не ви́делась уже́ двена́дцать лет.

Ми́ша. Двена́дцать лет! И получа́ли[2] ли вы от него́ каки́е-нибудь изве́стия?[3]

Да́рья Ива́новна. Я? Никаки́х. Он сто́лько[4]
10 же ду́мал обо мне, ско́лько о кита́йском[5] импера́торе.[6]

Ми́ша. Да как же э́то он говори́л, что ва́ша судьба́ всегда́ име́ла для него́ большо́й интере́с?

Да́рья Ива́новна. А вас э́то удивля́ет? Как
15 вы ещё мо́лоды — е́сли э́то вас действи́тельно удивля́ет! [Помолча́в]: А как он перемени́лся!

Ми́ша. Перемени́лся? То есть как?

Да́рья Ива́новна. Да́же во́лосы кра́сит,[7] а лицо́ совсе́м как у старика́!

20 Ми́ша. Неуже́ли во́лосы кра́сит? Ах, как сты́дно. [Помолча́в]: А он, ка́жется, ско́ро уйдёт.

Да́рья Ива́новна [бы́стро обора́чивается к нему́]. Почему́ вы так дума́ете?

25 Ми́ша. Да так.

---

[1] пятый, fifth. [2] получать, receive. [3] известие, information, news. [4] столько, so much, so many, as much, as many. [5] китайский, Chinese. [6] император, emperor. [7] красить, paint, dye.

266

Да́рья Ива́новна. Нет . . . он оста́нется обе́-
дать.

Ми́ша [со вздо́хом]: Ах! Как бы э́то бы́ло хо-
рошо́!

Да́рья Ива́новна. А что?   5

Ми́ша. Да вот обе́д и вино́ да́ром пропаду́т . . .
е́сли он не оста́нется, то есть . . .

Да́рья Ива́новна [ме́дленно]: Да. Ну, послу́-
шайте, Ми́ша, вот в чём де́ло.[1] Они́ о́ба тепе́рь
ско́ро вы́йдут.   10

Ми́ша [внима́тельно[2] гля́дя на неё]: Да.

Да́рья Ива́новна. Так вот, ви́дите ли, оста́вь-
те меня́ тепе́рь одну́.

Ми́ша. Да.

Да́рья Ива́новна. Я гра́фа приглашу́ обе́дать, 15
а Алексе́я Ива́новича . . .

Ми́ша. Я понима́ю.

Да́рья Ива́новна. Что вы понима́ете? Алек-
се́я Ива́новича я пошлю́ к вам . . .

Ми́ша. Так.   20

Да́рья Ива́новна. А вы его́ задержи́те[3] . . .
так, не на до́лгое вре́мя . . . Вы ему́ скажи́те,
что мне ну́жно переговори́ть с гра́фом, для его́
же по́льзы[4] . . . Вы понима́ете?

Ми́ша. Как вам уго́дно, Да́рья Ива́новна.   25

Да́рья Ива́новна. Да, я на вас наде́юсь.[5] Вы
мо́жете с ним, е́сли хоти́те, погуля́ть[6] немно́го.

---

[1] вот в чём де́ло, this is what is concerned, this is what it
is (all) about, this is the point.   [2] внима́тельно, attentively, carefully.   [3] задержа́ть (*perf. of* заде́рживать), detain, keep, delay.   [4] по́льза, use, benefit, profit, good.
[5] наде́яться (*with* на), rely, depend (on).   [6] погуля́ть
(*perf. of* гуля́ть), walk (a little while), take a walk, stroll.

Ми́ша. Коне́чно; отчего́ же не погуля́ть?

Да́рья Ива́новна. Ну, да, да. Тепе́рь сту-
па́йте, оста́вьте меня́.

Ми́ша. Как вам уго́дно, Да́рья Ива́новна.
5 [Уходя́ остана́вливается]. Но уж вы и меня́
не забу́дьте. Ведь вы зна́ете, что я вам ве́рен,
мо́жно сказа́ть, и те́лом и душо́й . . .

Да́рья Ива́новна. Что вы хоти́те сказа́ть?

Ми́ша. Ах, Да́рья Ива́новна, ведь и мне так хо́-
10 чется в Петербу́рг! Что я здесь бу́ду де́лать
без вас? Пожа́луйста, Да́рья Ива́новна . . . вы
зна́ете, я вам ве́рен . . . вы во всём мо́жете на
меня́ наде́яться . . .

Да́рья Ива́новна. Я не понима́ю вас, я ещё
15 сама́ не зна́ю . . . Впро́чем, хорошо́, ступа́йте.

Ми́ша. Как вам уго́дно. [Поднима́я глаза́ к
не́бу]: А уж я бу́ду так благода́рен [1] вам, Да́рья
Ива́новна! [Ухо́дит в пере́днюю].

Да́рья Ива́новна одна́.

Да́рья Ива́новна. Он не обраща́ет [2] на меня́ ни
20 мале́йшего [3] внима́ния [4] — э́то я́сно. Он меня́
забы́л. И, ка́жется, я напра́сно [5] ожида́ла его́
прие́зда. [6] А как я наде́ялась на э́тот прие́зд! . . .
Неуже́ли же я должна́ остава́ться здесь,
здесь? . . . Что де́лать! [Помолча́в]: Впро́-
25 чем, ещё ничего́ не решено́. Он почти́ не ви́дел
меня́ . . . [Гля́дя в зе́ркало [7]]: Я, во вся́ком

---

[1] благода́рный, thankful, grateful.   [2] обраща́ть, turn;
обраща́ть внима́ние, pay attention.   [3] мале́йший, least,
slightest.   [4] внима́ние, attention.   [5] напра́сно, in vain.
[6] прие́зд, arrival.   [7] зе́ркало, mirror.

268

случае,[1] не кра́шу свои́х воло́с . . . Посмо́трим,
посмо́трим. [Хо́дит по ко́мнате, подхо́дит к
фортепиа́но и немно́го игра́ет]. Они́ не ско́ро
ещё вы́йдут. [Сади́тся на стул[2]]. Но, мо́жет
быть, я сама́ уж не так молода́. Мо́жет быть 5
я то́же перемени́лась? Почему́ я зна́ю? Кто
мне ска́жет здесь, в э́том провинциа́льном го́-
роде, что сде́лалось[3] со мной? В зде́шнем
о́бществе,[4] к несча́стью, я вы́ше всех. Но для
него́ я всё-таки[5] провинциа́лка, жена́ провин- 10
циа́льного чино́вника — а он ва́жный челове́к,
бога́тый . . . ну, не совсе́м бога́тый; дела́ его́ в
Петербу́рге не о́чень хороши́, и он, я ду́маю, не
на оди́н ме́сяц сюда́ прие́хал. Он краси́вый
мужчи́на, то есть, верне́е, был краси́вым муж- 15
чи́ной . . . тепе́рь он кра́сит во́лосы. Говоря́т,
что для люде́й в его́ положе́нии воспомина́ния[6]
молоды́х лет осо́бенно до́роги . . . а он меня́
знал двена́дцать лет тому́ наза́д и я зна́ю, что
я ему́ о́чень нра́вилась . . . Коне́чно, мо́жет 20
быть, я ему́ нра́вилась тогда́ потому́ что в до́ме
его́ ма́тери не́ было други́х молоды́х же́нщин,
но всё-таки . . . Ах, да ведь у меня́ должно́
быть одно́ его́ письмо́ — но где оно́? Как
жа́лко, что я пре́жде о нём не вспо́мнила! . . . 25
Впро́чем, я успе́ю. [Помолча́в]: Посмо́-
трим . . . А как я перемени́лась в после́днее
вре́мя! Неуже́ли э́то я так хо́лодно и споко́йно

---

[1] во вся́ком слу́чае, in any case, at all events.   [2] стул,
chair.   [3] сде́латься, happen.   [4] о́бщество, society.   [5] всё-
таки, still, nevertheless.   [6] воспомина́ние, remembrance,
recollection, reminiscence.

думаю о мои́х пла́нах?¹ Нет, я не споко́йна, я
волну́юсь тепе́рь, но то́лько от того́, что не
зна́ю, уда́стся² ли мой план . . . [Улыба́ется].
Одна́ко, они́ всё ещё не иду́т! И чего́ я прошу́?
5 Что мне ну́жно? Мне так ма́ло ну́жно! Что
ему́ сто́ит³ дать нам возмо́жность⁴ перее́хать⁵
в Петербу́рг и найти́ моему́ му́жу хоро́шую
слу́жбу? Э́то ведь ему́ ничего́ не сто́ит. А
Алексе́й Ива́нович вся́кой слу́жбе, в Пе-
10 тербу́рге, бу́дет рад. Неуже́ли же э́тот план
мне не уда́стся? . . . В тако́м слу́чае мне дей-
стви́тельно сле́дует оста́ться здесь, в провин-
циа́льном го́роде . . . Но нет . . . посмо́трим!
[Слы́шит шум в кабине́те]. Они́ иду́т . . .
15 Что-ж . . . Я гото́ва. [Сади́тся на стул и
берёт кни́гу].

Вхо́дят Лю́бин и Ступе́ндьев.

Лю́бин. И так, я могу́ наде́яться на вас, дорого́й
Алексе́й Ива́нович?

Ступе́ндьев. Граф, я, с свое́й стороны́, гото́в
20 во всём, что от меня́ зави́сит⁶ . . .

Лю́бин. О́чень, о́чень вам благода́рен. А бу-
ма́ги⁷ я вам пришлю́ в са́мое коро́ткое вре́мя . . .
Сего́дня я верну́сь к себе́, и за́втра или по-
слеза́втра⁸ . . .

25 Ступе́ндьев. Как вам уго́дно, граф . . .

Лю́бин [подходя́ к Да́рье Ива́новне]: Да́рья

---

¹ план, plan.   ² удаться (*perf. of* удаваться), succeed.
³ стоить, cost, be worth.   ⁴ возможность, possibility, opportunity.   ⁵ переехать (*perf. of* переезжать), cross, go
over; move.   ⁶ зависеть, depend.   ⁷ бумага, paper.
⁸ послезавтра, (the) day after tomorrow.

Ивáновна, вы, пожáлуйста, извинúте меня; я
сегóдня, к сожалéнию,[1] не могý у вас остáться,
но я надéюсь, что в другóй раз.

Дáрья Ивáновна. Рáзве вы не обéдаете у нас,
граф? [Встаёт].   5

Лю́бин. Я вам óчень благодáрен за приглa-
шéние,[2] но . . .

Дáрья Ивáновна. А я так былá рáда . . . так
надéялась, что вы у нас остáнетесь на немнóго
врéмени! Но что же дéлать . . .   10

Лю́бин. Вы слúшком дóбры, но . . . éслиб вы
знáли — у меня стóлько дéла . . .

Дáрья Ивáновна. Вспóмните, как давнó мы
не видáлись. . . . и кто знáет, когдá нам придётся опя́ть увúдеться с вáми! Ведь вы у нас 15
такóй рéдкий гость . . .

Ступéндьев. Действúтельно, граф, вы такóй
рéдкий гость! . . .

Дáрья Ивáновна [перебивáя егó]: Да ведь вы
тепéрь не успéете вернýться к обéду домóй; а 20
у нас . . . я могý вас увéрить,[3] вы пообéдаете
лýчше, чем гдé-нибудь[4] в гóроде.

Ступéндьев. Мы ведь знáли о вáшем приéзде,
граф.

Дáрья Ивáновна [опя́ть перебивáя егó]: Так 25
вы обещáете, не прáвда ли?

Лю́бин. Вы так мúло меня прóсите, что мне
невозмóжно вам отказáть.[5]

[1] сожаление, regret; pity; к сожалению, unfortunately,
I regret. [2] приглашение, invitation. [3] уверить (*perf.
of* уверять), assure. [4] где-нибудь, anywhere, somewhere.
[5] отказать (*perf. of* отказывать), refuse, decline.

Да́рья Ива́новна. А! [Берёт шля́пу у него́ из рук и ста́вит[1] на фортепиа́но].

Лю́бин [Да́рье Ива́новне]: Признаю́сь, сего́дня у́тром, выезжа́я и́з дому, ника́к не ожида́л
5 име́ть удово́льствие встре́тить вас . . . А ваш го́род, наско́лько[2] я мог заме́тить, совсе́м не плох.

Ступе́ндьев. Для провинциа́льного го́рода совсе́м не плох, граф.

10 Да́рья Ива́новна [садя́сь]: Ся́дьте же, граф, прошу́ вас . . . [Граф сади́тся]. Вы не мо́жете себе́ предста́вить,[3] как я сча́стлива, как я ра́да ви́деть вас у себя́. Ах! кста́ти,[4] Алексе́й, тебя́ Ми́ша спра́шивает.

15 Ступе́ндьев. Что ему́ ну́жно?

Да́рья Ива́новна. Не зна́ю, но ты, ка́жется, ему́ о́чень ну́жен; он о́чень проси́л . . .

Ступе́ндьев. Да как же я . . . граф вот . . . мне тепе́рь невозмо́жно.

20 Лю́бин. О, пожа́луйста, пожа́луйста. Я остаю́сь в о́чень прия́тном о́бществе.

Ступе́ндьев. Да что ему́ ну́жно?

Да́рья Ива́новна. Ты ему́ ну́жен; ступа́й, мой друг.

25 Ступе́ндьев [помолча́в]: Хорошо́ . . . Но я сейча́с верну́сь . . . сюда́, граф . . . [Кла́няется; граф ему́ кла́няется. Ступе́ндьев ухо́дит в пере́днюю и говори́т про себя́]: И что ему́ ну́жно, в са́мом де́ле?

---

[1] ставить, put, stand.   [2] насколько, how much; as (so) far as.   [3] представить себе, imagine.   [4] кстати, apropos; by the way.

ЯВЛЕ́НИЕ ШЕСТО́Е[1]

Да́рья Ива́новна и Лю́бин. Небольшо́е молча́ние.
Граф с лёгкой улы́бкой смо́трит на Да́рью Ива́новну.

Да́рья Ива́новна [опуская́[2] глаза́]: Надо́лго[3]
вы прие́хали к нам в прови́нцию, граф?

Лю́бин. Ме́сяца на́ два; я уе́ду, как то́лько мне
уда́стся устро́ить[4] мои́ дела́.

Да́рья Ива́новна. Вы остано́витесь в ва́шем 5
име́нии?

Лю́бин. Да, в име́нии мое́й ма́тери.

Да́рья Ива́новна. В том же до́ме?

Лю́бин. В том же. Признаю́сь, в нём тепе́рь
жить не ве́село. Дом так стар, что я соби- 10
ра́юсь[5] на бу́дущий[6] год его́ слома́ть.[7]

Да́рья Ива́новна. Вы говори́те, граф, в нём
тепе́рь не ве́село жить . . . Я не зна́ю, мои́
воспомина́ния о нём о́чень прия́тны. Неуже́ли
вы действи́тельно хоти́те его́ слома́ть? 15

Лю́бин. А ра́зве вам его́ жа́лко?

Да́рья Ива́новна. Ещё бы! Я в нём провела́[8]
лу́чшее вре́мя мое́й жи́зни . . . И кро́ме того́,
па́мять[9] о мое́й благоде́тельнице, ва́шей ма́-
тери . . . Вы понима́ете . . . 20

Лю́бин [перебива́я её]: Ну, да, да, я понима́ю.
[Помолча́в]: А ведь пра́вда, там быва́ло ве́-
село . . .

---

[1] шестой, sixth.   [2] опускать, lower.   [3] надолго, for a
long time.   [4] устроить (*perf. of* устраивать), arrange, settle.
[5] собираться, gather; prepare.   [6] будущий, future; буду́-
щий год, next year.   [7] сломать (*perf. of* ломать), break,
demolish.   [8] провести (*perf. of* проводить), spend, pass.
[9] память, memory.

Да́рья Ива́новна. А вы не забы́ли . . .

Лю́бин. Чего́?

Да́рья Ива́новна. Того́, что бы́ло . . .

Лю́бин [обора́чиваясь и начина́я обраща́ть не́-
5 которое внима́ние на Да́рью Ива́новну]: Я ни-
чего́ не забы́л, пове́рьте . . . Скажи́те, по-
жа́луйста, Да́рья Ива́новна, сколько вам тогда́
бы́ло лет? . . . Постойте, постойте . . . Зна́ете
ли, ведь вы от меня́ не мо́жете скрыть [1] свои́
10 го́ды?

Да́рья Ива́новна. Я их и не скрыва́ю [1] . . .
Мне, граф, сто́лько, ско́лько вам бы́ло тогда́,
два́дцать во́семь лет.

Лю́бин. Неуже́ли мне тогда́ бы́ло уже́ два́дцать
15 во́семь? Мне ка́жется, вы ошиба́етесь [2] . . .

Да́рья Ива́новна. О, нет, граф, не оши-
ба́юсь . . . Я сли́шком хорошо́ по́мню всё, что
вас каса́ется [3] . . .

Лю́бин. Како́й же я стари́к по́сле э́того!

20 Да́рья Ива́новна. Вы стари́к? Ну что́ вы?

Лю́бин. Ну, поло́жим, поло́жим, я с ва́ми об
э́том спо́рить не ста́ну. [Помолча́в]: Да, да,
хоро́шее бы́ло тогда́ вре́мя! По́мните, как мы
гуля́ли [4] по утра́м в саду́? [Да́рья Ива́новна
25 опуска́ет глаза́]. Ведь, вы по́мните?

Да́рья Ива́новна. Я вам уже́ сказа́ла, граф,
что нам, жи́телям прови́нции,[5] нельзя́ не по́м-
нить проше́дшего,[6] осо́бенно, когда́ оно́ . . .

---

[1] скрыть (*perf. of* скрывать), hide, conceal.   [2] оши-
ба́ться, make a mistake, be mistaken.   [3] каса́ться, touch;
touch upon; concern.   [4] гуля́ть, walk, take a walk, stroll.
[5] прови́нция, province.   [6] проше́дший, past; проше́дшее,
the past.

почти́ не повторя́лось.¹ Вот вы — друго́е де́ло!

Лю́бин [с больши́м интере́сом]: Нет, Да́рья Ива́новна, вы э́того не ду́майте. Ведь я вам пра́вду говорю́. Коне́чно, в больши́х города́х 5 так мно́го интере́сного, осо́бенно для молодо́го челове́ка; коне́чно, э́то о́чень интере́сная жизнь . . . Но позво́льте вас уве́рить, Да́рья Ива́новна, пе́рвые, зна́ете ли, пе́рвые впечатле́ния² . . . их невозмо́жно забы́ть! 10

Да́рья Ива́новна. О, да, граф, я с ва́ми согла́сна; пе́рвые впечатле́ния не прохо́дят. Я э́то зна́ю.

Лю́бин. А! [Помолча́в]: А призна́йтесь, Да́рья Ива́новна, ведь вам, должно́ быть, здесь дово́льно ску́чно? 15

Да́рья Ива́новна [ме́дленно]: Не скажу́. Снача́ла мне, пра́вда, бы́ло не́сколько тру́дно привыка́ть³ к э́тому но́вому о́бразу⁴ жи́зни; но пото́м . . . мой муж тако́й до́брый, хоро́ший челове́к! 20

Лю́бин. О, да . . . я с ва́ми согла́сен . . . Он о́чень, о́чень хоро́ший челове́к, э́то я зна́ю; но . . .

Да́рья Ива́новна. Пото́м я . . . я привы́кла. 25 Для сча́стья немно́го ну́жно. Споко́йная жизнь . . . хозя́йство и, мо́жет быть, не́сколько хоро́ших воспомина́ний.

Лю́бин. А у вас есть таки́е воспомина́ния?

---

¹ повторя́ть, repeat; —ся, be repeated, recur. ² впечатле́ние, impression. ³ привыка́ть, get accustomed. ⁴ о́браз, shape, figure, image; manner, way.

Да́рья Ива́новна. Есть, как у вся́кого; с
ни́ми не так скуча́ешь.[1]

Лю́бин. Зна́чит, вы всё-таки скуча́ете иногда́?

Да́рья Ива́новна. Вас э́то удивля́ет, граф?
5 Вы вспо́мните, я име́ла сча́стье провести́ мои́
мо́лоды́е го́ды в до́ме ва́шей ма́тери. Сравни́те[2]
же то, к чему́ я привы́кла, когда́ была́ молодо́й,
с тем, что я тепе́рь ви́жу вокру́г себя́. Ко-
не́чно, ничто́ не дава́ло мне пра́ва[3] наде́яться,
10 что я так же бу́ду продолжа́ть жить, как на-
чала́; но я вам скажу́ пра́вду, граф; неуже́ли
вы ду́маете, что я не чу́вствую,[4] как вам всё
здесь должно́ каза́ться бе́дно . . . и смешно́?
Э́тот дом . . . э́та куха́рка — и . . . и, мо́жет
15 быть, я сама́ . . .

Лю́бин. Вы, Да́рья Ива́новна? Вы шу́тите!
Да, я, я вас уверя́ю . . . я, напро́тив, удив-
ля́юсь[5] . . .

Да́рья Ива́новна. Я вам скажу́, чему́ вы
20 удивля́етесь, граф. Вы удивля́етесь тому́, что
я ещё не совсе́м потеря́ла привы́чки[6] мое́й
мо́лодости,[7] что я ещё не успе́ла соверше́нно
преврати́ться[8] в провинциа́лку . . . Э́то удив-
ле́ние для меня́, вы ду́маете, прия́тно?

25 Лю́бин. Уверя́ю вас, Да́рья Ива́новна, вы сов-
се́м не ве́рно толку́ете[9] мои́ слова́!

Да́рья Ива́новна. Мо́жет быть; но оста́вим

---

[1] скучать, be bored.   [2] сравнить (*perf. of* сравнивать),
compare.   [3] право, right.   [4] чувствовать, feel.   [5] удивляться, be surprised.   [6] привычка, habit.   [7] молодость,
youth.   [8] превратиться (*perf. of* превращаться), turn, be
turned.   [9] толковать, interpret, explain.

э́то, прошу́ вас. О не́которых собы́тиях [1] бо́льно
вспомина́ть. Тепе́рь же я ниско́лько не жа́-
луюсь [2] на судьбу́, живу́ одна́ в своём тёмном
уголку́.[3] Мне жаль,[4] что я ста́ла говори́ть об
э́том, вме́сто [5] того́, чтоб заня́ть [6] вас по ме́ре [7]   5
возмо́жности.

Лю́бин.   Да за кого́ же вы меня́ принима́ете,[8]
позво́льте вас спроси́ть? Неуже́ли вы ду́маете,
что я не понима́ю вас и ва́шего положе́ния? . . .
Но, не мо́жет быть, я не хочу́ ве́рить, чтоб вы, 10
с ва́шим умо́м, с ва́шим образова́нием,[9] оста́-
лись незаме́ченною [10] здесь . . .

Да́рья Ива́новна.   Соверше́нно, граф, уверя́ю
вас. И я об э́том ниско́лько не жале́ю. Послу́-
шайте: я горда́. Э́то то́лько у меня́ и оста́лось 15
от моего́ проше́дшего. Я не жела́ю нра́виться
лю́дям, кото́рые мне само́й не нра́вятся . . .
Кро́ме того́, мы бе́дны, зави́сим от други́х; всё
э́то меша́ет [11] . . . Вот я и живу́ одино́кою
жи́знью. И одино́кая жизнь мне не страшна́ — 20
я чита́ю, занима́юсь [12] хозя́йством; к сча́стью,
я нашла́ в му́же че́стного челове́ка . . .

Лю́бин.   Да, э́то то́тчас ви́дно.

---

[1] собы́тие, event, occurrence.   [2] жа́ловаться, complain.
[3] уголо́к, corner.   [4] жаль, it's a pity; мне жаль, I am
sorry, I regret.   [5] вме́сто, instead of; вме́сто того́, чтоб(ы)
(*with infinitive*), instead of.   [6] заня́ть (*perf. of* занима́ть),
occupy; interest, entertain.   [7] ме́ра, measure; по ме́ре, in
proportion to; по ме́ре возмо́жности, as much (as far) as
possible.   [8] принима́ть, accept, receive; take (за, for).
[9] образова́ние, education.   [10] незаме́ченный, unnoticed,
unobserved.   [11] меша́ть, hinder, prevent.   [12] занима́ться,
be occupied, busy oneself, engage (in); work (at), study.

Да́рья Ива́новна. Мой муж, коне́чно, не без стра́нностей[1] . . . я вам говорю́ э́то так пря́мо потому́, что вы с ва́шим умо́м и зна́нием[2] люде́й, не могли́ их не заме́тить — но он о́чень
5 хоро́ший челове́к. И я бы всем была́ дово́льна е́слиб . . .

Лю́бин. Е́слиб что?

Да́рья Ива́новна. Е́слиб иногда́ . . . не быва́ло слу́чаев, кото́рых нельзя́ предви́деть.[3]

10 Лю́бин. Я не совсе́м понима́ю вас, Да́рья Ива́новна . . . каки́е слу́чаи? Вы говори́ли о воспомина́ниях . . .

Да́рья Ива́новна [пря́мо и неви́нно гля́дя в глаза́ гра́фу]: Послу́шайте, граф; я с ва́ми
15 хитри́ть[4] не ста́ну. Я вообще́ хитри́ть не уме́ю, а с ва́ми э́то бы́ло бы про́сто смешно́. Неуже́ли вы ду́маете, что для же́нщины ничего́ не зна́чит уви́деть челове́ка, кото́рого она́ зна́ла в мо́лодости, зна́ла в соверше́нно друго́м ми́ре,[5] в
20 други́х обстоя́тельствах[6] — и увида́ть[7] его́, как я ви́жу тепе́рь вас. [Граф незаме́тно[8] поправля́ет во́лосы]. Говори́ть с ним, вспомина́ть о про́шлом . . .

Лю́бин [перебива́я её]: А вы ра́зве то́же ду́-
25 маете, что ничего́ не зна́чит для мужчи́ны, кото́рого судьба́, так сказа́ть, броса́ла во все концы́ ми́ра — что ничего́ ему́ не зна́чит встре́-

---

[1] стра́нность, strangeness, oddness, peculiarity.　[2] зна́ние, knowledge.　[3] предви́деть, foresee.　[4] хитри́ть, be (act) crafty, cunning; dissemble.　[5] мир, world.　[6] обстоя́тельство, circumstance.　[7] увида́ть (*perf.*), see.　[8] незаме́тно, imperceptibly, inconspicuously.

тить же́нщину, сохрани́вшую [1] всю . . . всю э́ту пре́лесть [2] мо́лодости, э́тот ум, э́ту красоту́?

Да́рья Ива́новна. А ме́жду тем, э́та же́нщина едва́-едва́ [3] уговори́ла [4] э́того мужчи́ну оста́ться у ней обе́дать! 5

Лю́бин. Признаю́сь. Я винова́т! Но, нет, скажи́те, как вы ду́маете — э́то для него́ ничего́ не зна́чит?

Да́рья Ива́новна. Я э́того не ду́маю. Я уже́ вам сказа́ла, что не уме́ю хитри́ть . . . 10

Лю́бин. Ну, и скажи́те, что отве́тит э́та же́нщина э́тому мужчи́не, е́сли он, э́тот мужчи́на, уве́рит её, что никогда́, никогда́ не забыва́л её, что встре́ча с ней его́ си́льно тро́нула?

Да́рья Ива́новна. Она́ ему́ отве́тит, что сама́ 15 тро́нута его́ слова́ми и [предлага́я [5] ему́ ру́ку] предло́жит ему́ ру́ку в знак ста́рой дру́жбы. [6]

Лю́бин. Vous êtes charmante. [7] [Берёт её ру́ку, но Да́рья Ива́новна бы́стро встаёт]. Вы ми́лы, вы о́чень ми́лы. 20

Да́рья Ива́новна [ве́село]: Ах, как я ра́да, как я ра́да! Я так боя́лась, что вы не вспо́мните обо мне, что вам бу́дет неприя́тно у нас . . .

Лю́бин [си́дя, смо́трит на Да́рью Ива́навну]. Скажи́те, Да́рья Ива́новна, э́то вы посове́то- 25 вали [8] Алексе́ю Ива́новичу не итти́ ко мне? [Да́рья Ива́новна улыба́ется]. — Вы? [Вста-

---

[1] сохрани́ть (*perf. of* храни́ть *and* сохраня́ть), keep, guard, preserve, conserve. [2] пре́лесть, charm. [3] едва́, едва́-едва́, hardly, scarcely, barely. [4] уговори́ть (*perf. of* угова́ривать), persuade, convince. [5] предлага́ть, offer. [6] дру́жба, friendship. [7] (*French*) You are charming. [8] посове́товать (*perf. of* сове́товать), advise.

вая]: Уверяю вас, что вы об этом жалеть не будете.

Дарья Ивановна. Ещё бы! Я вас увидала.

Любин. Нет, нет, я не об этом говорю.

5 Дарья Ивановна[невинно]: Не об этом? Так о чём же?

Любин. А о том, что вам нельзя оставаться здесь. Я не могу позволить, чтобы такая женщина как вы, пропадала в провинции ... Я

10 вам — я вашему мужу найду службу в Петербурге.

Дарья Ивановна. Ну, что вы, граф!

Любин. Вы увидите. Вы, может быть, думаете, Дарья Ивановна, что у меня нет для этого

15 довольно ... [Он ищет слова] — влияния?[1]

Дарья Ивановна. О, нет, я совершенно уверена ...

Любин. Итак, службу вам я обещаю.

Дарья Ивановна. В самом деле? Не шутя?

20 Любин. Не шутя, не шутя, вовсе не[2] шутя.

Дарья Ивановна. Ну, тем лучше. Алексей Иванович вам будет очень, очень благодарен. [Помолчав]: Только вы, пожалуйста, не подумайте ...

25 Любин. Чего?

Дарья Ивановна. Нет, ничего. Эта мысль не могла притти в вашу голову, и потому[3] ей не следовало приходить в мою. Так мы, может быть, будем в Петербурге? Ах, какое счастье!

30 Как Алексей Иванович будет рад!

---

[1] влияние, influence.   [2] вовсе не, not at all; вовсе не шутя, quite seriously.   [3] потому, consequently, therefore.

Любин. Ведь мы ча́сто бу́дем ви́деться, не пра́вда ли? Я гляжу́ на вас, на ва́ши глаза́, и мне, пра́во,[1] ка́жется, что вам шестна́дцать лет, и что мы, попре́жнему,[2] гуля́ем с ва́ми в саду́ . . . Ва́ша улы́бка нисколько не измени́лась,[3] ваш 5 смех так же ве́сел, так же прия́тен, так же мо́лод.

Да́рья Ива́новна. А почему́ вы э́то зна́ете?

Любин. Как почему́? Ра́зве я не по́мню?

Да́рья Ива́новна. Я тогда́ не смея́лась. Я 10 была́ грустна́, заду́мчива,[4] молчали́ва[5] — ра́зве вы забы́ли? . . .

Любин. Всё же иногда́ . . .

Да́рья Ива́новна. Вам бы ме́нее[6] вся́кого друго́го сле́довало э́то забы́ть, граф. Ах, как мы 15 бы́ли мо́лоды тогда́ . . . особенно я! Вы — вы уже́ прие́хали к нам блестя́щим[7] молоды́м офице́ром. По́мните, как ва́ша мать вам была́ ра́да, и как она́ горди́лась[8] ва́ми . . . [Помолча́в]: Нет, я не смея́лась тогда́.   20

Любин. Вы очарова́тельны[9] . . . бо́лее очарова́тельны чем когда́-либо.[10]

Да́рья Ива́новна. Ну, что вы! Ведь так я могу́ поду́мать, что вы собира́етесь мне де́лать комплиме́нты; а ведь э́то не годи́тся[11] ме́жду 25 ста́рыми друзья́ми.

---

[1] пра́во, truly, really, I assure you.   [2] попре́жнему, as before.   [3] измени́ться (*perf. of* изменя́ться), change.   [4] заду́мчивый, pensive, thoughtful.   [5] молчали́вый, silent, taciturn.   [6] ме́нее, less.   [7] блестя́щий, bright, shining, brilliant.   [8] горди́ться, be proud of.   [9] очарова́тельный, charming, fascinating.   [10] когда́-либо, sometime, ever.   [11] годи́ться, suit, fit; не годи́тся, is not fitting, is not proper.

Лю́бин. Я? Вам комплиме́нты?

Да́рья Ива́новна. Да, вы. Не ду́маете ли вы, что вы мно́го перемени́лись с тех пор, как я ви́дела вас? Впро́чем, дава́йте[1] говори́ть о
5 чём-нибудь друго́м. Скажи́те мне лу́чше, что вы де́лаете, как вы живёте в Петербу́рге — всё э́то меня́ так интересу́ет[2] . . . Ведь вы продолжа́ете занима́ться му́зыкой,[3] не пра́вда ли?

Лю́бин. Да, ме́жду де́лом,[4] зна́ете.

10 Да́рья Ива́новна. Что, у вас тако́й же прекра́сный го́лос?

Лю́бин. Прекра́сного го́лоса у меня́ никогда́ не́ было, но я ещё пою́.

Да́рья Ива́новна. Ах, я по́мню, у вас был
15 прекра́сный го́лос, тако́й симпати́чный[5] . . . Ведь вы, ка́жется, то́же писа́ли му́зыку?

Лю́бин. Я и тепе́рь иногда́ пишу́. Кста́ти, ведь и вы занима́лись му́зыкой. Вы, я по́мню, са́ми о́чень ми́ло пе́ли, и о́чень хорошо́ на фортепиа́но
20 игра́ли. Я наде́юсь, вы всего́ э́того не бро́сили?

Да́рья Ива́новна [ука́зывая на фортепиа́но и на лежа́щие на нём но́ты[6]]: Вот мой отве́т.

Лю́бин. А! [Подхо́дит к фортепиа́но].

25 Да́рья Ива́новна. К сожале́нию, фортепиа́но моё о́чень пло́хо, но всё же игра́ть мо́жно.

Лю́бин [подхо́дит к фортепиа́но и немно́го игра́ет]. Нет, не пло́хо . . . Ах, кста́ти — кака́я

---

[1] дава́йте, let us, let's.   [2] интересова́ть, interest.   [3] му́зыка, music.   [4] ме́жду де́лом, at odd moments, in spare time.   [5] симпати́чный, nice, attractive, likeable.   [6] но́та, note; но́ты, music.

мысль! У меня́ здесь небольша́я вещь, дуэ́т [1] из мое́й о́перы. [2] Я — вы, мо́жет быть, слыха́ли, я пишу́ о́перу — коне́чно, то́лько для себя́, зна́ете ли, то́лько для себя́ . . .

Да́рья Ива́новна. Неуже́ли? 5

Лю́бин. Так вот, е́сли вы позво́лите, я пошлю́ за э́тим дуэ́том, и́ли, лу́чше, я сам пойду́ и принесу́ его́. Мы его́ споём [3] с ва́ми — хоти́те?

Да́рья Ива́новна. Ах, пожа́луйста, граф, принеси́те его́, сейча́с же. Ах, как я вам благо- 10 да́рна! Пожа́луйста, ступа́йте за ним.

Лю́бин. Сейча́с, сейча́с. Вы уви́дите, э́то не так пло́хо. Я наде́юсь, что мой дуэ́т вам понра́вится.

Да́рья Ива́новна. Ах, граф, как вы мо́жете 15 сомнева́ться!

Лю́бин. О, что вы! [Уходя́, в дверя́х]: А! Так вы тогда́ не смея́лись!

Да́рья Ива́новна. Вы, ка́жется, надо мной тепе́рь смеётесь . . . А я бы могла́ вам показа́ть 20 одну́ вещь . . .

Лю́бин. Что тако́е? Что тако́е?

Да́рья Ива́новна. Да, у меня́ есть одна́ вещь . . . Я не зна́ю, узна́ли ли бы вы её.

Лю́бин. Да о чём вы говори́те? 25

Да́рья Ива́новна. Я уж вам по́сле скажу́. Ступа́йте тепе́рь, принеси́те ваш дуэ́т, а пото́м мы уви́дим.

Лю́бин. Вы — а́нгел. Я сейча́с верну́сь. Вы — а́нгел! [Бы́стро ухо́дит в пере́днюю]. 30

[1] дуэ́т, duet. [2] о́пера, opera. [3] спеть (*perf. of* петь), sing.

ЯВЛЕ́НИЕ СЕДЬМО́Е [1]

Да́рья Ива́новна одна́.

Да́рья Ива́нов на [смо́трит гра́фу вслед; по́сле небольшо́го молча́ния, говори́т гро́мко]: Побе́да! [2] Побе́да!... Неуже́ли? И так ско́ро, так неожи́данно! А! Я а́нгел — я очарова́-
5   тельна! Зна́чит, я ещё могу́ нра́виться да́же таки́м лю́дям, как он, [улыба́ясь]: как он... О, ми́лый мой граф! Я не могу́ скрыть, что вы дово́льно смешны́ и совсе́м, совсе́м не так мо́лоды, как вы ду́маете! И вы ведь промол-
10 ча́ли, [3] когда́ я сказа́ла, что вам бы́ло тогда́ два́дцать во́семь лет вме́сто тридцати́ девяти́... Как я, одна́ко, споко́йно сказа́ла непра́вду. [4] Ита́к, ступа́йте за ва́шим дуэ́том. Вы мо́жете быть соверше́нно уве́рены, что я найду́ его́
15 прекра́сным. [Остана́вливается пе́ред зе́р-
кало́м, смо́трит на себя́ и улыба́ется]. Моё бе́дное, дереве́нское пла́тье, я ско́ро скажу́ тебе́ — до свида́ния! Ты по́мнишь, ско́лько у меня́ бы́ло забо́т о тебе́, ско́лько бы́ло труда́!
20 Но ты сде́лало своё де́ло. Я тебя́ никогда́ не бро́шу; но в Петербу́рге уж я тебя́ надева́ть не ста́ну!

[Дверь из пере́дней ме́дленно отворя́ется, [5] и пока́зывается голова́ Ми́ши. Он гляди́т не́ко-
25 торое вре́мя на Да́рью Ива́новну и, не входя́ в ко́мнату, говори́т ти́хо]: Да́рья Ива́новна!...

---

[1] седьмой, seventh. [2] победа, victory. [3] промолчать, remain silent, avoid answering. [4] неправда, untruth, false-hood, lie. [5] отворяться, open, be opened.

Да́рья Ива́новна [бы́стро обора́чиваясь]: А, э́то вы, Ми́ша! Что вам? Мне тепе́рь не́когда[1] . . .

Ми́ша. Я зна́ю, зна́ю . . . я не войду́; я то́лько хоте́л вас предупреди́ть,[2] что Алексе́й Ива́- 5
нович сейча́с придёт.

Да́рья Ива́новна. Заче́м же вы с ним не пошли́ гуля́ть?

Ми́ша. Я гуля́л с ним, Да́рья Ива́новна, — но он мне сказа́л, что жела́ет итти́ на слу́жбу; и 10
я не мог ничего́ сде́лать.

Да́рья Ива́новна. Ну, он пошёл на слу́жбу?

Ми́ша. Он, действи́тельно, вошёл в дом, где нахо́дится его́ слу́жба, но че́рез коро́ткое вре́мя
он вы́шел. 15

Да́рья Ива́новна. А вы почему́ зна́ете, что он вы́шел?

Ми́ша. А я из-за угла́ гляде́л. [Смотря́ в окно́]: Вот он, ка́жется, сюда́ идёт. [Собира́ется уходи́ть и вдруг остана́вливается.] 20
Ведь вы меня́ не забу́дете?

Да́рья Ива́новна. Нет, нет.

[Ми́ша бы́стро ухо́дит].

---

[1] некогда, there is no time; мне некогда, I have no time.
[2] предупредить (*perf. of* предупреждать), warn.

ЯВЛЕНИЕ ВОСЬМОЕ[1]

Дарья Ивановна, и, немного позже,[2] Ступендьев.

Дарья Ивановна. Неужели Алексей Иванович ревнует?[3] Вот кстати,[4] нечего сказать![5] [Она садится. Из двери передней выходит Алексей Иванович]. А, это ты, Алексей?

5 **Ступендьев.** Я, я, Даша. А разве граф ушёл?

Дарья Ивановна. Я думала, ты на службе?

Ступендьев. Да, я там был, сказать, знаешь, чтоб меня не ждали. Да и как же бы я мог сегодня? У нас ведь такой важный гость . . .

10 Да куда-ж это он ушёл?

Дарья Ивановна [встаёт]. Послушайте, Алексей Иванович, хотите вы получить хорошую службу, с хорошим жалованьем, в Петербурге?

Ступендьев. Я? Ещё бы!

15 **Дарья Ивановна.** Хотите?

Ступендьев. Конечно . . . Какой вопрос!

Дарья Ивановна. Так оставьте меня одну.

Ступендьев. То есть, как одну?

Дарья Ивановна. Одну с графом. Он сейчас

20 придёт. Он пошёл на свою квартиру за дуэтом.

Ступендьев. За дуэтом?

Дарья Ивановна. Да, за дуэтом. Из его оперы. Мы будем его петь.

Ступендьев. Отчего же я должен уйти? . . .

25 Я бы тоже хотел послушать . . .

---

[1] восьмой, eighth. [2] позже, later. [3] ревновать, be jealous (of). [4] кстати, opportunely; relevantly, to the point; вот кстати, it is just the time for that. [5] нечего сказать, there is nothing to be said; indeed! (*ironically*).

Да́рья Ива́новна. Ах, Алексе́й Ива́нович! Вы зна́ете, все а́вторы[1] о́чень ро́бки,[2] и, что для них о́чень неприя́тно, е́сли их слу́шает кто́-нибудь, кого́ они́ не пригласи́ли.

Ступе́ндьев. А́вторы? Да, коне́чно, им о́чень 5 неприя́тно . . . Но я, пра́во, не зна́ю, прили́чно[3] ли э́то бу́дет . . . Как же э́то я уйду́ и́з дому? . . . Гра́фу, наконе́ц, э́то мо́жет не понра́виться . . .

Да́рья Ива́новна. О, нет — уверя́ю тебя́. Он 10 зна́ет, что ты за́нят, на слу́жбе; и во вся́ком слу́чае, ты к обе́ду вернёшься.

Ступе́ндьев. К обе́ду? Да.

Да́рья Ива́новна. В три часа́.

Ступе́ндьев. В три часа́. Да . . . Я соверше́нно 15 с тобо́ю согла́сен. К обе́ду. Да, в три часа́. [Всё ещё не ухо́дит].

Да́рья Ива́новна [подожда́в]: Ну, что же ты?

Ступе́ндьев. Я не зна́ю . . . У меня́, ка́жется, голова́ боли́т. Вот э́та, ле́вая сторона́. 20

Да́рья Ива́новна. Неуже́ли? Ле́вая сторона́?

Ступе́ндьев. Да, да; вот, вот, вся э́та сторона́: я не зна́ю . . . мне, ка́жется, лу́чше до́ма оста́ться.

Да́рья Ива́новна. Послу́шай, мой друг, ты 25 ревну́ешь меня́ к гра́фу, э́то я́сно.

Ступе́ндьев. Я? С чего́ ты э́то взяла́?[4] Э́то бы́ло бы сли́шком глу́по . . .

Да́рья Ива́новна. Коне́чно, э́то бы́ло бы

---

[1] а́втор, author. [2] ро́бкий, shy, timid. [3] прили́чный, decent, proper. [4] с чего́ ты э́то взяла́? where did you get that idea? what put that into your head?

óчень глýпо, в э́том нет никакóго сомнéния¹;
но ты ревнýешь.

Ступéндьев. Я?

Дáрья Ивáновна. Ты ревнýешь меня́ к че-
5 ловéку, котóрый крáсит себé вóлосы.

Ступéндьев. Граф себé крáсит вóлосы? Так
что-ж? А у меня́ совсéм волóс нет.

Дáрья Ивáновна. И то прáвда; и потомý, так
как мне твоё спокóйствие² дорóже³ всего, то,
10 конéчно, оставáйся . . . Но уж не дýмай о
Петербýрге.

Ступéндьев. Да отчегó же? Рáзве э́та слýжба
в Петербýрге . . . рáзве онá завúсит от моегó
отсýтствия?⁴

15 Дáрья Ивáновна. Да, слýжба завúсит от
твоегó отсýтствия.

Ступéндьев. Э́то óчень стрáнно! Я, конéчно,
соглáсен с тобóй; но, всё-таки, э́то стрáнно,
согласúсь и ты.

20 Дáрья Ивáновна. Мóжет быть.

Ступéндьев. Как э́то стрáнно . . . как э́то
стрáнно. [Хóдит по кóмнате].

Дáрья Ивáновна. Но, во вся́ком слýчае, ре-
шáй⁵ скорéе . . . Граф сейчáс дóлжен вер-
25 нýться.

Ступéндьев. Как э́то стрáнно! [Помолчáв]:
Знáешь ли что, Дáша, я остáнусь.

Дáрья Ивáновна. Как тебé угóдно.

---

¹ сомнение, doubt. ² спокойствие, calm, quietness,
tranquillity; peace of mind. ³ дороже, dearer; дороже
всего, dearest, dearer than anything (else). ⁴ отсутствие,
absence. ⁵ решать, decide.

Ступе́ндьев. Да ра́зве граф тебе́ говори́л что́-нибудь об э́том ме́сте?

Да́рья Ива́новна. Я ничего́ не могу́ приба́-вить к тому́, что я тебе́ уже́ сказа́ла. Оста-ва́йся или уходи́, как хо́чешь. 5

Ступе́ндьев. И хоро́шее ме́сто?

Да́рья Ива́новна. Хоро́шее.

Ступе́ндьев. Я соверше́нно с тобо́ю согла́сен. Я . . . я остаю́сь . . . я реши́тельно остаю́сь, Да́ша. [В пере́дней слы́шен го́лос гра́фа, ко- 10 то́рый поёт]. Вот он. [По́сле не́которого ко-леба́ния[1]]: В три часа́! Проща́й![2] [Бежи́т в кабине́т.]

Да́рья Ива́новна. Сла́ва Бо́гу!

ЯВЛЕ́НИЕ ДЕВЯ́ТОЕ[3]

Да́рья Ива́новна и граф; у него́ в рука́х но́ты.

Да́рья Ива́новна. Наконе́ц, я вас дождала́сь,[4] 15 граф. Покажи́те же мне ваш дуэ́т. Вы не мо́жете себе́ предста́вить, в како́м я нетер-пе́нии![5] [Берёт у него́ но́ты из рук.]

Лю́бин. Вы, пожа́луйста, не ожида́йте чего́-нибудь сли́шком необыкнове́нного. Ведь я вам 20 уже́ сказа́л, что занима́юсь му́зыкой так,[6] ме́жду де́лом.

Да́рья Ива́новна [смотря́ на но́ты]: Напро́тив,

---

[1] колебание, wavering, hesitation, fluctuation.   [2] про-щай, farewell, good-bye.   [3] девятый, ninth.   [4] дождаться (perf.), wait out (*wait until an expected person arrives or an expected thing happens*); Наконец, я вас дождалась! At last you have come!   [5] нетерпение, impatience.   [6] так, casu-ally (without particular purpose).

напро́тив. Ах, э́то про́сто замеча́тельно!
[Ука́зывая па́льцем на одно́ ме́сто]: Ах, э́то
замеча́тельно!

Лю́бин. Я рад, что дуэ́т мой вам нра́вится.

5 Да́рья Ива́новна. О́чень, о́чень ми́ло! Ну,
пойдёмте, пойдёмте; что вре́мя теря́ть![1] [Идёт
к фортепиа́но, сади́тся и кладёт но́ты . . . Граф
стано́вится[2] за её сту́лом].

Да́рья Ива́новна. Это — andante?

10 Лю́бин. Andante, andante amoroso quasi cantando.[3] [Ка́шляет]. Я сего́дня не в го́лосе . . .
Но вы извини́те . . . Го́лос компози́тора,[4] вы
зна́ете.

Да́рья Ива́новна. Да, я зна́ю. Все а́вторы
15 всегда́ так говоря́т! Я начина́ю. [Она́ игра́ет
на фортепиа́но.] Вот э́то тру́дно.

Лю́бин. Не для вас.

Да́рья Ива́новна. А слова́ о́чень ми́лы.

Лю́бин. Да . . . я их нашёл, ка́жется, в стиха́х
20 одного́ италья́нского[5] поэ́та.[6] [Ука́зывая па́ль-
цем]: Это он ей поёт:

La dolce tua immagine
O, vergine amata
Dell' alma inamorata[7]. . .

25 Да вот, позво́льте, слу́шайте. [Поёт в италь-
я́нском вку́се; Да́рья Ива́новна аккомпани́-
рует[8] ему́.]

---

[1] теря́ть, lose.   [2] станови́ться, stand, place oneself, take
a position.   [3] (*Italian*) *amoroso*, loving, amorous; *quasi
cantando*, as if singing.   [4] компози́тор, composer.   [5] италь-
я́нский, Italian.   [6] поэ́т, poet.   [7] (*Italian*) Your sweet
image, O beloved maiden with soul filled with love.   [8] ак-
компани́ровать, accompany.

Да́рья Ива́новна. Прекра́сно, прекра́сно . . .
Ах, как э́то краси́во!

Лю́бин. Вы нахо́дите?

Да́рья Ива́новна. Удиви́тельно, удиви́тельно!

Лю́бин. Я ещё не так э́то спел, как бы сле́до- 5
вало. Но как вы мне аккомпани́ровали, Бо́же
мой! Я вас уверя́ю, никто́, никто́ мне так не
аккомпани́ровал . . . никто́!

Да́рья Ива́новна. Вы мне льсти́те.[1]

Лю́бин. Я? Э́то не в моём хара́ктере, Да́рья 10
Ива́новна. Ве́рьте мне. У вас замеча́тельный
тала́нт.[2] Да, у вас большо́й тала́нт, пове́рьте
мне, я вам не льщу.

Да́рья Ива́новна [продолжа́я смотре́ть на
но́ты]: Как э́то мне нра́вится! Как э́то но́во! 15
И неуже́ли вся о́пера так же хороша́?

Лю́бин. Вы зна́ете, в э́том де́ле а́втор не судья́[3];
но мне ка́жется, что по кра́йней[4] ме́ре, осталь-
но́е[5] не ху́же, е́сли не лу́чше.

Да́рья Ива́новна. Бо́же мой! Неуже́ли вы 20
мне не сыгра́ете[6] что́-нибудь из э́той о́перы?

Лю́бин. Я был бы сли́шком рад и сча́стлив
испо́лнить[7] ва́шу про́сьбу,[8] Да́рья Ива́новна, но
к сожале́нию, я не игра́ю на фортепиа́но и ни-
чего́ не взял с собо́й. 25

Да́рья Ива́новна. Как жаль! [Встава́я]: До
друго́го ра́за. Ведь я наде́юсь, граф, что мы
ещё уви́димся с ва́ми пе́ред ва́шим отъе́здом?

---

[1] льстить, flatter.   [2] тала́нт, talent.   [3] судья́, judge.
[4] кра́йний, extreme; по кра́йней ме́ре, at least.   [5] осталь-
но́й, rest, remaining; остально́е, the rest.   [6] сыгра́ть
(perf. of игра́ть), play.   [7] испо́лнить (perf. of исполня́ть),
fulfill, accomplish.   [8] про́сьба, request.

Люби́н. Я? Я, е́сли вы позво́лите, гото́в к вам
е́здить ка́ждый день. Что же каса́ется [1] того́,
что я вам обеща́л, то уверя́ю вас, я не забу́ду.
Да́рья Ива́новна [неви́нно]: Что вы обеща́ли,
5 граф?
Люби́н. Я ва́шему му́жу найду́ ме́сто в Петер-
бу́рге, даю́ вам че́стное сло́во. Вам нельзя́
здесь остава́ться. Вы должны́ быть одни́м из
блестя́щих украше́ний [2] на́шего о́бщества, и я
10 хочу́ — быть пе́рвым . . . Но вы, ка́жется,
заду́мались . . . о чём, позво́льте спроси́ть?
Да́рья Ива́новна [ти́хо поёт, бу́дто про себя́]:
La dolce tua immagine . . .
Люби́н. А! Я знал, я знал, что э́та фра́за, [3]
15 что э́та фра́за оста́нется у вас в па́мяти.
Да́рья Ива́новна. Э́та фра́за о́чень, о́чень
мила́. Но извини́те, граф . . . я и не слыха́ла,
что вы мне говори́ли . . . я всё ещё слы́шу ва́шу
му́зыку.
20 Люби́н. Я вам говори́л, Да́рья Ива́новна, что
вам непреме́нно [4] ну́жно перее́хать в Петербу́рг
— во-пе́рвых, [5] для вас и ва́шего му́жа, а во-
вторы́х, [6] и для меня́. Я говорю́ о себе́, потому́
что . . . потому́ что на́ша ста́рая, мо́жно сказа́ть,
25 дру́жба даёт мне не́которое пра́во на э́то. Я
никогда́ не забыва́л вас, Да́рья Ива́новна, а
тепе́рь бо́лее чем когда́-нибудь [7] могу́ вас уве́-

---

[1] что каса́ется, as concerns, as for.   [2] украше́ние, decoration, ornament.   [3] фра́за, sentence, phrase.   [4] непре-
ме́нно, without fail, certainly.   [5] во-пе́рвых, first, in the
first place.   [6] во-вторы́х, secondly, in the second place.
[7] когда́-нибудь, sometime, any time, ever.

рить, что я и́скренно[1] вам пре́дан[2] . . . что э́та
встре́ча с ва́ми . . .

Да́рья Ива́новна [печа́льно]: Граф, к чему́ вы
э́то говори́те?

Лю́бин. Почему́-ж мне не говори́ть того́, что я 5
чу́вствую?

Да́рья Ива́новна. Потому́, что вам не сле́до-
вало бы возбужда́ть[3] во мне . . .

Лю́бин. Что возбужда́ть . . . что возбужда́ть?
говори́те . . .   10

ЯВЛЕ́НИЕ ДЕСЯ́ТОЕ[4]

Те же и Ступе́ндьев
(пока́зывается в двери́х кабине́та).

Да́рья Ива́новна. Напра́сных[5] ожида́ний.[6]

Лю́бин. Почему́-ж напра́сные? И каки́е ожи-
да́ния?

Да́рья Ива́новна. Почему́? Я постара́юсь
быть открове́нной[7] с ва́ми, Влади́мир Нико- 15
ла́евич.

Лю́бин. Вы по́мните моё и́мя!

Да́рья Ива́новна. Вот, ви́дите ли, здесь . . .
вы обрати́ли[8] на меня́ . . . не́которое внима́ние,
а в Петербу́рге, я, мо́жет быть, покажу́сь вам 20
тако́ю незначи́тельною,[9] что вы, наве́рно, бу́-
дете жале́ть о том, что тепе́рь хоти́те сде́лать
для нас.

---

[1] и́скренно, sincerely.   [2] пре́данный, devoted, true (to).
[3] возбужда́ть, awaken, arouse.   [4] деся́тый, tenth.   [5] на-
пра́сный, vain, useless.   [6] ожида́ние, expectation.   [7] от-
крове́нный, frank.   [8] обрати́ть (*perf. of* обраща́ть), turn;
обрати́ть внима́ние, pay attention.   [9] незначи́тельный,
insignificant.

Любин. О, что вы говорите, Дарья Ивановна! Вы себе не знаете цены. Но разве вы не понимаете . . . ведь вы очаровательная женщина . . . Жалеть о том, что я сделаю для вас, Дарья
5 Ивановна!

Дарья Ивановна [увидав Ступендьева]: Для моего мужа, вы хотите сказать.

Любин. Ну, да, да, для вашего мужа. Жалеть . . . Нет, вы ещё не знаете настоящих
10 моих чувств[1] . . . я тоже хочу быть откровенным с вами . . .

Дарья Ивановна [смущаясь]: Граф . . .

Любин. Вы не знаете моих настоящих чувств, говорю вам; вы их не знаете.

15 Ступендьев [быстро входит в комнату, приближается к графу, который стоит к нему спиной, и кланяется]. Граф Владимир Николаевич, граф . . .

Любин. Вы не знаете моих чувств, Дарья Ива-
20 новна.

Ступендьев [кричит]: Граф, граф . . .

Любин [быстро оборачивается, глядит на него некоторое время и спокойно говорит]: А, это вы, Алексей Иванович? Откуда вы явились?[2]
25 Ступендьев. Из кабинета . . . из кабинета, граф. Я был тут в кабинете . . .

Любин. Я думал, что вы на службе. А мы здесь с вашей женой занимались музыкой. Господин Ступендьев, вы счастливейший че-

_____

[1] чувство, feeling, emotion.   [2] явиться (*perf. of* являться), appear.

ловéк! Я вам э́то говорю́ так про́сто, потому́ что я ва́шу жену́ зна́ю с де́тства.[1]

Ступéндьев. Вы сли́шком до́бры, граф.

Да́рья Ива́новна. Друг мой, ты мо́жешь благо-
дари́ть гра́фа.   5

Лю́бин. [Бы́стро перебива́я, говори́т ей вполго́-
лоса[2]]: Позво́льте . . . Я ему́ сам скажу́ . . .
по́зже . . . мы ещё об э́том поговори́м. [Гро́м-
ко, Ступéндьеву]: Вы счастли́вый человéк!
Люби́те вы му́зыку?   10

Ступéндьев. Как же, граф, я . . .

Лю́бин [обраща́ясь к Да́рье Ива́новне]: Кста́ти
. . . вы мне хотéли что-то показа́ть, вы забы́ли?

Да́рья Ива́новна [бы́стро, вполго́лоса]: Он
ревну́ет. [Гро́мко]: Ах! да . . . я тепéрь вспо́м- 15
нила: я хотéла вам . . . я хотéла вам показа́ть
наш сад; до обéда ещё есть врéмя.

Лю́бин. А! [Помолча́в]: А! У вас есть сад?

Да́рья Ива́новна. Небольшо́й, но в нём мно́го
цвето́в.   20

Лю́бин. Да, да, я по́мню; вы ведь всегда́ люби́ли
цветы́. Покажи́те, покажи́те мне ваш сад. Мне
э́то бу́дет о́чень интерéсно!

Ступéндьев [вполго́лоса, подходя́ к Да́рье Ива́-
новне]: Что-ж э́то . . . что-ж э́то . . . что-ж 25
э́то зна́чит — а?

Да́рья Ива́новна [вполго́лоса]: В три часа́,
и́ли без мéста. [Отхо́дит от него́].

Лю́бин. Да́йте мне ва́шу ру́ку. [Вполго́лоса]:
Я вас понима́ю.   30

---

[1] детство, childhood.   [2] вполголоса, in an undertone,
in a low voice.

Да́рья Ива́новна [гля́дя на него́ с едва́ заме́т-
ной [1] улы́бкой]: Вы ду́маете?

Ступе́ндьев. [Взволно́ванно [2]]: Да, позво́ль-
те, позво́льте . . . И я с ва́ми пойду́.

5 Да́рья Ива́новна [остана́вливается и смо́трит
на него́]. И ты хо́чешь итти́, мой друг? Сту-
па́й, ступа́й с на́ми, ступа́й. [Она́ с гра́фом
идёт к две́ри са́да].

Ступе́ндьев. Да . . . я . . . пойду́. [Хвата́ет [3]
10 шля́пу, и де́лает не́сколько шаго́в].

Да́рья Ива́новна. Ступа́й, ступа́й . . . [Она́
ухо́дит с гра́фом].

ЯВЛЕ́НИЕ ОДИ́ННАДЦАТОЕ [4]

Ступе́ндьев [де́лает ещё не́сколько шаго́в, и
броса́ет шля́пу на́ пол]. Да, чорт возьми́, [5]
15 я остаю́сь! остаю́сь! не пойду́! [Хо́дит по
ко́мнате]. Я челове́к реши́тельный, я не лю-
блю́ неизве́стности. [6] Я хочу́ ви́деть, я хочу́
убеди́ться [7] со́бственными глаза́ми. Вот что я
хочу́ . . . Ведь, в конце́ концо́в, [8] что же э́то
20 тако́е! — Ну, поло́жим, она́ зна́ла его́ в де́тстве;
ну, поло́жим, она́ образо́ванная [9] же́нщина,
о́чень, о́чень образо́ванная же́нщина — да за-

---

[1] заме́тный, noticeable.   [2] взволнова́ть (*perf. of* волно-
ва́ть), disturb, agitate, excite; взволно́ванно, excitedly, in
agitation.   [3] хвата́ть, seize, grasp, grab.   [4] одиннадцатый, eleventh.   [5] чорт возьми́!, devil take it!   [6] неиз-
ве́стность, uncertainty.   [7] убеди́ться (*perf. of* убежда́ть-
ся), convince oneself, be convinced.   [8] в конце́ концо́в,
finally, after all, in the long run.   [9] образо́ванный, educated, cultured.

чём же она́ со мной так обраща́ется?¹ Оттого́,²
что я не образо́ван? Во-пе́рвых, я в э́том не
винова́т. Говори́ть там о ме́сте, в Петербу́рге
— ну, что за вздор? Ну, мо́жно ли э́тому по-
ве́рить? Граф э́тот сейча́с даст мне ме́сто! Да 5
и, наконе́ц, мо́жет ли он дать мне ме́сто? Ведь
дела́ его́ о́чень пло́хи . . . Ну, поло́жим, он там
ка́к-нибудь мне найдёт ме́сто; да заче́м быть
с ним одно́й, це́лый день? . . . Ведь э́то не-
прили́чно!³ Ну, обеща́л — и коне́ц. В три 10
часа́ . . . Ещё говори́т, в три часа́ [смо́трит на
часы́], а тепе́рь то́лько че́тверть тре́тьего!⁴
[Остана́вливается]. А пойду́-ка я в сад!
[Смо́трит в окно́]. Нет, не ви́жу их. [Подни-
ма́ет шля́пу]. Пойду́, ведь на са́мом де́ле,⁵ пой- 15
ду́. Сама́ же, сама́ мне говори́ла [подража́ет⁶
жене́]: ступа́й, мой друг, ступа́й! [Помол-
ча́в]: Да, как бы не так,⁷ пойдёшь! Нет,
брат, зна́ю я тебя́ . . . ведь не пойдёшь! [С
доса́дой опя́ть броса́ет шля́пу на́ пол]. 20

Вхо́дит Ми́ша.

Ми́ша [подходя́ к Ступе́ндьеву]. Что с ва́ми,
Алексе́й Ива́нович? Вы как бу́дто взволно́-
ваны? [Поднима́ет шля́пу и кладёт ее на
стол]. Что с ва́ми?

Ступе́ндьев. Оста́вь меня́, пожа́луйста. Не 25
надоеда́й⁸ хоть ты, по кра́йней ме́ре.

¹ обраща́ться (with с), behave toward, treat. ² оттого́,
что, because. ³ неприли́чный, indecent, improper. ⁴ четверть тре́тьего, a quarter after two. ⁵ на самом деле, actually, as a matter of fact. ⁶ подража́ть, imitate. ⁷ как бы
не так, not likely, not a chance. ⁸ надоеда́ть, bore, bother.

Ми́ша. Да что вы, Алексе́й Ива́нович; ра́зве я вас беспоко́ю?

Ступе́ндьев [помолча́в]: Не ты меня́ беспоко́ишь, а [пока́зывает руко́й к са́ду] вот кто!

5 Ми́ша [гля́дя в дверь, неви́нным го́лосом]: Да кто же, позво́льте вас спроси́ть?

Ступе́ндьев. Кто . . .? он . . .

Ми́ша. Кто он?

Ступе́ндьев. Как бу́дто ты не зна́ешь! Да вот
10 э́тот граф Лю́бин, кото́рый неда́вно прие́хал.

Ми́ша. Как же он мо́жет вас беспоко́ить?

Ступе́ндьев. Как? . . . Он, вот, с утра́ от Да́рьи Ива́новны не отхо́дит, поёт с ней, гуля́ет . . . Что ты ду́маешь . . . э́то . . . э́то
15 прия́тно? прия́тно э́то — а? для му́жа, то есть.

Ми́ша. Для му́жа ничего́.

Ступе́ндьев. Как ничего́? Ра́зве ты не слы́шишь: гуля́ет с ней, поёт?

20 Ми́ша. И то́лько? . . . Послу́шайте, Алексе́й Ива́нович, как вам не сты́дно, так сказа́ть, об э́том беспоко́иться?[1] Ведь э́то всё, так сказа́ть, для вас же де́лается. Граф, челове́к ва́жный, с влия́нием, знал Да́рью Ива́новну с де́тства —
25 как же э́тим не воспо́льзоваться?[2] Да по́сле э́того нам бы, про́сто, сты́дно бы́ло показа́ться на глаза́[3] вся́кому благоразу́мному[4] челове́ку. Я чу́вствую, что мои́ слова́ сли́шком откро-

---

[1] беспоко́иться, worry, be uneasy, be anxious.   [2] воспо́льзоваться (*perf. of* по́льзоваться), take advantage of, make use of.   [3] показа́ться на глаза́, appear before, face.   [4] благоразу́мный, reasonable.

298

вéнны, да, слúшком откровéнны, но моя́ прé-
данность [1] вам . . .

Ступéндьев. Идú ты к чóрту с твоéй прéдан-
ностью! [Садúтся].

Мúша. Алексéй Ивáнович . . . Алексéй Ивá- 5
нович!

Ступéндьев. Ну, что тебé?

Мúша. Что вы так сидúте? Пойдёмте лýчше
гуля́ть.

Ступéндьев. Не хочý я гуля́ть!   10

Мúша. Пойдёмте . . . Прáво, пойдёмте.

Ступéндьев [бы́стро оборáчиваясь]: Да что
тебé нýжно, наконéц, а? . . . Что ты от меня́
сегóдня ни на шаг не отхóдишь с утрá? Что
тебé нýжно, в сáмом дéле?   15

Мúша [невúнным гóлосом и не смотря́ на Сту-
пéндьева]: Так ведь э́то всё для вас, Алексéй
Ивáнович.

Ступéндьев. А кто тебé сказáл, что э́то для
меня́? Ну, говорú!   20

Мúша. Да ведь послýшайте, Алексéй Ивáнович, пожáлуйста. Мне э́то не так легкó
объяснúть. Кáжется, вот, дождь собирáется
иттú . . . онú сейчáс придýт . . .

Ступéндьев. Дождь собирáется иттú, а ты 25
меня́ зовёшь гуля́ть!

Мúша. Да мы мóжем, так, не по ýлице . . . Пожáлуйста, Алексéй Ивáнович, не беспокóй-
тесь . . . Чегó вы мóжете боя́ться? Ведь мы
тут, ведь мы наблюдáем [2] . . . ведь, кáжется, 30

---

[1] преданность, devotion.   [2] наблюдать, observe, watch.

э́то всё вещь така́я изве́стная[1] . . . Вы, вот, в
три часа́ вернётесь . . .

С т у п е́ н д ь е в. Да почему́ же ты так стара́ешься?
Что она́ тебе́ тако́е говори́ла?

5 М и́ ш а. Да́рья Ива́новна мне ничего́ осо́бенного
не говори́ла . . . а то́лько так . . . ведь вы о́ба
мои́ благоде́тели.[2] Вы мой благоде́тель, а
Да́рья Ива́новна моя́ благоде́тельница; и кро́ме
того́, я ведь её ро́дственник. Как же мне не
10 стара́ться . . . [Берёт его́ за́ руку].

С т у п е́ н д ь е в. Я остаю́сь! Моё ме́сто здесь! Я
здесь хозя́ин . . . Моё ме́сто здесь.

М и́ ш а. Коне́чно, вы хозя́ин; да ведь, е́сли я вам
говорю́, что мне всё изве́стно . . .

15 С т у п е́ н д ь е в. Так что-ж? Ты ду́маешь, она́
тебя́ не обма́нет?[3] Ты, брат, ещё мо́лод и
глуп. Ты ещё же́нщин не зна́ешь . . .

М и́ ш а. Как мне их знать . . . То́лько вот . . .

С т у п е́ н д ь е в. Я здесь сам слы́шал, как граф
20 говори́л: вы, Да́рья Ива́новна, не зна́ете мои́х
чувств; я их вам откро́ю,[4] мои́ чу́вства . . . А
ты зовёшь меня́ гуля́ть . . .

М и́ ш а [печа́льно]: Ка́жется, дождь начина́-
ется . . . Алексе́й Ива́нович.

25 С т у п е́ н д ь е в. Не надоеда́й, брат, не надоеда́й!
[Помолча́в]: А ведь в са́мом де́ле, ка́жется,
дождь . . .

М и́ ш а. Они́ сюда́ иду́т, они́ сюда́ иду́т . . .
[Опя́ть берёт его́ за́ руку].

---

[1] изве́стный, known, well known, certain. [2] благоде́-
тель, benefactor. [3] обману́ть (*perf. of* обма́нывать), deceive, trick. [4] откры́ть, discover, disclose, reveal.

Ступе́ндьев. Да нет же, не пойду́! [Помолча́в]: Ну, а впро́чем, чорт возьми́, пойдём! [Оба убега́ют в пере́днюю].

ЯВЛЕ́НИЕ ДВЕНА́ДЦАТОЕ [1]

Да́рья Ива́новна и граф вхо́дят из са́да.

Лю́бин. О́чень ми́ло, о́чень ми́ло.

Да́рья Ива́новна. Вы нахо́дите?   5

Лю́бин. Ваш сад чрезвыча́йно [2] мил, как и всё здесь. [Помолча́в]: Да́рья Ива́новна, я призна́юсь . . . я всего́ э́того не ожида́л; я очаро́ван, [3] я очаро́ван . . .

Да́рья Ива́новна. Чего́ вы не ожида́ли, граф? 10

Лю́бин. Вы меня́ понима́ете. Но когда́ вы мне пока́жете э́то письмо́?

Да́рья Ива́новна. Заче́м оно́ вам?

Лю́бин. Как заче́м? . . . Я бы жела́л знать, так же ли я чу́вствовал в то вре́мя, в то пре- 15 кра́сное вре́мя, когда́ мы бы́ли так мо́лоды о́ба . . .

Да́рья Ива́новна. Граф, нам, я ду́маю, лу́чше не каса́ться того́ вре́мени.

Лю́бин. Да почему́ же? Ра́зве вы, Да́рья Ива́- 20 новна, ра́зве вы не ви́дите, како́е вы произвели́ [4] на меня́ впечатле́ние! . . .

Да́рья Ива́новна [с смуще́нием [5]]. Граф . . .

Лю́бин. Нет, Да́рья Ива́новна . . . Я вам прав-

---

[1] двена́дцатый, twelfth.   [2] чрезвычайно, extraordinarily, extremely.   [3] очаровать (*perf. of* очаровывать), charm, enchant, fascinate.   [4] произвести (*perf. of* производить), produce; произвести впечатление, make an impression.   [5] смущение, confusion, embarrassment.

ду скажу́ . . . Когда́ я пришёл сюда́, когда́ я
вас уви́дел, я, признаю́сь, поду́мал — извини́те
меня́, пожа́луйста — я поду́мал, что вы жела́-
ли то́лько возобнови́ть знако́мство со мной . . .

5 Да́рья Ива́новна [поднима́я глаза́]: И вы не
оши́блись . . .

Лю́бин. И потому́ я . . . я . . .

Да́рья Ива́новна [с улы́бкой]: Продолжа́йте,
граф, продолжа́йте.

10 Лю́бин.   Пото́м я вдруг убеди́лся, что име́ю
де́ло с же́нщиной чрезвыча́йно очарова́тель-
ной, а тепе́рь открове́нно до́лжен вам созна́ть-
ся[1] — я ва́ми соверше́нно очаро́ван.

Да́рья Ива́новна.   Вы смеётесь надо мной,
15 граф . . .

Лю́бин.   Я смею́сь над ва́ми?

Да́рья Ива́новна.   Да, вы! Ся́демте, граф.
Позво́льте мне вам сказа́ть два сло́ва. [Са-
ди́тся].

20 Лю́бин [садя́сь]: Вы мне всё не ве́рите! . . .

Да́рья Ива́новна.   А вы хоти́те, чтоб я вам ве́-
рила? Как бу́дто бы я не зна́ю, како́го ро́да[2]
впечатле́ние произвожу́[3] на вас. Сего́дня я
вам, Бог зна́ет, почему́, нра́влюсь; за́втра вы
25 меня́ забу́дете. [Он хо́чет говори́ть, но она́
его остана́вливает]. Поста́вьте себя́ в моё
положе́ние . . . Вы ещё мо́лоды, блестя́щи,
живёте в большо́м све́те; у нас вы случа́йный[4]
гость! . . .

---

[1] сознаться (*perf. of* сознаваться), confess.   [2] какого
рода, what kind of.   [3] производить, produce, make.
[4] случайный, chance, casual, accidental.

Лю́бин. Но . . .

Да́рья Ива́новна [остана́вливая его́]. Слу-
ча́йно вы заме́тили меня́. Вы зна́ете, что на́ши
доро́ги в жи́зни так разли́чны[1] . . . что же вам
сто́ит уве́рить меня́ в ва́шей . . . в ва́шей дру́ж- 5
бе? . . . Но я, граф, я, кото́рая должна́ про-
вести́ всю свою́ жизнь здесь, в прови́нции — я
должна́ стро́го[2] наблюда́ть[3] за свои́м се́рдцем,
е́сли не хочу́ . . .

Лю́бин [перебива́я её]: Се́рдцем, се́рдцем; вы 10
говори́те се́рдцем! Да ра́зве у меня́ то́же нет
се́рдца, наконе́ц? И почему́ вы зна́ете, что э́то
се́рдце, не . . . не заговори́ло,[4] наконе́ц? Вы
говори́те, что вы должны́ жить здесь в про-
ви́нции?   15

Да́рья Ива́новна. Вы же зна́ете, я ведь не
одна́ . . .

Лю́бин. Понима́ю, понима́ю — ваш муж . . . но
ра́зве . . . ра́зве . . . Ведь э́то то́лько ме́жду
на́ми . . . одна́, как сказа́ть . . . симпа́тия.[5] 20
[Помолча́в]: Мне то́лько, признаю́сь, одно́
бо́льно; мне бо́льно, что вы ви́дите во мне
како́го-то, я не зна́ю . . . како́го-то фальши́-
вого[6] челове́ка . . . что вы не ве́рите мне, нако-
не́ц . . .   25

Да́рья Ива́новна [помолча́в]: Так ве́рить мне
вам, граф?

Лю́бин. О, вы очарова́тельны! [Берёт её ру́ку

---

[1] разли́чный, different.   [2] стро́го, severely, strictly,
rigidly.   [3] наблюда́ть (*with* за), look after, look out for.
[4] заговори́ть (*perf. of* загова́ривать), begin to speak.
[5] симпа́тия, sympathy.   [6] фальши́вый, false, insincere.

и целу́ет её]. Да, ве́рьте мне, Да́рья Ива́новна, ве́рьте . . . я вас не обма́нываю[1] . . . Всё, что я обеща́л, бу́дет сде́лано . . . Вы бу́дете жить в Петербу́рге . . . а не в прови́нции! Вы го-
5 вори́те, я вас забу́ду? Как бы вы меня́ не[2] забы́ли!

Да́рья Ива́новна. Влади́мир Никола́евич!

Лю́бин. А, вы са́ми тепе́рь ви́дите, как мне не-прия́тно, как бо́льно ва́ше сомне́ние! Ведь я
10 бы мог то́же поду́мать, что вы притворя́етесь,[3] что вы интересу́етесь[4] мно́ю, не то́лько из-за симпа́тии ко мне! . . .

Да́рья Ива́новна. Влади́мир Никола́евич!

Лю́бин [всё с бо́льшим и бо́льшим жа́ром,[5] вста-
15 ва́я]: Впро́чем, ду́майте обо мне что хоти́те, но я до́лжен вам сказа́ть, что я вам соверше́нно пре́дан, что я, наконе́ц, люблю́ вас — люблю́ вас, и гото́в на коле́нях[6] уве́рить вас в э́том.

Да́рья Ива́новна. На коле́нях, граф! [Вста-
20 ёт].

Лю́бин. Да, на коле́нях, е́слиб э́то не́ было — так сказа́ть, как бы в теа́тре.[7]

Да́рья Ива́новна. Отчего́ же? . . . Нет, э́то, признаю́сь, э́то должно́ быть о́чень прия́тно —
25 для же́нщины. [Бы́стро обора́чиваясь к Лю́-бину]: Ста́ньте на коле́ни,[8] граф, е́сли вы действи́тельно не смеётесь надо мной.

---

[1] обма́нывать, deceive.   [2] как бы не, lest; как бы вы меня́ не забы́ли! I am afraid you will forget me!   [3] притворя́ться, pretend.   [4] интересова́ться, be interested.   [5] жар, heat, temperature, ardor.   [6] коле́но, knee.   [7] теа́тр, theater.   [8] стать (*perf. of* станови́ться) на коле́ни, kneel, get on one's knees.

Любин. С удовольствием, Дарья Ивановна, если это только может убедить [1] вас в том, что я вас люблю . . . [Не без труда становится на колени].

Дарья Ивановна [позволяет ему стать на колени и быстро приближается к нему]. Ну, что вы, граф, что вы! Я шутила, встаньте.

Любин [хочет встать и не может]. Всё равно, оставьте. Я вас люблю . . . А вы?

Дарья Ивановна. Встаньте, прошу вас . . . [Из передней показывается Ступендьев, и позади его, Миша, старающийся удержать [2] его]. Встаньте . . . [Она делает знаки и сама с трудом удерживает [2] смех]. Встаньте . . . [Граф с удивлением глядит на неё и замечает [3] её знаки]. Да встаньте же, пожалуйста . . .

Любин [не вставая]: Кому вы делаете знаки?

Дарья Ивановна. Граф, пожалуйста, встаньте.

Любин. Дайте мне руку.

ЯВЛЕНИЕ ТРИНАДЦАТОЕ [4]

Те же. Ступендьев и Миша.

Ступендьев во время [5] этого разговора подошёл к графу сзади. Миша останавливается позади. Дарья Ивановна глядит на графа, на мужа и не может удержать громкого смеха. Граф в смущении оборачивается и видит Ступендьева. Тот ему кланяется. Граф с досадой обращается к нему.

---

[1] убедить (*perf. of* убеждать), convince, persuade.
[2] удержать (*perf. of* удерживать), keep back, hold back, restrain.   [3] замечать, notice, observe.   [4] тринадцатый, thirteenth.   [5] во время, during.

Лю́бин. Помоги́те [1] мне встать . . . я как-то . . .
здесь стал на коле́ни. Да помоги́те же мне!
[Да́рья Ива́новна перестаёт смея́ться].

Ступе́ндьев. Сейча́с, граф . . . Извини́те меня́,
5 е́сли я . . . [Хо́чет подня́ть его́].

Лю́бин [сам бы́стро вска́кивает]. О́чень хорошо́,
о́чень хорошо́, благодарю́ вас. [Подходя́ к
Да́рье Ива́новне]: Прекра́сно, Да́рья Ива́новна,
о́чень вам благода́рен.

10 Да́рья Ива́новна [неви́нным го́лосом]: Чем же
я винова́та, Влади́мир Никола́евич?

Лю́бин. Вы ниско́лько не винова́ты! Нельзя́ не
смея́ться над тем, что смешно́ — я вас в э́том
не упрека́ю,[2] пове́рьте; но, наско́лько я мог
15 заме́тить, вы всё э́то устро́или с ва́шим му́жем.

Да́рья Ива́новна. Почему́ вы э́то ду́маете,
граф?

Лю́бин. Почему́? Да потому́, что в таки́х слу́-
чаях, обыкнове́нно, не смею́тся и не де́лают
20 зна́ков.

Ступе́ндьев. Уверя́ю вас, граф, ме́жду на́ми
ничего́ не́ было устро́ено, уверя́ю вас, граф.

Лю́бин [обраща́ясь со сме́хом к Да́рье Ива́новне]:
Ну, по́сле э́того вам тру́дно бу́дет уве́рить
25 меня́, что вы не устро́или э́то зара́нее.[3]

Да́рья Ива́повна. Граф . . .

Лю́бин. Не извиня́йтесь,[4] прошу́ вас. [Помол-
ча́в, про себя́]: Как сты́дно! Одно́ то́лько
оста́лось сре́дство[5] вы́йти из э́того глу́пого

---

[1] помочь (*perf. of* помогать), help.   [2] упрекать, reproach.
[3] заранее, beforehand, in advance.   [4] извиняться, make
excuses, apologize.   [5] средство, means.

положе́ния . . . [Гро́мко к Да́рье Ива́новне]: Да́рья Ива́новна? . . .

Да́рья Ива́новна. Граф?

Лю́бин. Вы, мо́жет быть, ду́маете, что я тепе́рь не сдержу́[1] своего́ сло́ва, сейча́с уе́ду, и не 5 прощу́ вам того́, что вы меня́ обману́ли? Я бы, мо́жет быть, име́л пра́во э́то сде́лать, потому́ что, всё-таки, с поря́дочным[2] челове́ком так шути́ть не сле́дует; но я жела́ю, чтоб вы, то́же, узна́ли, с кем име́ете де́ло . . . Да́рья 10 Ива́новна, я че́стный челове́к . . . Я остаю́сь обе́дать — е́сли господи́ну Ступе́ндьеву э́то не бу́дет неприя́тно — и, повторя́ю вам, сдержу́ своё сло́во, вы бу́дете в Петербу́рге.

Да́рья Ива́новна. Влади́мир Никола́евич, вы, 15 я наде́юсь, то́же не так пло́хо обо мне ду́маете; вы не поду́маете, не пра́вда ли, что я не уме́ю цени́ть[3] . . . ва́шего великоду́шия[4] . . . Да, я винова́та . . . но вы меня́ узна́ете, как я тепе́рь узна́ла вас . . . 20

Лю́бин. О, заче́м все э́ти слова́? Всё э́то не сто́ит благода́рности . . . Но как вы хорошо́ игра́ете коме́дию! . . .

Да́рья Ива́новна. Граф, вы зна́ете, коме́дию хорошо́ игра́ешь тогда́, когда́ чу́вствуешь, что 25 говори́шь . . .

Лю́бин. А! Вы опя́ть! Нет, извини́те — два ра́за подря́д[5] вы меня́ не обма́нете. [Обра-

---

[1] сдержа́ть (*perf. of* держа́ть) сло́во, keep one's word, keep one's promise. [2] поря́дочный, honorable, respectable, decent. [3] цени́ть, value, appreciate. [4] великоду́шие, generosity, magnanimity. [5] подря́д, in succession, in a row.

щаясь к Ступе́ндьеву]: Я до́лжен быть о́чень смешны́м в ва́ших глаза́х тепе́рь; но я постара́юсь доказа́ть[1] на де́ле[2] моё жела́ние[3] быть вам поле́зным[4] . . .

5 Ступе́ндьев. Граф, пове́рьте, я . . . [В сто́рону]: Я ничего́ не понима́ю.

Да́рья Ива́новна. Да э́то и не ну́жно . . . Благодаря́[5] гра́фу . . .

Ступе́ндьев. Граф, пове́рьте . . .

10 Лю́бин. Э́то не сто́ит благода́рности.

Да́рья Ива́новна. А вас, Влади́мир Никола́евич, я поблагодарю́ в Петербу́рге.

Лю́бин. И пока́жете мне письмо́?

Да́рья Ива́новна. Покажу́, и, мо́жет быть, с

15 отве́том.

Лю́бин. Я до́лжен призна́ться,[6] — вы очарова́тельны . . . и я . . . ни о чём не жале́ю . . .

Да́рья Ива́новна. А я, мо́жет быть, не смогу́[7] э́того сказа́ть . . .

20 Ступе́ндьев [в сто́рону, гля́дя на часы́]: А ведь я пришёл в три че́тверти тре́тьего,[8] а не в три.

Ми́ша [подходя́ к Да́рье Ива́новне]: Да́рья Ива́новна, что-ж вы, меня́-то? . . . Вы меня́-то,

25 ка́жется, забы́ли . . . А уж я как стара́лся!

Да́рья Ива́новна [вполго́лоса]: Я вас не забы́ла . . . [Гро́мко]: Граф, позво́льте вам пред-

---

[1] доказа́ть (*perf. of* доказывать), demonstrate, prove. [2] на деле, in deed, in practice. [3] желание, wish, desire. [4] полезный, useful. [5] благодаря, thanks to, due to, on account of. [6] признаться (*perf. of* признаваться), confess, acknowledge. [7] смочь (*perf. of* мочь), can, be able. [8] три четверти третьего, 2:45 (o'clock), a quarter of three.

ста́вить одного́ молодо́го челове́ка . . . [Ми́ша
кла́няется]. Я принима́ю в нём уча́стие,[1] и
е́сли . . .

Лю́бин. Вы принима́ете в нём уча́стие? . . .
Этого дово́льно . . . Молодо́й челове́к, уверя́ю 5
вас, мы об вас не забу́дем.

Ми́ша [с благода́рностью в го́лосе]: Благодарю́
вас, граф . . .

Вхо́дит А́нна.

А́нна. Обе́д гото́в.

Ступе́ндьев. А! Граф, пожа́луйста, про́сим 10
вас . . .

Лю́бин [подава́я ру́ку Да́рье Ива́новне, Сту-
пе́ндьеву]: Вы позво́лите?

Ступе́ндьев. Пожа́луйста, граф . . . Как вам
уго́дно . . . [Граф с Да́рьей Ива́новной иду́т к 15
дверя́м]. Одна́ко, я пришёл не в три, а в три
че́тверти тре́тьего . . . всё равно́; я ничего́ не
понима́ю, но моя́ жена́ — вели́кая[2] же́нщина!

Ми́ша. Пойдёмте, Алексе́й Ива́нович.

Да́рья Ива́новна. Граф, я зара́нее прошу́ из- 20
вини́ть нас за провинциа́льный наш обе́д.

Лю́бин. Хорошо́, хорошо́ . . . До свида́ния в
Петербу́рге, провинциа́лка!

---

[1] уча́стие, interest, concern; принима́ть уча́стие, take
an interest, concern oneself.   [2] вели́кий, great.

VOCABULARY

Note: The vocabulary contains all words used in the text, with their textual equivalents in English. Difficult and irregular grammatical verb forms are given with the infinitives or in their alphabetical order.

Abbreviations: *adj.* adjective; *comp.* comparative; *conj.* conjunction; *f.* feminine; *fut.* future; *gen.* genitive; *impv.* imperative; *m.* masculine; *perf.* perfective; *pl.* plural; *refl.* reflexive; *sing.* singular.

A

а and, but; well, while, why; **а то** or else, otherwise
а ah, eh
автор author
аккомпанировать accompany
акцент accent
Александр Alexander
Александрович Alexandrovich (*patronymic from* Александр)
Аллах Allah
ангел angel
анекдот story, anecdote
аппетит appetite
арестовать arrest
армия army
ах ah, oh

Б

баба (country)woman
бал ball
баловать spoil
банк bank
баран sheep
барин master; gentleman, sir
барыня mistress; lady
батальон battalion
батюшки! Saints alive!
бах bang
бегать run
беда misfortune, ill luck; trouble
бедный poor
бежать run
без without; **и без того** *see* того
Белёв Belyov
белый white
берег shore, bank
берёт (he) takes
беречь take care of, look after
беру (I) take
беспокоить trouble, bother, disturb; **–ся** worry, be uneasy, be anxious; **не беспокойтесь** don't trouble yourself; don't bother

беспорядок disorder
бирюк wolf; **Бирюк** (*man's nickname*)
бить beat, strike
благодарить thank
благодарность gratitude
благодарный thankful, grateful
благодаря thanks to, due to, on account of
благодетель benefactor
благодетельница benefactress
благоразумный reasonable
бледнеть turn pale
бледный pale
блестящий brilliant, bright; shining
ближайший nearest, closest
ближе (*comp. of* близко) nearer
близко near
Бог God; **дай Бог** heaven help me; **Боже мой** Good heavens
богатство wealth, fortune
богатый rich
более more; **более чем** more than
болен ill, sick
болеть hurt, ache, be sick
больно it is painful, it hurts
больной sick, ill
больше (*comp. of* много) more; **больше не** no more
больший bigger, greater
большой big, large, great
борода beard
бороться fight, struggle
борьба struggle
бояться to be afraid; **бояться нечего** nothing to fear

брат brother
брать take
бровь eyebrow
бросать to throw
бросить (*perf. of* бросать) throw; leave, abandon; **–ся** throw oneself, rush
бубенец bell
будто, как будто, как будто бы as if, as though, apparently
будучи *pres. adverbial participle of* быть
будущий future; **будущий год** next year
бумага paper
буря storm
бы *conditional particle;* would, should; **какой бы ни был** *see* какой; **как бы** as if; **ещё бы!** I should say so!
бывало *with present, usually perfective, denotes repeated acts;* it used to be
бывать be; happen
. . . было had just, was on the point of
быстро fast, swiftly
быстрый fast, swift
быть be

В

в, во in, at, into, to; on; **во сне** in a dream; **в окно** through the window; **в дверь** through the door
важный important
варить cook
ваш your
вбежать (*perf. of* вбегать) run in(to)

312

вдали in the distance, far off
вдоль along
вдруг suddenly
веди *impv. of* вести
ведь why, but, well, you see, you know, indeed
везде everywhere
везти carry, convey
великан giant
великий great
великодушие generosity, magnanimity
Великокняжеский the Grand Duke's
вера belief, religion
верёвка rope, string
верить believe
верно it is true, right, correctly
вернуть (*perf. of* возвращать) get back, regain
вернуться (*perf. of* возвращаться) return, come back
верный faithful, truthful, right, correct
верста verst ($\frac{2}{3}$ *of a mile*)
верхом (on) horseback
весёлый gay, jolly, lively; **весело** gaily, merrily; **не весело** it is sad
веселье merriment, good time
весло oar
вести lead, take; **вести себя** behave
весь, вся, всё (*pl.* все) all, the whole; **всё** everything, continually; still; **вся в мать** just like her mother
ветер wind
ветерок breeze

вечер evening
вечером in the evening
вещи (*sing.* вещь) things, luggage
взад back
взад и вперёд to and fro
взволновать (*perf. of* волновать) disturb, agitate, excite; **взволнованно** excitedly, in agitation
вздор nonsense
вздох sigh
вздохнуть (*perf. of* вздыхать) sigh
взять (*perf. of* брать) take, get; get at, bribe; **с чего ты это взяла?** where did you get that idea?
видать see; **угрозы не видать** there was no threat to be seen; **не видать тебе** you shall never see; **–ся** see one another, meet
видеть see
видно apparent; **видно было** it was apparent
видный visible; evident, apparent
визит call
вино wine
виноват guilty, at fault; **я в этом не виноват** I am not guilty of that
висеть hang
виться wind
вишня cherry
вкус taste
влияние influence
вложить (*perf. of* вкладывать) put in
вместе together
вместо instead of

313

вниз down, downward
внизу beneath, below
внимание attention
внимательно attentively, carefully
во-вторых secondly, in the second place
вода water
водка vodka; **на водку** tip
военный military
вожжа rein
возбуждать awaken, arouse
возвращаться return
воздух air
возле beside, by, near
возможность possibility, opportunity; **по мере возможности** as much as possible
возобновить (*perf. of* возобновлять) renew
войти (*perf. of* входить) enter, go in, come in
вокруг around, about
волк wolf
волна wave
волнение agitation, excitement
волноваться to be excited, agitated
волосы hair
вольный free
вон yonder, there
вообще generally, in general
во-первых first, in the first place
вопрос question
вор thief
воровать steal
ворота gate
восемнадцать eighteen
восемь eight

воскресенье Sunday
воспользоваться (*perf. of* пользоваться) take advantage of, make use of
воспоминание recollection, reminiscence
восток east
восьмой eighth
вот here, there, now; you see, see here; **вот как** that is how; **вот что** that is what; look here; **вот кто** that is who
вперёд forward
впереди in front (of), ahead
впечатление impression
вполголоса in an undertone, in a low voice
впрочем however, but then, anyhow
враг enemy
время time; **во время** during; **сколько времени** how long
вроде like
вряд ли hardly, it is doubtful that
всё *see* весь everything; everywhere; always; more and more, still; **всё ещё** still; **всё же** just the same, nevertheless; **всё равно** *see* равно
всегда always
всего (*see* весь) in all, only; **всего хорошего** good luck
вскакивать to jump up
вскочить (*perf. of* вскакивать) jump up
вслед, вслед за after
вспоминать remember
вспомнить (*perf. of* помнить

314

and вспоминать) remember; **–ся** come to mind
вставать get up, stand up
встать (*perf. of* вставать) get up, stand up
встретить (*perf. of* встречать) meet
встреча meeting, encounter
встречаться meet
встряхивать shake, shake up
встряхнуть (*perf. of* встряхивать) shake, shake up; **–ся** shake oneself
всякий any, every, everyone
второй second
вход entrance
входить enter, come in, go in; **вхожу** (I) enter
вчера yesterday
въезд entrance
въехать (*perf. of* въезжать) go (drive, ride) into, enter
вы you
выбегать run out
выбежать (*perf. of* выбегать) run out
выбор choice, selection
вывести (*perf. of* выводить) take out, lead out
выговорить (*perf. of* выговаривать) utter, pronounce
выжимать to squeeze out
выезжать go (ride, drive) out
выехать (*perf. of* выезжать)
выйти (*perf. of* выходить) go out, come out; **выйти замуж** get married; **выйти из себя** lose one's temper
выпить (*perf. of* пить) drink
выпускать to let go

выскочить (*perf. of* выскакивать) jump out, dart out
высокий high
выстрел shot
выстрелить (*perf. of* стрелять) shoot
высунуть (*perf. of* высовывать) put out, thrust out
вытолкнуть (*perf. of* выталкивать) push (force) out
выходить come out, go out; **выходить замуж** marry
выше higher; **выше всех** highest
вязать tie

Г

где where; **где нибудь** anywhere, somewhere; **где-то** somewhere
глаз eye; **на моих глазах** under my eyes; **показаться на глаза** appear before, face
глубокий deep
глупость foolishness, nonsense
глупый stupid, foolish
глухой deaf, dull, indistinct
глядеть look
гнать drive hard
гнаться run (after)
говорить speak, talk, tell, say; **говорят тебе!** I tell you!
год year
годиться suit, fit; **не годится** it is not fitting, it is not proper
голова head; **притти в голову** occur to

голод hunger
голоден, голодный hungry
голос voice
гора mountain; в гору up-
  hill
гораздо much, by far
гордиться be proud of
гордо proudly
гордый proud
гореть burn
горец mountaineer
горло throat; во всё горло
  at the top of one's voice
горничная maid
город city, town; за город
  out of town
городишка miserable little
  town
городок small town
горький, горько bitter
горячий hot, passionate
господин Mister, gentleman
Господь Lord
гостиная parlor, drawing
  room
гостиница hotel, inn
гость guest; приходить в
  гости come (to) visit
готов ready
грамотный literate; она гра-
  мотная she can read and
  write
граф count
графиня countess
греметь thunder
гроза thunderstorm
громкий loud; громко
  loudly, aloud
грустить to grieve, be sor-
  rowful
грустный sad; мне грустно
  было I was sad

грязный muddy, dirty
губа lip
гулять walk, take a walk,
  stroll
густой thick, dense

Д

да yes; and, but; why, well
давать give; давайте let us,
  let's
давно long ago, a long time;
  long since
даже even
дайте *impv. of* дать
далеко far, far away
дальний distant
дальше (*comp. of* далеко)
  further, on
дарить give
даром for nothing, gratis, in
  vain
дать (*perf. of* давать) give;
  fut. (я) дам
два (*f.* две) two
двадцать twenty
двадцать пять twenty-five
двадцатипятилетний a
  twenty-five-year-old
двенадцатый twelfth
двенадцать twelve
дверь (*pl.* двери) door
двигать, –ся move
двинуться (*perf. of* двигаться) move
двое two
двор courtyard, yard; на
  двор into the yard; outside; на дворе in the yard;
  outside
дворовый house servant
девочка little girl, girl

девушка girl, young girl
девятый ninth
девять nine
действие action, act
действительно really, actually, indeed
действовать act, operate; действующие лица dramatis personae, cast of characters
делать do, make; делать нечего nothing can be done; –ся be done
дело business, work; matter, affair; в самом деле indeed, in fact, really; в том то и дело that's just it; ну и дела! what a business! иметь дело с deal with, have to do with; на деле in deed, in practice; между делом at odd moments, in spare time; вот в чём дело this is the point, this is what it is about
день day
деньги money
деревенский village, country
деревня village
дерево tree
держать hold, keep; –ся to hold on
десятый tenth
десять ten
дети (*sing.* дитя) children
детство childhood
дешёвый cheap
диван couch
дикий savage, wild; дико wildly

длинный long
для for; для того, чтобы in order to
дно bottom
до till, before, up to, as far as; до того to such an extent, so; мне было не до него I could not think of him; I was thinking of something else
добрый good, kind
добыча booty, prey
доволен satisfied
довольно enough; rather, fairly, quite
догнать (*perf. of* догонять) catch, overtake
доехать (*perf. of* доезжать) reach, arrive
дождаться (*perf. of* дожидаться) wait out; Наконец я вас дождалась! At last you have come!
дождь rain; дождь идёт it is raining; дождь пошёл it started raining; дождь прошёл it stopped raining; дождь собирается итти it is getting ready to rain
дойти (*perf. of* доходить) go as far as, reach
доказать (*perf. of* доказывать) demonstrate, prove
доктор doctor
долгий long; долго long, a long time
должен must, obliged; я должен I must, I have to; не должен should not; должно быть it must be, probably, I suppose

317

дом house; **дома** at home; **домой** home(wards)

домик small house

дорога road, way; **большая дорога** highway; **нам с вами по дороге** we are fellow travellers; **туда ему и дорога** it serves him right

дорогой dear, expensive

дороже dearer; **дороже всего** dearest, dearer than anything

досада vexation, annoyance

достать (*perf. of* доставать) get; **—ся** fall to, go to, come to

дочь daughter

драгоценный precious

драться fight

дробь (small) shot

дрожать tremble, quiver, shake, shiver

дрожки droshky; sulky

друг (*pl.* друзья) friend; **друг друга** each other

другой another, other, else

дружба friendship

думать think; **нечего и думать** there is no need to hesitate; that settles it

Дуняша *dim. of* Дуня

дурак fool

дуть blow

душа soul, mind, spirit

дуэль duel

дуэт duet

дым smoke

дышать breathe

Е

его his, its; him, it; **Бог его знает** God knows

едва, едва-едва hardly, scarcely, barely

еду (I) drive, (I) go

её (*cf.* его) her, hers; it, its

ездить go, ride, drive

ел (he) ate

Ермолай Yermolay (*man's name*)

если if; **если бы** if = если *with the* **бы** *of the conditional*

есть there is, there are; **у него есть** he has; **у вас есть?** have you?

есть eat

ехать drive, go; **ехать верхом** ride horseback; **ехать на своих** drive one's own (horses)

ещё still, more, yet; **ещё раз** once more; **ещё бы!** I should say so!

Ж

—ж, же *emphasizes preceding word;* **всё же** just the same; **тот же** the same; **тут же** in the same place

жалеть be sorry, regret, have pity; **жалеть нечего** no reason to be sorry

жалко pitiful, sorry; **жалко стало, жалко было** felt sorry for; **как жалко** what a pity; **мне жалко его** I am sorry for him

жалованье salary

жаловаться complain

жаль it's a pity; **мне жаль** I am sorry; **как жаль!** what a pity!

жар, жара heat, temperature; ardor
жарко hot
жать squeeze
ждать wait, expect
желание wish, desire
желать wish, desire; **я бы желал** I should like
жёлтый yellow
жена wife
женатый married
женить, –ся marry
женский feminine
женщина woman
жестокий cruel
живёт (he) lives
живой alive; lively, brisk; **живо** briskly, quickly
жизнь life
житель inhabitant, dweller
жить live
Жуковский Zhukovsky (*early 19th-century poet*)

З

за behind, beyond, after; by; to; for
заболеть (*perf. of* заболевать) become ill
забор fence
забота trouble, worry, care
забывать forget
забыть (*perf. of above*)
зависеть depend
за всё for everything
завтра tomorrow
заговорить (*perf. of* заговаривать) begin to speak
загораться begin to burn
задержать (*perf. of* задерживать) detain, keep, delay

задрожать (*perf. of* дрожать) tremble, shake
задуматься (*perf. of* задумываться) be thoughtful, meditate
задумчивый pensive, thoughtful
зажечь (*perf. of* зажигать) light, set fire to
зажигать light
зайти (*perf. of* заходить) enter
закачать (*perf. of* качать) (begin to) rock, swing, shake
закричать (*perf. of* кричать) cry out, yell
закрывать close
закрыть (*perf. of* закрывать) close; **закрытый, закрыт** closed
закупить (*perf. of* закупать) buy, buy up
закурить (*perf. of* закуривать) light a pipe, cigarette
залаять (*perf. of* лаять) begin to bark
замахать (*perf. of* махать) (begin to) wave, flourish
заметить (*perf. of* замечать) notice, observe, remark
заметный noticeable
замечание remark, observation
замечательный remarkable
замечать notice, observe, remark
замолчать (*perf. of* молчать) become silent
замуж: выйти замуж get married; **отдавать замуж** give in marriage

замужем married

за ним after him

заниматься be occupied, busy oneself, work at, study

занятие occupation

занятый occupied, busy

занять (*perf. of* занимать) occupy; interest, entertain

запад west

запеть (*perf. of* запевать) begin to sing

записывать write down

заплакать (*perf. of* плакать) begin to cry

заплатить (*perf. of* платить) pay

запомнить (*perf. of* запоминать) remember

запрягать harness

запрячь (*perf. of* запрягать) harness

заранее beforehand, in advance

заросший overgrown

засмеяться (*perf. of* смеяться) laugh, burst out laughing

заснуть (*perf. of* засыпать) fall asleep

за столом at the table

застучать (*perf. of* стучать) (begin to) knock, pound

засыпать to fall asleep

затихать quiet down, become quiet

затихнуть (*perf. of* затихать) quiet down, become quiet

зафыркать (*perf. of* фыркать) begin to snort

заходить enter, go in, drop in, call

захотеть (*perf. of* хотеть) want, wish; **захотеться: мне захотелось** I began to want

зачем why, what for; **зачем оно вам?** why do you want (need) it?

зашуметь (*perf. of* шуметь) begin to make a noise; begin to howl

звать call, invite; **как тебя зовут** what is your name? **меня зовут** my name is, I am called

звезда star

Зверков Zverkov (*surname*)

зверь wild animal, beast

звук sound

здесь here

здешний of this place, local

здоровье health

здравствуй, –те how do you do? hello!

земля earth, ground

зеркало mirror

злой malicious

знак sign

знакомство acquaintance

знакомый acquainted, acquaintance

знание knowledge

знать know; **как знаете** as you know; you know best, as you like

значить mean; **значит** so then, that is

зову (I) call

золото gold

золотой *adj.* gold; *n. m.* gold coin

зуб tooth

И

и and, also, even; *also particle emphasizing the following word or statement;* **и . . . и** both . . . and; **и без того** *see* того
Иванович Ivanovich (*patronymic from* Иван, John)
игра game, play
играть play
иду (I) go
из from, out of
изба hut
избушка hut, little hut
известие information, news
известный known, well known, certain
извинить (*perf. of* извинять) excuse
извиняться make excuses, apologize
извозчик coachman
издали from afar
из-за from behind; on account of; from
измениться (*perf. of* изменяться) change
износить (*perf. of* изнашивать) wear out
из-под from under
изредка rarely; from time to time
икона icon, sacred image
или or; **или . . . или** either, whether . . . or
имение estate
иметь have
император emperor
имя name
иногда sometimes
интерес interest

интересный interesting
интересовать interest; **–ся** be interested
Ирина Irene
искать search, look for, hunt for
искренно sincerely
исполнить (*perf. of* исполнять) fulfil, accomplish
испытать (*perf. of* испытывать) feel, experience
история tale, story
истратить (*perf. of* тратить) spend
исчезнуть (*perf. of* исчезать) disappear
итак and so
итальянский Italian
итти go, walk, come; **дождь идёт** it is raining
их them; their
ищу (I) look for, search

К

к, ко to, toward; **к обеду** at dinnertime, for dinner
–ка *adds emphasis to an imperative or to a first person verb form, e.g.* **пойду-ка!** I will go! just
кабак tavern
кабинет study
Кавказ Caucasus
кавказский Caucasian
каждый each, every
казак Cossack
казаться seem; **кажется** it seems; **казалось** it seemed
как as, how, like, what, when; that; **как будто** *see* будто; **как бы** as if;

как же certainly; как бы
не lest; как бы не так
not likely, not a chance;
как ни however
как можно скорее as soon as
possible; как только as
soon as
как-нибудь somehow; any-
how
какой what, which, what a,
what kind of; какой бы ни
был whatever, any; ка-
кой-нибудь some, any;
какой-то some, some kind
of, (a) certain
как-то somehow; раз как-то
once, one day
калека cripple
каменный *adj.* stone
Каменский Kamensky
камень stone
капитан captain
карман pocket
карта card
картина picture
картинка small picture
картофель potato(es)
касаться touch; touch upon;
concern; что касается as
concerns, as for
кафтан kaftan (*peasant's coat*)
качать, –ся rock, swing; shake
качнуть (*perf. of* качать)
shake
кашлять cough
квартира apartment, quar-
ters, dwelling
кинжал dagger
китайский Chinese
кланяться bow
класть put, lay; кладу (I)
lay, put

книга book
кнут whip
князь prince
когда when
когда-либо sometime, ever
когда-нибудь sometime, any-
time, ever
когда-то once, formerly
кое-где here and there
кокетничать flirt
колебание wavering, hesitation, fluctuation
колено knee; стать на ко-
лени kneel, get on one's
knees
колесо wheel
коллекция collection
командир commander
комедия comedy, farce
комната room
комплимент compliment
композитор composer
конец end; в конце концов
finally, after all, in the
long run; концы в воду
(dispose of) remains in water, *i.e.* remove all traces
конечно of course, certainly
контрабандист smuggler
кончить (*perf. of* кончать)
finish
кончиться (*perf. of* кончаться) come to an end
конь horse, steed
копыто hoof
корабль ship
коран Koran
коренник shaft horse
корень root
короткий short
косить cut, mow
который which, who

322

край edge
крайний extreme; по крайней мере at least
красавец a handsome man
красавица a beauty
красивый pretty, beautiful, handsome
красить paint, dye
красный red
красота beauty
крепко soundly, firmly
крепость fortress
крепостной *adj.* fortress
крест cross
креститься cross oneself
крик shout, cry
крикнуть (*perf. of* кричать) shout
кричать shout, cry, yell
кровать bed
кровь blood
кроме besides, except
круг circle
кругом around
кружиться turn, whirl
крутой steep
Крым Crimea
крыша roof
кстати apropos; by the way; opportunely; relevantly; to the point; вот кстати it is just the time for that
кто who; кто-нибудь someone, anyone; кто-то somebody
куда where (to)
куда-то, куда-нибудь somewhere
кудластый shaggy
Кузьмич Kuzmich (*patronymic from* Кузьма)

кулак fist
купец merchant
купить (*perf. of* покупать) buy
курить smoke
куст bush
кухарка cook
кухня kitchen
кучер coachman

Л

лавка bench
лай barking
лакей lackey
левый left
лёгкий light, slight, easy; легко easy
легче (*comp. of* легко) easier; легче стало felt better
лежать lie (*position*)
лейтенант lieutenant
лента ribbon
лес forest
лесник forester
лестница staircase, stairs
лететь fly
лето summer, (*pl.* лета) years, *gen. pl.* лет years old; сколько тебе лет? how old are you? лет (пятидесяти) about (fifty) years old
летом in summertime
лечь (*perf. of* ложиться) lie down
ли *used in asking a yes-or-no question;* whether, if
лимонад lemonade
лист leaf
литься flow, run
лицо face; person; дей-

ствующие лица cast of characters

личико little face

ловкий adroit, clever, skillful; ловко adroitly; не совсем ловко not quite right, rather awkward

ловче (*comp. of* ловко) more adroitly, cleverly

лодка boat

лодочка little boat

лодочник boatman

ложиться lie down

лошадь horse

луг meadow

луна moon

лучина (pine) splinter

лучше (*comp. of* хорошо) better, best; тем лучше so much the better

лучший better, best

льстить flatter

любить love, like

любовь love

любопытный curious

любопытство curiosity

люди (*sing.* человек) people

люлька cradle

M

магазин store

Магомет Mohammed

малейший least, slightest

маленький little, small

мало little

малый little, small; fellow

мальчик, мальчишка boy

манеры manners

мастер master

мать mother

махать wave, swing, flourish

махнуть (*perf. of* махать) wave, swing

Маша Masha (*girl's name, from* Мария)

медленно slowly

между between, among; между тем meanwhile; между делом at odd moments, in spare time

мельник miller

мельница mill

мельничиха miller's wife

менее less

меньше less

мера measure; по мере in proportion to; по крайней мере at least

мёртвый dead

место place, position; стоять на месте stand without moving

месяц month

мешать hinder, prevent

мешок bag, sack

миг instant

мило nicely, charmingly

милость favor, mercy, kindness

милый dear, beloved, nice, kind, pretty

мимо past, by

минута minute, moment

мир world

мирный peaceful

младший (the) younger, youngest

много much, many

мог (he) could, могу (I) can, может (he) can; (*cf.* мочь)

могила grave

мода style

324

может быть perhaps, maybe
можно it is possible, one can; как можно (*with the comparative*) as . . . as possible; мне можно I can, I may
мой, –я, –ё (*pl.* –и) my
мокрый wet
молитва prayer
молиться pray
молния lightning, flash of lightning
молодец fine fellow; brave lad
молодой young; молодые newly married couple
молодость youth
моложе younger
молоко milk
молча silently
молчаливый silent, taciturn
молчание silence
молчать be silent
момент moment
монета coin
море sea
морской *adj.* sea
мост bridge
мочь be able, can; как вы могли не забыть how could you help forgetting? вы не могли не заметить you could not help noticing
муж husband
мужик peasant
мужчина man
музыка music
мулла mullah (*Moslem priest*)
мы we; мы с ним he and I; мы с вами you and I
мысль thought

Н

на on, at, to, for, in, by
наблюдать observe, watch; (*with* за) look after, look out for
наверно most likely, probably
наверх up, upward
навес shed
навсегда forever
нагнуть (*perf. of* нагибать) bend, incline; –ся bend over; stoop
над, надо over, above; (*with* смеяться) laugh at
надевать put on
наделать *perf.* cause; make many
надеть (*perf. of* надевать) put on
надеяться hope; (*with* на) rely, depend (on)
надо it is necessary; мне надо I must, I have to
надоедать bore, bother
надолго for a long time
назад back, backward; тому назад ago
назвать (*perf. of* называть) call, name; –ся be called; назвать себя give (mention) one's name
найти (*perf. of* находить) find
наказать (*perf. of* наказывать) punish
наконец finally, at last; after all
налево to the left
налить (*perf. of* наливать) pour in, into

325

намерение intention

нанимать hire, engage

нанять (*perf. of* нанимать) hire, rent

написать (*perf. of* писать) write

напиться (*perf. of* напиваться) get drunk

направо to the right

напрасный vain, useless; **напрасно** in vain

напротив opposite; on the contrary

народ people

насколько how much; as (so) far as

настоящий real

натянуть (*perf. of* натягивать) pull, stretch, tighten

находить find; **–ся** be, be located, situated

начальство authority, superiors

начать, –ся (*perf. of* начинать, –ся) begin

начинать, –ся begin

наш, –а, –е (*pl.* **–и**) our

не not; **не то** *see* то

неблагодарность ingratitude

небо sky

небогатый poor, needy, not wealthy, in modest circumstances

небольшой small, little

неважный unimportant

невинный innocent

невозможный impossible

негромко low, softly

недавно not long ago, recently

недалеко not far, near

неделя week

недобрый evil, unkind. wicked

недовольный discontented

недолго not long

нежность tenderness

незаметно imperceptibly, inconspicuously

незамеченный unnoticed, unobserved

незначительный insignificant

неизвестность uncertainty

некогда there is no time; **мне некогда** I have no time

некоторый some, a certain

некрасивый not pretty, ugly

нельзя it is impossible, one cannot; **мне нельзя** I cannot, I must not; **нельзя не** one cannot but, one cannot help

немецкий German

немного a little; not much

ненавидеть hate, detest

необыкновенный unusual, extraordinary

неожиданный unexpected

неподвижный motionless

неправ not right

неправда untruth, falsehood, lie

непременно without fail, certainly

неприличный indecent, improper

неприятный unpleasant; **неприятно** unpleasant

неровный uneven

несколько several, some; somewhat, a little, rather

нести carry; **–сь** rush along

несчастливый unhappy

несчастный unfortunate, unhappy

несчастье bad luck, unhappiness; **к несчатью** unfortunately

нет no; there is (are) not; **у меня нет** I have not

нетерпение impatience

не тот (*f.* не та) not the same

неужели really? is it possible?

нехорошо bad, poor, terrible

нечего nothing, there is nothing, no need; **делать нечего** there is nothing (I) can do; **нечего сказать** there is nothing to be said; indeed! (*ironically*)

нечисто unclean, uncanny

ни not a, not the; neither; nor; **какой бы ни был** *see* какой; **что ни** whatever, no matter what

нигде nowhere

низкий low

никак by no means, in no way; **никак нельзя** absolutely, impossible

никакой no, none, not any

никогда never

никто nobody, no one; **ни от кого** from no one

никуда nowhere

нисколько not at all

ни слова not a word

ничего nothing; all right

ничто nothing

но but

новый new

нога leg, foot

номер number

нос nose

носить carry

нота note; **ноты** music

ночевать spend (pass) the night

ночь night; **ночью** at night; **на-ночь** for a night

нравиться like, please; **он мне нравится** I like him

ну well, why, now; **ну, что же** well, I don't mind

нужен, нужный necessary; **что вам нужно?** what do you want? **ты ему нужен** he needs you; **мне нужно** I must, I have to, I need to

нюхать smell, sniff

О

о oh

о, об, обо of, about, against; **обо мне** about me; **об этом** about it; **просить о** ask for

оба both

обед dinner

обедать dine

обещать promise

обжигать to burn

обидно hurt, insulted; **обидно было** (he) felt hurt

облако cloud

обмануть (*perf. of* обманывать) deceive, trick

обманывать deceive

обморок faint

оборачиваться turn, turn around

образ shape, figure, image; manner, way

образование education

образованный educated, cultured

обратить (*perf. of* обращать) turn; **обратить внимание** pay attention

обращать turn; **–ся** turn; (*with* к) speak to, address; (*with* с) behave toward, treat

обстоятельство circumstance

общество society

объяснить (*perf. of* объяснять) explain

обыкновенно usually

овраг ravine

огонёк light

огонь fire

одежда clothes, clothing

одетый dressed

одеться (*perf. of* одеваться) dress

один (*f.* одна) one, alone, single; **она у нас только одна** it is the only one we have

одиннадцатый eleventh

одинокий solitary

однажды once

однако however, nevertheless

ожидание expectation

ожидать wait for; expect

озеро lake

оказаться (*perf. of* оказываться) turn out, appear

окно window

около near, by

он, –а, –о (*pl.* –и) he

опасный dangerous; **опасно** dangerously

опера opera

опускать lower

опустить (*perf. of* опускать) lower, bend (head)

опуститься (*perf. of* опускаться) come down, sink

опять again

оружие weapon

осветить (*perf. of* освещать) light up, illuminate

освещать light up, illuminate

осень autumn; **осенью** in autumn

осматривать examine, inspect, look at

осмотреть (*perf. of* осматривать) examine; inspect; **–ся** look around

особенный special, particular; **особенно** especially, particularly

оставаться remain, stay

оставить (*perf. of* оставлять) leave, let alone

оставлять leave

остальной rest, remaining; **остальное** the rest

останавливать, –ся stop

остановить, –ся (*perf. of* останавливать, –ся) stop; stay

остаться (*perf. of* оставаться) remain, stay

от from, away from; off

отбегать to run away

отвернуться (*perf. of* отворачиваться) turn away

ответ answer

ответить (*perf. of* отвечать) answer, reply

отвечать answer, reply, be responsible

отворить, –ся (*perf. of* отворять, –ся) open, be opened

отдать (*perf. of* отдавать) give back, give, give over, give away

отделать (*perf. of* отделывать) finish; dress down, tell off

отдохнуть (*perf. of* отдыхать) rest

отец father

отказать, –ся (*perf. of* отказывать, –ся) refuse, decline

откровенный frank

открывать, –ся open, discover, reveal

открыть, –ся (*perf. of* открывать, –ся) open; discover, reveal; **открытый** opened, revealed

откуда where from, whence, from where

отойти (*perf. of* отходить) leave, go off, go away

отомстить take one's revenge

отпустить (*perf. of* отпускать) let go

отскочить (*perf. of* отскакивать) leap away

отсутствие absence

отсюда from here

отталкивать push

оттого что because

оттолкнуть (*perf. of* отталкивать) push

оттуда from there

отходить leave, go away, walk away

отчаяние despair, desperation

отчего why, of what cause

отчество patronymic

отъезд departure

офицер officer

офицерский *adj.* officer

охота hunting

охотиться hunt

охотник hunter

очаровательный charming, fascinating

очаровать (*perf. of* очаровывать) charm, enchant, fascinate

очень very, very much

ошибаться make a mistake, be mistaken

ошибиться (*perf. of* ошибаться) make a mistake, be mistaken

ошибка mistake, error

П

падать fall

палец finger

память memory

пенье singing

первый first

перебивать interrupt

переговорить (*perf. of* переговаривать) talk, talk over, discuss

перед, передо before, in front of

передний front; **передняя** (entrance) hall

переезжать cross, go (ride, drive) over

переехать (*perf. of* переезжать) cross, go (ride, drive) over; move

переменить, –ся (*perf. of* переменять, –ся) change

переночевать (*perf. of* ночевать) spend, (pass) the night
переставать stop, cease
перестать (*perf. of* переставать) stop, cease
песня song
Петербург St. Petersburg
Пётр Peter
Петрович Petrovich (*patronymic from* Пётр)
петь sing
печаль sadness, sorrow
печальный sad, mournful
печь stove
пешком on foot
писать write
пистолет gun
письмо letter
пить drink
плавать swim
плакать cry
план plan
платить pay
платье dress, clothes, clothing
плачу (I) cry
плечо shoulder
пловец swimmer, seaman (*poetical*)
плохой bad, poor; плохо bad; ему было плохо he felt ill
плыву (I) swim
плыть swim, float, sail
по on, at, over, along, according, through, about, in; по всему видно было all indicated; по всему дому all over the house; по-русски in Russian; по-старому as before

победа victory
побежать (*perf. of* бежать) run, begin to run
поблагодарить (*perf. of* благодарить) thank
поближе still nearer
побояться (*perf. of* бояться) be afraid
поверить (*perf. of* верить) believe
повернуть (*perf. of* поворачивать) turn; –ся turn (around)
повести (*perf. of* вести) lead, conduct, take
повиснуть (*perf. of* висеть) hang
повторить (*perf. of* повторять) repeat
повторять repeat; –ся be repeated, recur
погасить (*perf. of* гасить) extinguish, put out
поговорить (*perf. of* говорить) speak, talk
погода weather
погубить (*perf. of* губить) ruin, destroy
погулять (*perf. of* гулять) walk (a little while), take a walk, stroll
под under, towards, near
подавать serve, give
подарить (*perf. of* дарить) give, give a present
подарок present
подбегать run up (to)
подбежать (*perf. of* подбегать) run up (to)
поднимать raise, lift, pick up; –ся rise, go up
подносить to hold up (to)

поднять (*perf. of* поднимать) raise, lift, pick up;
–ся rise, go up, get up,
raise oneself

подождать (*perf. of* ждать)
wait (a little), wait for

подойти (*perf. of* подходить)
approach, come up, come
near

подражать imitate

подряд in succession, in a
row

подумать (*perf. of* думать)
think

подуть (*perf. of* дуть) begin
to blow

подходить approach, come
up, go up

подъезжать approach, go
(ride, drive) up

подъехать (*perf. of* подъезжать) drive up to

подышать (*perf. of* дышать)
breathe

поездка trip, journey

поехать (*perf. of* ехать) go,
ride, drive; set out; поезжай *impv.* (*2nd. person*)

пожалеть (*perf. of* жалеть)
be sorry for, regret, have
pity

пожалуйста please

пожать (*perf. of* жать) shake,
squeeze; — руку shake
hands

пожелать (*perf. of* желать)
wish

пожимать: — плечами
shrug one's shoulders

позади behind

позвать (*perf. of* звать) call,
summon

позволить (*perf. of* позволять) allow, permit, let;
позволь(те) allow me
to . . .

позволять allow, permit, let

поздний late; поздно late

позже later

познакомиться (*perf. of* зна-
комиться) get acquainted

поймать (*perf. of* ловить)
catch

пойти (*perf. of* итти) go; set
out; пошёл дождь it be-
gan to rain

пока while; meanwhile

показать (*perf. of* показывать) show

показаться (*perf. of* показываться) appear; (*perf. of*
казаться) seem

показывать show; indicate,
point (на at); –ся appear

покачать (*perf. of* качать)
shake

поклониться (*perf. of* кланяться) bow, greet

покраснеть (*perf. of* краснеть) grow red

покрывало veil

покрывать cover

покрыть, –ся (*perf. of* крыть,
–ся *and* покрывать, –ся)
cover; покрыт covered

пол floor

поле field

полезный useful

полететь (*perf. of* лететь)
fly; fall headlong

полить (*perf. of* лить) pour

полный full; полно! enough!

половина half

положение position, situation, condition, circumstance

положить (*perf. of* класть) put, lay; положим let's suppose, suppose so

получать receive

получить (*perf. of* получать) receive, get

полчаса half an hour

польза use, benefit, profit, good

полюбить (*perf. of* любить) grow fond

помиловать (*perf. of* миловать) have mercy, pardon

помнить remember

помогать help

по-моему in my opinion

помолчать (*perf. of* молчать) be silent (a while)

помочь (*perf. of* помогать) help

помощь help, assistance

понемногу little by little

понестись (*perf. of* нестись) rush along, tear along

понижаться fall, go down (be lowered)

понизиться (*perf. of* понижаться) fall, go down (be lowered)

понимать understand

понравиться (*perf. of* нравиться) like, please; он мне понравился I liked him

понять (*perf. of* понимать) understand

пообедать (*perf. of* обедать) dine, have dinner

попасть (*perf. of* попадать) hit, strike; get, get into;

попасться в руки fall into the hands of

поправлять mend, repair, adjust, straighten

попрежнему as before

попросить (*perf. of* просить) ask, ask for

попрощаться (*perf. of* прощаться) take leave, say good-bye

пора time; it is time; с тех пор from that time, since then; до тех пор to that time, until then; с каких пор? since when?

порог threshold

порядок order

порядочный honorable, respectable, decent

посадить (*perf. of* сажать *and* садить) seat, set, put

поскакать (*perf. of* скакать) gallop, break into a gallop

поскорее quick!

послать (*perf. of* посылать) send

после after; afterwards, later

последний last; в последнее время recently, lately

послезавтра (the) day after tomorrow

послушать (*perf. of* слушать) listen

послышаться (*perf. of* слышаться) be heard

посмеяться (*perf. of* смеяться) laugh a little

посмотреть (*perf. of* смотреть) look, see

посоветовать, –ся (*perf. of*

советовать, –ся) advise, consult

посреди in the middle of

поставить (*perf. of* ставить) put, stand, set

постараться (*perf. of* стараться) try, do one's best

постоять (*perf. of* стоять) stand, stay a while; **постойте!** wait! stop!

посылать send

потерять (*perf. of* терять) lose

потом later, after this, then, afterwards

потому consequently, therefore, because

потому что because

потонуть (*perf. of* тонуть) drown, be drowned

похожий like, similar, resembling

похорошеть (*perf. of* хорошеть) grow prettier

поцеловать (*perf. of* целовать) kiss

поцелуй kiss

почему why; how

почта post office

почтение respect, respects

почти almost; **почти не** hardly

пошлите *impv. of* послать

пошлю *fut. of* послать

пощечина slap in the face

поэт poet

поэтому therefore, consequently

пою (I) sing

правда truth; it is true; **правда ли?** is it true? **не правда ли?** isn't it so?

правило rule

править guide, direct, drive

право right

правый, прав right; **право** truly, really, I assure you

праздник holiday feast

превратиться (*perf. of* превращаться) turn, be turned

преданность devotion

преданный devoted, true (to)

предвидеть foresee

предлагать offer

предложить (*perf. of* предлагать) offer; propose, suggest

представить (*perf. of* представлять) present, introduce; **представить себе** imagine

предупредить (*perf. of* предупреждать) warn

прежде before, previously, formerly

презренный contemptible, despicable

прекрасный, прекрасно beautiful, excellent

прелесть charm

при at, by, on, in the presence of

прибавить (*perf. of* прибавлять) add

прибегать come running, run up

прибежать (*perf. of* прибегать) come running, run up

приближаться come near, approach

приблизиться (*perf. of* приближаться) come near

привести (*perf. of* приводить) bring
привыкать get accustomed
привыкнуть (*perf. of* привыкать) get accustomed; (**я**) **привык** (I am) accustomed
привычка habit
пригласить (*perf. of* приглашать) invite
приглашение invitation
придумывать think out, contrive
приезд arrival
приезжать come, arrive
приехать (*perf. of* приезжать) come, arrive, drive
прижать (*perf. of* прижимать) press
прижимать press
признаваться confess, acknowledge
признаться (*perf. of* признаваться) confess, acknowledge
приказать (*perf. of* приказывать) command, order
приказывать command, order
приличный decent, proper
принести (*perf. of* приносить) bring, carry
принимать accept, receive; take (**за** for)
приносить carry, bring
прислать (*perf. of* присылать) send
притворяться pretend
притти (*perf. of* приходить) come, arrive; **притти в голову** occur to; (**мне**) **пришлось** (I) had to; **придётся** it will be necessary

приходить come; **приходить в себя** to recover, come to one's senses; **не приходиться** one mustn't, one shouldn't
пришлю *fut. of* прислать
приятель friend
приятный, приятно pleasant
про about, of; **про себя** to myself (yourself, himself, *etc.*)
пробегать to run past (by)
пробормотать (*perf. of* бормотать) mutter
провести (*perf. of* проводить) spend, pass
провинциалка provincial (woman, lady)
провинциальный provincial
провинция province
проводить (*perf. of* провожать) accompany
прогнать (*perf. of* прогонять) drive out, drive away
продавать sell
продолжать, –ся continue
проезжать pass, go (ride, drive) along, ride through
проезжий traveller; passing through
проехать (*perf. of* проезжать) go (ride, drive) by, pass
произвести (*perf. of* производить) produce; **произвести впечатление** make an impression
производить make, produce
происходить take place, occur
пройти (*perf. of* проходить)

334

go by, pass by; **дождь пройдёт** the rain will stop

проклятый damned

пролететь (*perf. of* пролетать) fly (past)

пропадать be lost, perish, disappear

пропасть (*perf. of* пропадать) be lost, perish, disappear

пропеть (*perf. of* петь) sing (through)

пропивать drink up, spend on drink

просить ask, ask for; invite

проснуться (*perf. of* просыпаться) wake up

простить (*perf. of* прощать) forgive

просто simply, plainly

простой simple

прострелить (*perf. of* простреливать) shoot (through)

просьба request

против opposite, against

протянуть (*perf. of* протягивать) to stretch out

проходить pass; go away; be over

прочитать (*perf. of* прочитывать *and* читать) read (through)

прошедший past; **прошедшее** past *n.*

прошло past (had passed)

прошлое past *n.*

прошлый past, last; **в прошлом году** last year

прощай farewell, good-bye

проясниться (*perf. of* проясняться) clear up

прыгать jump, bound

прыгнуть (*perf. of* прыгать) jump

прямо straight, straight ahead, directly

прямой straight; real, genuine

пульс pulse

пуля bullet

пускать let; let (someone) come in; **пускай посмотрит** let him look

пустить (*perf. of* пускать) let; let go, let in; **пусть спит** let (him) sleep

пустой, пусто empty

пусть *used in forming the third person of the imperative, e.g.* пусть ждут let them wait

путь way, road

пьяный drunk

пятнадцать fifteen

пятый fifth

пять five

пятьдесят fifty

Р

работа work

работать work

работник worker

равно equal; **всё равно** all the same; it doesn't matter; never mind

рад glad

раз one time; once; **ещё раз** once more, again; **не раз** more than once, many times

разбойник brigand, bandit

разбудить (*perf. of* будить) wake up

разве really? is it true that
 . . .? can it be that . . .?

развязать (*perf. of* развязывать) untie

разговаривать converse

разговор conversation

разговорчивый talkative

раздаться (*perf. of* разда-
ваться) resound, be heard

разливаться (*cf.* лить)
 spread over

различный different

разный various, different

рай paradise

рана wound

ранить wound

рано early

раньше earlier, before

раскладывать unpack

рассердиться (*perf. of* сердиться) become angry

расскажи *impv. of* рассказать

рассказ story, tale

рассказать (*perf. of* рассказывать) tell

рассказывать tell, relate

рассмотреть (*perf. of* рас-
сматривать) examine, look
at

расспрашивать quiz, interrogate

рассуждать reason, discuss;
argue

ребёнок child, baby; *pl.*
ребята lads

ревновать be jealous (of)

редкий rare; thin, sparse

редко seldom; *comp.* реже

река river; **речка** small river

ресторан restaurant

решать decide

решительный decisive, reso-
lute

решить (*perf. of* решать) decide

робкий shy, timid

ровный even, flat, level

ровно exactly

род kind; **в этом роде** like
that; **какого рода** what
kind of

родители parents

родственник relative

рожок nursing bottle

роль part

роман novel

Россия Russia

рост stature; growth

рот mouth

рубашка shirt

рубить cut down, chop

рубль ruble

ругать scold; abuse; **—ся**
curse, scold

ружьё rifle, gun

рука hand, arm

русский Russian; **по-русски**
in the Russian language

ручей brook, stream

рыба fish

рысь trot; **рысью** at a
trot

рядом side by side

С

с, со with, from; about;
since; **со мной** with me

сад garden

садиться sit down

сажусь (I) sit down

сам, —а, —о (*pl.* —и) myself,
yourself, himself, self; **сам**

с собой to himself; (я) сам собой by myself

самовар samovar

самый, –ая, –ое (*pl.* –ые) most; same; the very

сапог boot

сапожки shoes, boots

сбегать run down

сбросить (*perf. of* сбрасывать) throw down

свадьба wedding

свежий fresh

сверкать flash, gleam

сверкнуть (*perf. of* сверкать) flash, gleam

сверху from above

свет light, world; тот свет the other world; большой свет high society

светить shine

светлый light, lighted up; bright

свеча candle; свечка small candle

свидание meeting, appointment; до свидания *au revoir*, good-bye

свист whistle, whistling

свистеть whistle

свобода freedom

свободный free

свой, –я, –ё (*pl.* –и) my, your, his, her, our, their, one's own

Святогеоргиевский Saint George's

священник priest

сгореть (*perf. of* гореть) burn (down)

сдавить (*perf. of* сдавливать) squeeze, compress

сделать (*perf. of* делать) make, do; –ся become; happen; сделан made, done

сдержать (*perf. of* держать): — слово keep one's word, keep one's promise

себя myself, yourself, himself, *etc.*; приехал к себе в имение has come home to his estate; к себе to my (your, his, *etc.*) house; у себя at my (your, his, *etc.*) house

север north

сегодня today; сегодня вечером this evening

седьмой seventh

сейчас immediately, right away; now

секунда second

секундант second (in a duel)

семнадцать seventeen

семь seven

семья family

сено hay

сентиментальный sentimental

сердитый angry

сердиться be angry

сердце heart

серебро silver

серебряный silver

середина middle

сержусь (на) (I) am angry (with)

серый grey

сестра sister

сесть (*perf. of* садиться) sit down, sit up

сжимать press, contract

сзади from behind

сидеть sit; сидеть дома stay at home

сижу (I) sit
сила strength, force
сильный strong, powerful; violent
симпатичный nice, attractive, likeable
симпатия sympathy
синий blue
скажи *impv. of* сказать
сказать (*perf. of* говорить) say, tell
сказка tale, fairy tale
скакать gallop
скала rock
скамейка bench
сквозь through
скользить slide
сколько how much, how many; as much, as many; **сколько времени** how long
скорее sooner, more quickly; (very) quickly, as soon as possible
скоро soon; quickly, fast
скромный modest, demure
скрывать hide, conceal
скрыть (*perf. of* скрывать) hide, conceal
скучать be bored
скучно boring, tedious; **мне скучно** I am bored
слабый weak
слава glory; **Слава Богу!** thank heaven!
след trace, track, mark
следовать follow; **следует** (it) is fitting, proper, necessary; **мне следует** I should, must; **ей не следовало** she should not have
слеза tear
слепой blind

слишком too
слово word
сломать (*perf. of* ломать) break, demolish
слуга servant
служанка housemaid
служба service, work
служить serve, work
случай case, occasion, incident, opportunity; **во всяком случае** in any case, at all events
случайный chance, casual, accidental; **случайно** by chance, accidentally
случаться happen
случиться (*perf. of* случаться) happen, occur
слушать hear, listen;—**ся** obey
слыхать hear
слышать hear; —**ся** be heard
слышный audible, can be heard
смерть death
смех laughter
смешной funny; ludicrous, ridiculous
смеяться laugh
смотреть look
смочь (*perf. of* мочь) can, be able
смущение confusion, embarrassment
сначала at first
снег snow
снимать take off, remove
снова again
снять (*perf. of* снимать) take off, remove
собака dog
собираться gather; prepare, get ready

собраться (*perf. of* собираться) gather
собственный own
событие event, occurrence
совершенно perfectly, completely, absolutely
совсем altogether, entirely, quite; **совсем не** not at all; **не совсем** not quite
согласен: я согласен I agree
согласиться (*perf. of* соглашаться) agree
соглашаться agree
сожаление regret; **к сожалению** unfortunately, I regret
сознаться (*perf. of* сознаваться) confess
сойти (*perf. of* сходить) go down; go off, leave; **–сь** agree; **сойти с ума** go mad
солдат soldier; **в солдатах** as a soldier, in the army
солдатский *adj.* soldier
солидный solid, sound
солнце sun
сомневаться doubt
сомнение doubt
сон dream; sleep
сонный sleepy
сорок forty
сосед neighbor
соскочить (*perf. of* соскакивать) jump down
сохранить (*perf. of* хранить *and* сохранять) keep, guard, preserve, conserve
спасаться save oneself
спасибо thank you
спасти (*perf. of* спасать) save
спать sleep

спеть (*perf. of* петь) sing
спина back
спит (he) sleeps
спичка match
сплю (I) sleep
спокойный quiet, calm
спокойствие calm, quietness, tranquility; **peace of mind**
спорить dispute, argue
спотыкаться stumble
спрашивать ask, ask for
спросить (*perf. of* спрашивать) ask (for an answer)
спускаться come down, go down, descend
спуститься (*perf. of* спускаться) go (come) down, descend
сравнить (*perf. of* сравнивать) compare
среди among
средство means
срубить (*perf. of* рубить) cut down, fell
ставить put, stand
стакан glass
стало лучше felt better; **стало хуже** felt worse
становиться become; stand; place oneself, take a position
станционный смотритель stationmaster
станция station
стараться try
старик old man
старичёк *dim. of* старик
старуха old woman
старший elder, older, oldest
старый old
стать (*perf. of* становиться)

become; stand, place one-self, take a position; be-gin, will

стена wall

стих verse

сто (а) hundred

стоить cost, be worth

стол table

столько so much, so many, as much, as many

сторона side; **в сторону** aside, to one side; **в ту сторону** in that direction; (я) **со своей стороны** (I) for my part

стоять stand; be stationed; **стой!** stop!

странность strangeness, odd-ness, peculiarity

странный strange

страшный terrible, dread-ful, frightful

стрелять shoot

строго severely, strictly, rigidly

стук knocking, thumping, noise

стукнуть (*perf. of* стучать) knock

стул chair

ступать step, go; **ступай-(-те)!** get going!

ступить (*perf. of* ступать) step

стучать knock, pound

стыдно shameful; **мне стыд-но** I am ashamed; **как вам не стыдно?** you ought to be ashamed!

судьба fate

судья judge

султан Sultan

схватить (*perf. of* схваты-вать) grab, seize

сцена scene; stage; **за сценой** behind the scenes, off stage

счастливый happy, fortu-nate

счастье luck, fortune; hap-piness; **к счастью** fortu-nately

счёт score, account, count, reckoning

считать count, consider

съездить (*perf. of* ездить) go (ride, drive) (there and back)

сыграть (*perf. of* играть) play

сын son

сюда here, hither

сюртук frock coat

сядьте *impv. of* сесть

Т

тайна secret

так so, thus; that way, this way; casually (*without par-ticular purpose*); **так как** as, since; **так и** (*introduc-ing a figurative expression*) simply, fairly, just; **так же** just as; just so

такой, –ая, ое (*pl.* –ие) such, such a; that; so; like that; **что такое?** what is the matter? **что это та-кое?** what is this? **кто вы такой?** who are you?

талант talent

там there

танец dance

танцовать dance

татары (*sing.* татарин) Tartars

твой, –я, –ё (*pl.* –и) your, yours

театр theater

телега cart; тележка light cart, small vehicle

тело body

тем *see* тот; между тем meanwhile; тем лучше all the better, so much the better

темно dark

темнота darkness

тёмный dark

теперь now; теперь же right now

тепло warm

тёплый warm

терять lose

тигр tiger

Тимофеевна Timofeyevna (*woman's patronymic from* Тимофей, Timothy)

Тифлис Tiflis (*city in South Caucasus*)

тихий quiet, noiseless

тихо noiselessly, quiet(ly)

тише quieter, more quietly; тише! keep quiet!

тишина quiet

то *see* тот; then, so; а то or else, otherwise; и то truly, indeed; anyway; не то or else, otherwise; не то . . . не то either . . . or; не то что not exactly

–то *particle emphasizing the preceding word*

тогда then

того *see* тот; для того,

чтобы in order to; до того to such an extent, so; и без того even without that, anyhow, in any event

то-есть that is

тоже also

то же самое the same thing

толкать push

толковать interpret, explain

толстый thick, fat

только only; как только as soon as; только бы if only; только что just now; и только! and that was all! она у нас только одна it is the only one we have; это только у меня и осталось that is all I have left

тому *see* тот; тому назад ago

тонкий thin; slender

топор axe

торговаться trade, bargain

тот, та, то (*pl.* те) that; тот же the same

то-то so that's why

тотчас, тотчас же immediately, at once

трава grass

трагический tragic

тревога anxiety, trouble, worry, alarm

тревожить disturb

тревожно uneasily, anxiously

тревожный anxious, worried, disturbing

трезвый sober

третий third

три three

тридцать thirty

тринадцатый thirteenth

триста three hundred

тройка troika (*team of three horses abreast*)

тронуть (*perf. of* трогать) touch, move; **–ся** start, move

трубка pipe

труд labor, work, difficulty; **с трудом** with difficulty

трудно difficult, hard

трудный hard, difficult

трясти, –сь shake

тряхнуть (*perf. of* трясти) shake

туда there, thither

Тула Tula (*a town*)

туман fog, mist

тут here; then; **тут же** in the same place, right there

туча cloud, rain cloud

ты you

тысяча thousand

тяжело painful, sad, heavy, laboriously

тяжёлый heavy

У

у by, near, at; with, among, at (someone's house); from; **у меня** I have; my; **у меня есть** I have; **у меня нет** I have not, no

убегать run away

убедить (*perf. of* убеждать) convince, persuade; **–ся** convince oneself, be convinced

убежать (*perf. of* убегать) run away

убийство murder

убийца murderer

убить (*perf. of* убивать) kill

увезти (*perf. of* увозить) carry away (off)

уверенно with assurance

уверенный assured, sure, certain; **уверенный в себе** self-assured

уверить (*perf. of* уверять) assure

уверять assure

увидать (*perf. of* увидеть) see

увидеть (*perf. of* видеть) see; **–ся** see one another; meet

увозить carry away (off)

увы! alas!

уговорить (*perf. of* уговаривать) persuade, convince

угодно pleasing, desirable; **что вам угодно?** what do you wish? what can I do for you? **как вам угодно** as you wish, as you please; **вам не угодно было** you did not choose, you did not see fit, it was not your pleasure

угол, уголок corner

угроза threat

угрюмый morose, sullen

удаляться go away; wander

удар blow, stroke

ударить (*perf. of* ударять) hit, strike, give a blow (tap)

удаться (*perf. of* удаваться) succeed; **мне удастся** I shall succeed

удержать (*perf. of* удерживать) keep back, hold back, restrain

удерживать keep back, hold back, restrain

удивительный surprising, amazing

удивить (*perf. of* удивлять) surprise, astonish; –ся be surprised

удивление surprise, astonishment

удивлять surprise, astonish; –ся be surprised

удобный convenient

удовольствие satisfaction, pleasure

уезжать depart, go away

уехать (*perf. of* уезжать) go (ride, drive) away, leave, depart

уж *see* уже (*emphasizes following word or statement*) indeed, really

уже already, now; уже не no longer, no more

узел bundle, pack

узнавать find out; recognize

узнать (*perf. of* знать *and* узнавать) know, find out, recognize, learn

уйду (I) shall leave

уйти (*perf. of* уходить) go away, leave, get away

указывать indicate; point (at, out)

украсть (*perf. of* красть) steal; *impv.* укради

украшение decoration, ornament

Улита Ulita (*girl's name*)

улица street

уложить (*perf. of* укладывать) put to bed

улыбаться smile

улыбка smile

улыбнуться (*perf. of* улыбаться) smile

ум mind, sense, intelligence, wit; сойти с ума go mad

умереть (*perf. of* умирать) die; *fut.* (я) умру

уметь know how, be able, can

умирать die

умный clever, smart

ундина undine, mermaid, water nymph

уносить carry away

унтер-офицер non-commissioned officer

унылый dejected, sad, gloomy, mournful

упасть (*perf. of* падать) fall, fall down

упрекать reproach

упрекнуть (*perf. of* упрекать) reproach

ускакать (*perf. of* ускакивать) gallop away

услышать (*perf. of* слышать) hear

уснуть (*perf. of* засыпать) fall asleep

успеть (*perf. of* успевать) have time, be able, manage; succeed

усталый tired

устать (*perf. of* уставать) get tired

устроить (*perf. of* устраивать) arrange, settle

утренний *adj.* morning

утро morning; утром in the morning; сегодня утром this morning; по утрам in the morning, mornings

ухо (*pl.* уши) ear
уходить leave, go away, get away
участие interest, concern; **принимать участие** take an interest, concern oneself
учить teach, instruct
учиться learn
ущелье ravine; crevice

Ф

фальшивый false, insincere
фельдмаршал field marshal
фигура figure
Филофей Filofey (*man's name*)
Фома Thomas
фонарь lantern
форма uniform
фортепиано fortepiano
фраза sentence, phrase
французский French; **по-французски** French, in French
фунт pound
фыркать snort
фыркнуть (*perf. of* фыркать) snort

X

халат dressing gown, robe
характер disposition, character
хватать seize, grasp, grab
хвост tail
хитрить be (act) crafty, cunning, dissemble
хищный predatory; **хищный зверь** beast of prey
хлеб bread

хлопнуть (*perf. of* хлопать) bang, slam
ходить go, walk
хожу (I) go
хозяин master, owner, head of the household, host
хозяйка mistress, hostess, housewife
хозяйство household, housekeeping; farm
холод cold
холодно cold
холодный *adj.* cold
хомут (horse) collar
хороший good, fine; **хорошо** well, good, all right; **хорошо бы** it would be fine
хотеть want, wish; be about to; **мне хочется** I want; **хотел-было** wanted to, was about to; **я хотел бы** I should like
хоть, хотя at least; although; even though, even if, even
хочу (I) want
храбрый brave, courageous
христианин (*fem.* христианка) Christian
хромать limp, be lame
хромой lame
худеть grow thin
худой thin; bad, poor
хуже (*comp. of* плохо) bad, worse

Ц

цвет color
цветок (*pl.* цветы) flower
целовать kiss
целый whole, entire; safe, sound

цена price, value
ценить value, appreciate
церковь church

Ч

чай tea

чайник teapot

час hour; часы watch; десять часов ten o'clock; три часа three o'clock; в котором часу? at what time?

часто often; *comp.* чаще oftener

чего *see* что; чего тебе? what do you want?

чей (*pl.* чьи) whose

человек (*pl.* люди) man, person; servant (*archaic*)

чем *see* что; than

чем *see* что; ни о чем *see* ничто

через through, in, across, over; через два-три дня in two or three days; через несколько минут in a few minutes; через некоторое время in a little while

чёрный black

черта line

чертёнок little devil

честный honest, honorable; честное слово word of honor

четвёртый fourth

четверть quarter; четверть третьего a quarter after two; три четверти третьего 2:45 (o'clock), a quarter of three

четыре four

четырнадцать fourteen

чеченец (*fem.* чеченка, *pl.* чеченцы) Chechen

чеченский *adj.* Chechen; по-чеченски in the Chechen language

чиновник official, civil servant

чисто clean

чистый clean

читатель reader

читать read

чорт devil; чорт возьми! devil take it!

чрезвычайно extraordinarily, extremely

что what, why; that; which, as; что за what kind of; что за чорт! what the devil! что-нибудь something; что нового what is new; что-то something; что с тобой what is the matter with you; что ни whatever, no matter what; что ли? (*implying doubt or disbelief*) is it possible? что вы? you don't say so?

чтобы, чтоб that, in order to, to

что-нибудь something, anything

чувство feeling, emotion

чувствовать feel

чуть hardly, barely; чуть не almost

Ш

шаг step, pace; шагом at a walk, slowly

шалить be up to mischief

шампанское champagne
шапка cap
шевелиться move, stir
шевельнуться (*perf. of* шевелиться) move, stir
шепнуть (*perf. of* шептать) whisper
шептать whisper
шестеро six
шестнадцать sixteen
шестой sixth
шесть six
шея neck
широкий broad, wide
шить sew, embroider; шит sewn; embroidered
шляпа hat
шум noise, roar (*of waves*)
шуметь make a noise, roar (*of waves*)
шумно noisy
шумный noisy
шутить joke, jest; не шутя seriously

шутка joke, jest; в шутку as a joke
шутник joker, wag

Э

эй! hey! come here!
экипаж carriage, vehicle
элегантно elegantly, smartly
энергия energy
эпиграмма quip, epigram
этак this way
этот, эта, это (*pl.* эти) this, that

Я

я I
явиться (*perf. of* являться) appear
явление scene
ясно clearly, distinctly
ясный (*comp.* яснее) clear, bright